电子商务实务

张红艳 主编 / 梁露 刘健 王晶 副主编

清华大学出版社
北京

内 容 简 介

电子商务是一门顺应时代发展的新兴学科，也是一门理论和实践相结合的课程。本书采用项目式教学法设计教材框架和内容，辅以真实丰富的企业案例，遵循实用、够用的原则构建教材体系。本书以项目为载体，以任务为驱动，以实践为落脚点，强调学生实操和对电子商务的深入认知。

全书包括电子商务概述、电子商务技术、电子商务运营与营销管理、电子商务物流管理、电子商务的法律法规、电子商务创新与创业六个项目，帮助学习者建立对电子商务全面的认知体系，并且鼓励学习者创新创业。

本书体系完整、内容新颖、案例生动，突出实用性、引导性、创新性和前沿性，可作为高等职业院校电子商务类相关专业学生的教材，也可作为企业电子商务从业者的岗位培训用书和参考书。

本书封面贴有清华大学出版社防伪标签，无标签者不得销售。
版权所有，侵权必究。举报：010-62782989，beiqinquan@tup.tsinghua.edu.cn。

图书在版编目（CIP）数据

电子商务实务 / 张红艳主编. —北京：清华大学出版社，2024.9
ISBN 978-7-302-65769-9

Ⅰ. ①电… Ⅱ. ①张… Ⅲ. ①电子商务 Ⅳ. ①F713.36

中国国家版本馆 CIP 数据核字(2024)第 056202 号

责任编辑：颜廷芳
封面设计：常雪影
责任校对：袁 芳
责任印制：曹婉颖

出版发行：清华大学出版社
网　　址：https://www.tup.com.cn, https://www.wqxuetang.com
地　　址：北京清华大学学研大厦 A 座　　　邮　编：100084
社 总 机：010-83470000　　　　　　　　　　邮　购：010-62786544
投稿与读者服务：010-62776969, c-service@tup.tsinghua.edu.cn
质量反馈：010-62772015, zhiliang@tup.tsinghua.edu.cn
课件下载：https://www.tup.com.cn, 010-83470410

印 装 者：北京鑫海金澳胶印有限公司
经　　销：全国新华书店
开　　本：185mm×260mm　　　印　张：15.5　　　字　数：354 千字
版　　次：2024 年 10 月第 1 版　　　　　　　印　次：2024 年 10 月第 1 次印刷
定　　价：49.00 元

产品编号：095685-01

前言

党的二十大报告指出,"必须坚持科技是第一生产力、人才是第一资源、创新是第一动力,深入实施科教兴国战略、人才强国战略、创新驱动发展战略,开辟发展新领域新赛道,不断塑造发展新动能新优势。"在新的历史条件下如何开展"求真务实的教育,有的放矢的教育,学以致用的教育",是编写本书的初衷。

当前,中国的电子商务迅速发展。从电子商务技术、电子商务服务到电子商务经济,电子商务行业经历了从具体技术应用到相关产业形成的过程,并通过创新和协同发展融入国民经济的方方面面。电子商务正在与实体经济深度融合,进入规模化发展阶段,对经济、社会、生活的影响不断增大,成为我国经济发展的新引擎。

同时,随着电子商务行业的不断发展,企业对电子商务行业人才技能提出了更高的要求。电子商务已渗透到各行各业中,无论是电子商务专业人才培养还是相关其他行业人才培养,对电子商务的了解和认知,都是必不可少的知识储备。

本书全面阐述了电子商务的基本理论及其包含的各方面内容,重点围绕"服务、技术赋能、文化赋能"的指导思想进行设计,借鉴项目教学活动结构框架,综合"资源学习""案例学习""分布式学习""任务驱动学习"4种模式,对教材的体系和内容均进行了创新设计。

本书的主要特色如下。

(1)分模块化设计教材内容。本书内容分为六个教学项目,分别是:电子商务概述、电子商务技术、电子商务运营与营销管理、电子商务物流管理、电子商务的法律法规和电子商务创新与创业。

(2)任务式教学设计安排。每个项目分为若干任务,让学生带着问题深入探究,配套相关资料,辅助教师讲授,帮助学生深入体会每个项目的核心内容。

(3)配套相关学习任务和评价表格。每个项目均含有针对性的学习任务和评价模块,其中评价模块包括自我评价、小组评价、教师评价3部分,对学生进行综合评定。特别针对具有创新能力的学生,在学习过程中提出具有创新性、可行性建议的行为,设立了加分奖励,鼓励学生提出有意义有创新的思想建议。

(4)案例分析教学特色。本书以案例讲解概念和行业逻辑,且均使用电子商务行业应用案例,属于理实一体化,内容上更贴近对专业素质的培养,提升学习者的综合实践能力,有利于拓宽学生的就业范围。

本书由北京财贸职业学院张红艳担任主编、策划、组织和统稿,并撰写了项目1、项目

3、项目4；梁露、刘健、王晶担任副主编，分别撰写了项目6、项目2、项目5，并给予了全书编写工作很大的支持和帮助。本书在出版前已作为校内讲义在北京财贸职业学院进行了长达两年的教学使用，在这个过程中得到了很多教师和学生的帮助及指正，在此一并表示感谢。

在撰写过程中，本书参考了国内外专家学者大量的文献资料和研究成果，文后列出了相关参考文献，如有遗漏，谨向作者致歉。

由于编者水平有限，书中难免有疏漏之处，殷切希望使用本书的师生及其他读者给予批评、指正。

张红艳

2024年1月

目 录
CONTENTS

项目1 电子商务概述　/ 1
　　任务1.1　电子商务的起源及发展　/ 2
　　任务1.2　电子商务的概念　/ 6
　　　　1.2.1　理解电子商务的概念　/ 6
　　　　1.2.2　了解电子商务的基本组成要素　/ 7
　　任务1.3　电子商务的常见模式　/ 8
　　　　1.3.1　认识B2B电子商务模式　/ 9
　　　　1.3.2　认识B2C电子商务模式　/ 12
　　　　1.3.3　认识C2C电子商务模式　/ 18
　　　　1.3.4　认识O2O电子商务模式　/ 20
　　任务1.4　电子商务的岗位构架　/ 23
　　任务1.5　跨境电子商务　/ 24
　　任务1.6　电子商务常见行业应用　/ 26
　　项目1综合评价　/ 38
　　项目1组内任务完成记录表及评价　/ 39

项目2 电子商务技术　/ 42
　　任务2.1　电子商务中的网络技术　/ 44
　　　　2.1.1　设置计算机网络　/ 44
　　　　2.1.2　汇总企业化/大众化的网络技术　/ 49
　　任务2.2　电子商务中的视觉技术　/ 54
　　　　2.2.1　入门Web网页设计技术　/ 54
　　　　2.2.2　入门视觉设计　/ 57
　　　　2.2.3　拍摄商品图片　/ 59
　　　　2.2.4　处理商品图片　/ 61
　　任务2.3　电子商务中的物流技术　/ 65
　　　　2.3.1　运用条形码技术　/ 65

2.3.2 运用自动识别技术 / 69
2.3.3 运用电子数据交换技术 / 72
2.3.4 运用地理信息系统 / 74
2.3.5 运用全球定位系统 / 76

任务 2.4 电子商务中的支付技术 / 77
2.4.1 绘制电子支付概念的思维导图 / 77
2.4.2 深入了解网络银行 / 80
2.4.3 调研第三方支付平台 / 81

任务 2.5 电子商务中的安全技术 / 85
2.5.1 提高电子商务安全意识 / 85
2.5.2 汇总电子商务安全实用技术 / 87
2.5.3 查看数字证书 / 91

项目 2 综合评价 / 93

项目 2 组内任务完成记录表及评价 / 94

项目3 电子商务运营与营销管理 / 97

任务 3.1 电子商务运营概述 / 99
3.1.1 描述对电子商务运营的理解 / 99
3.1.2 体验电子商务网店开店流程 / 102

任务 3.2 电子商务营销概述 / 107

任务 3.3 网络营销与传统营销 / 114

任务 3.4 网络营销工具 / 117

任务 3.5 新媒体营销 / 121
3.5.1 分析新媒体运营的岗位能力 / 121
3.5.2 拍摄第一个短视频 / 126
3.5.3 开通新浪微博 / 128
3.5.4 开通微信订阅号 / 129
3.5.5 开通今日头条 / 133
3.5.6 分析一篇软文 / 135
3.5.7 开通直播营销 / 135

任务 3.6 电子商务客户关系管理 / 145

项目 3 综合评价 / 161

项目 3 组内任务完成记录表及评价 / 162

项目4 电子商务物流管理 / 165

任务 4.1 电子商务物流概述 / 167

任务 4.2 电子商务物流配送 / 179
4.2.1 调研我国电子商务物流企业 / 179

　　　　4.2.2　电子商务物流配送方案　　/ 183
　　任务 4.3　跨境电子商务物流概述　　/ 191
　项目 4 综合评价　　/ 200
　项目 4 组内任务完成记录表及评价　　/ 200

项目 5　电子商务的法律法规　　/ 202
　　任务 5.1　电子商务法律法规概述　　/ 203
　　任务 5.2　电子签名法与电子认证服务法律制度　　/ 206
　　任务 5.3　电子商务贸易中的相关法律法规　　/ 208
　　任务 5.4　电子商务中消费者权益保护法律法规　　/ 209
　项目 5 综合评价　　/ 212
　项目 5 组内任务完成记录表及评价　　/ 213

项目 6　电子商务创新与创业　　/ 215
　　任务 6.1　电子商务创业认知　　/ 217
　　　　6.1.1　查找所在地(城市、区县等)的创新创业政策文件　　/ 217
　　　　6.1.2　检索全国大学生创业服务网，了解主要服务项目　　/ 222
　　任务 6.2　电子商务创业规划　　/ 223
　　　　6.2.1　编写个人创业优劣势分析报告　　/ 223
　　　　6.2.2　撰写个人产品创意方案　　/ 224
　　　　6.2.3　设计并实施小组创新创业调研计划　　/ 228
　　　　6.2.4　撰写小组计划书　　/ 231
　　任务 6.3　电子商务创业展示　　/ 233
　　　　6.3.1　制作小组汇报演示文稿　　/ 233
　　　　6.3.2　讲解小组电子商务创业项目　　/ 235
　项目 6 综合评价　　/ 235
　项目 6 组内任务完成记录表及评价　　/ 236

附录　课程打分表　　/ 238

参考文献　　/ 239

项目 1

电子商务概述

知识目标

1. 掌握电子商务的概念。
2. 掌握电子商务的起源和发展历史。
3. 掌握电子商务的模式。
4. 掌握电子商务的岗位。
5. 了解电子商务的典型行业应用。

能力目标

1. 具有阅读理解的能力。
2. 能利用互联网找到自学所需资料。
3. 能根据提供的资料和自学查找资料进行分析和总结。
4. 能熟练查找电商网站。
5. 能注册电商网站并体验。

素质目标

1. 培养信息意识,能够根据学习和工作的实际需要,自觉主动地寻求恰当的方法获取信息。
2. 培养合作意识,在合作解决问题的过程中,能与团队共享信息,实现信息的价值更大化。
3. 培养新意识,能自主学习。
4. 提高个人修养,热爱祖国,爱岗敬业,诚实守信。
5. 遵规守纪,能够遵守信息和电子商务方面的道德规范。
6. 注重学思合一、知行统一,勇于实践,打造工匠精神。
7. 了解电子商务行业领域的国家战略,法律法规和相关政策。

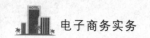

建议课时:6 课时

开篇导读

随着电子信息技术和商务技术的发展,以及互联网、计算机技术、商务活动的不断结合,以虚拟经济为依托的电子商务走上了历史舞台,发展成为我国的新兴产业。电子商务迅速渗透到各行各业的各个领域,从前台的社会服务业到后台的大数据、数据分析,它的应用无处不在,对我国经济的发展有明显的"乘数效应",带动了我国传统经济领域的二次腾飞。

了解电子商务、理解电子商务、应用电子商务是高校学子,特别是职业院校的经济专业的学生必备的基础知识和技能。目前,我国电子商务人才缺口仍然很大,因此电子商务人才需求量大,市场前景好。无论是在校生还是社会有意从事电子商务相关的工作人员,学习电子商务知识和技能对未来发展都很有益处。

本项目的学习结构图如图 1-1 所示。

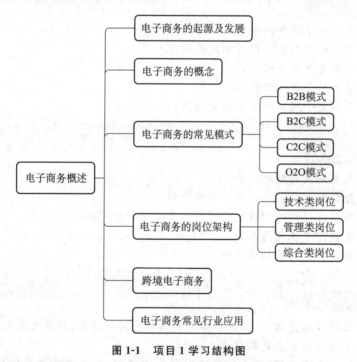

图 1-1 项目 1 学习结构图

任务 1.1 电子商务的起源及发展

请阅读以下资料。
任务指导:

(1) 电子商务起源与计算机技术的发展有什么关系？

(2) 认真观看央视《商战》系列纪录片,思考每一主题的对象对电子商务行业发展的影响。

(3) 结合上面的问题,思考电子商务的发展历程,可以以时间轴为线索,也可以以具体历史事件为线索,或者以自己的思路为线索。

资料 1

电子商务的起源

电子商务(electronic data processing)起源于计算机的电子数据处理技术,这一技术主要应用于文字处理和商务统计报表处理。文字处理软件和电子表格软件的出现,为标准格式商务单证的电子数据交换(electronic data interchange, EDI)技术提供了强有力的工具。政府和企业的很多商业性文件的处理,从对原来的纸质书面文件的处理转变为对电子文件的准备和传递。

随着网络技术的迅速发展,电子数据资料的传送从用磁盘、磁带等物理载体转变为用专用的增值通信网络,近年来有些甚至转移到用公用因特网进行传送。银行间的资金转账(electronic funds transfer, EFT)就是如此。由此,产生了早期的电子贸易(electronic commerce, EC)。随着信用卡、自动柜员机、零售业销售终端和联机电子资金转账技术的发展,以及网络安全技术的不断完善,促进了今天企业商城(B2C)、企业交易(B2B)和网上集市(C2C)3种模式的迅速发展。

1991年,美国政府宣布因特网向社会公众开放,允许在网上开发商业应用系统。1992年,当时的参议员阿尔·戈尔提出美国信息高速公路法案。1993年9月,美国政府宣布实施一项新的高科技计划——国家信息基础设施(national information infrastructure, NII),旨在以因特网为雏形,兴建信息时代的高速公路,使所有的美国人能够方便地共享海量的信息资源。由此,美国的电子商务迅速开展起来。

继美国提出信息高速公路计划之后,世界各地掀起信息高速公路建设的热潮,中国迅速做出反应。1993年年底,中国正式启动了国民经济信息化的起步工程——三金工程(三金工程是指"金卡工程""金关工程""金桥工程",具体目标是建立一个覆盖全国并与国务院各部委专用网连接的国家共用经济信息网。"金关工程"是对国家外贸企业的信息系统实施联网,推广电子数据交换技术,实行无纸贸易的外贸信息管理工程。"金卡工程"则是以推广使用"信息卡"和"现金卡"为目标的货币电子化工程),这是我国早期开展电子商务的基础。

资料 2

电子商务发展的历史

事实上,电子商务的发展历史是和技术的发展历史,特别是信息技术的发展历史并行的。企业作为经济活动的主体,一直关注着技术在生产、经营过程中的应用,以便以最快的时效将先进的技术运用到经济活动中,从而实现可观的收益。每一次新技术的成功运用,都会加快企业的电子商务进程。

电子商务最早产生于20世纪60年代,在20世纪90年代得到了高速发展,从产生到现在经历3个不同的历史时期,未来还在不断发展之中。

第一阶段:基于EDI的电子商务

EDI在20世纪60年代末期诞生于美国,当时的人们发现,大量的商业数据被重复输入计算机时,会受到人为因素的影响,使数据的准确性降低,影响工作效率。为了改善这一状态,人们开始尝试在贸易伙伴之间进行数据的自动交换,EDI由此应运而生。

EDI作为企业间进行电商交易的应用技术,开启了电子商务的雏形。

第二阶段:基于Internet的电子商务

增值网络(VAN)的使用费用非常高昂,使很多中小企业望而却步;Internet在20世纪90年代中期迅速普及,逐步从大学、科研机构走向企业和百姓家庭。以上两点使基于Internet的电子商务得以发展起来,电子商务成为互联网应用的最大热点。

当时比较有代表性的就是美国戴尔公司,它以直接面对消费者的网络直销模式而闻名,仅在1988年5月在线销售额就高达500万美元。当时的新贵,亚马逊网上书店在1998年的营业收入高达4亿美元。eBay公司作为当时最大的个人拍卖网站在1998年第一季度销售额就高达1亿美元。

第三阶段:基于移动网络的电子商务

随着移动互联网技术的不断发展,基于移动网络的电子商务也蓬勃向前。《中国移动互联网发展报告(2019)》指出,我国宽带移动通信网络、用户、业务继续保持高速增长态势,5G、人工智能、GPU、3D感知、全面屏等新技术的快速创新将推动移动互联网全产业链的变革。

资料3

央视《商战之电商风云》系列纪录片

建议:课前完成。

《商战之电商风云》系列纪录片是央视财经频道继《公司的力量》《华尔街》《货币》之后推出的又一部大型财经纪录片。该纪录片全景式地展示了中国电子商务15年的发展历史,讲述了15年来电商领域的鲜活故事,分享商业智慧,探讨商业规律。

《商战之电商风云》总投资规模为三千万元,历时3年,通过对近百位商业大佬的面对面专访,通过一个接一个的传奇故事,概述了15年来世界和中国电商的发展历史,并从用户战、价格战、物流战、品牌战、资本战、大数据等方面展示了电商领域的商战,以及解释了普通人该如何应对这种新型的商业模式。

剧情简介如下。

第一集 电商江湖

从20世纪90年代中期开始,一场商业的革命悄然拉开了帷幕。这场商业革命以互联网为依托,将互联网和商务联系在一起,对传统的商业进行了一次又一次的颠覆。这场商业革命的主角叫电子商务。

在这场电商之战中,很多人的命运都发生了改变,但电商和商战改变的不仅仅是人的命运,人类的商业行为、消费方式、生活方式也正发生着前所未有的改变。

第二集　用户之争

本集重点关注中外各大电商"用户至上"理念的形成和发展历程。通过对电子商务中脍炙人口的经典案例进行全新解读,来展现现代电商在获得用户信任,增加用户黏性,为用户创造价值方面的高超智慧和卓越能力。同时探讨了移动电子商务和大数据应用对用户产生的深刻影响以及对电商带来的巨大机遇。

第三集　价格之争

本集以"价格战"为切入点,放大关键时刻商业领袖的决策瞬间的细节,通过对京东、苏宁、国美、当当等电商的演绎,讲述在全新商业文明时期企业崛起的商业故事,解读电商巨头的智慧、远见及胆识。

第四集　生死时速

2020年,中国物流业增长超过50倍,尤其在近10年,电商带动的物流行业在高速增长的同时,配送时间也在急速缩短。15年中国电子商务史,就是一部送货速度的战争史,这是一场必须用百米冲刺的速度来角逐的马拉松竞赛。

第五集　品牌快跑

全球化造就了品牌经济时代。现代的全球市场竞争,是品牌与品牌的较量、品牌与品牌的交锋,是一场声势浩大的品牌之战。中国的电子商务,是一个巨大而富有吸引力的消费市场,也是一个让各路资本和企业巨头惨烈角逐的战场。如今的电商品牌,在经历了电商集体高速扩张之后,要如何沉淀和蓄积长跑的力量?

第六集　资本暗战

电商的发展离不开资本,但选择什么样的资本、如何处理和资本之间的关系有时候比经营企业本身更加重要。资本改变不了其逐利的本质,企业应该对其过度依赖还是保持适当的距离?魔鬼与天使之间,选择在企业的手里。

第七集　一切皆电商

电商发展到今天已经渗透到人们的工作、生活的方方面面。对电商未来的发展和展望,纪录片在最后一集中进行了充分的展示。

电子商务与传统商务的异同

请同学们根据自己对电子商务的体验,填写表1-1,区分电子商务和传统商务的异同(表格可以增补内容)。

表1-1　电子商务与传统商务的异同

比较项目	电子商务	传统商务
口碑		
工具		
信息发布方式		
信息内容		

续表

比较项目	电子商务	传统商务
供应链		
交易范围		
交易时间		
营销方式		
商品信誉		
顾客方便度		
顾客需求		
销售场所		
……		

任务 1.2　电子商务的概念

1.2.1　理解电子商务的概念

请同学加深自己对电子商务的理解。

任务指导：

(1) 请在学习开始之前，将自己对电子商务的认识写到表1-2内，不需要查找资料，写出自己的认识即可。

(2) 请在学习完1.2节之后，结合资料和课堂讲解，再将此时自己对电子商务的认识写到表格内，可以结合资料以及小组讨论。

(3) 对比不同时间段自己对电子商务的理解，体会从专业角度看电子商务的内涵和意义。

表1-2　对电子商务的认识

项　目	我的理解
学习本节之前	
学习本节之后	

资料

电子商务的基本概念

任何一个新生事物的概念都是随着该事物的发展不断变化的,电子商务的概念也是如此。在发展初期,它的概念随着不同的应用领域,其具体含义略有区别,但是最终都归结于"电子基础上的商务"这一本质体现。

电子商务的前提是商务信息化,核心是人,它的出发点和归宿是商务,商务的中心是人或人的集合。

电子商务中的工具是通信技术和计算机技术带来的电子工具;电子商务的对象是将实体的商品虚拟化,形成信息化(数字化、多媒体化)的虚拟商品,并对虚拟商品进行整理、存储和加工。当然,也有另外一种说法,认为电子商务的对象分为实体商品和虚拟商品。

目前,我国主要将电子商务分为广义和狭义两种。广义的电子商务定义为,使用各种电子工具、电子手段进行的商业事务活动;狭义的电子商务定义为,通过使用互联网等电子工具(包括电报、电话、广播、电视、传真、计算机、计算机网络、移动通信等)在全球范围内进行的商务贸易活动,一般人们说的电子商务指的是狭义的电子商务。无论哪一种电子商务概念,都离不开互联网平台和商务活动这两个方面。

1.2.2 了解电子商务的基本组成要素

请同学们用画图的形式描述电子商务的组成,试分析它们之间的关系。

任务指导:可以是图、表或者思维导图等多种形式。

资料

电子商务基本组成要素

电子商务的基本组成要素有计算机网络、用户、配送中心、认证中心、银行、商家等,其中各组成要素如图 1-2 所示。

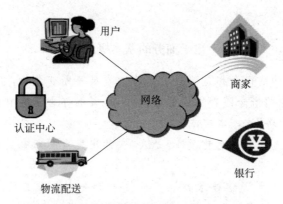

图 1-2　电子商务的组成要素

（1）计算机网络主要包括互联网（Internet）、内联网（Intranet）、外联网（Extranet）。互联网是电子商务的基础，是商务、业务信息传送的主要载体；内联网是企业内部商务活动的场所；外联网是企业与企业、企业与个人进行商务活动的纽带。

（2）用户是指电子商务的个人用户和企业用户。

（3）认证中心（certificate authority，CA）是法律承认、交易双方都信赖的权威机构，负责发放和管理数字证书，使网上交易各方能相互确认身份。

（4）配送中心指为商家提供物流服务，接受商家的送货要求，组织运送无法从网上直接获得的有形商品，跟踪产品的流向，将商品以合适的时间、合适的地点送到合适的消费者手中。

（5）网上银行在互联网上实现传统银行的业务，为消费者提供24小时实时服务。

任务1.3　电子商务的常见模式

电子商务的范围涉及人们的生活、工作、学习及消费等各个领域，其服务和管理也涉及政府、工商、金融及用户等诸多方面。Internet逐渐渗透到每个人的生活中，而各种业务在网络上的相继展开并不断推动着电子商务这一新兴领域的昌盛和繁荣。电子商务可应用于小到家庭理财、个人购物，大至企业经营、国际贸易等方面。但是无论何种形式的电子商务都遵循一定的电子商务模式。

电子商务模式，就是指在互联网环境中基于一定技术基础的商务运作方式和盈利模式。

电子商务模式可以从多个角度建立不同的分类框架，目前行业比较常见的分类模式是企业与企业之间的电子商务（B2B）、企业与消费者之间的电子商务（B2C）、消费者与消费者之间的电子商务（C2C）以及"后起之秀"的线下商务与互联网之间的电子商务（O2O）。随着未来科技的发展，电子商务的模式必将推陈出新，发展出更多的模式。

（1）企业与企业之间的电子商务（business to business，B2B）。

（2）企业与消费者之间的电子商务（business to customer，B2C）。

（3）消费者与消费者之间的电子商务（customer to customer，C2C）。

C2C商务平台就是通过为买卖双方提供一个在线交易平台，使卖方可以主动提供商品上网拍卖,而买方可以自行选择商品进行竞价。

(4) 线下商务与互联网之间的电子商务(online to offline,O2O)。

通过这种模式,线下服务就可以在线上揽客,消费者可以在线上筛选服务,而成交也可以通过在线结算,能够很快达到一定的规模。该模式最重要的特点是:推广效果可查,每笔交易可跟踪。

1.3.1 认识 B2B 电子商务模式

以小企业零售商的角度体验 B2B 电子商务平台 www.1688.com,分析找出该网站和淘宝平台的不同点。

任务指导:

(1) 同时打开 1688 和淘宝网站,对主页、店铺页和商品详情页进行对比。

(2) 用淘宝账号登录 www.1688.com,对客户页进行对比。

(3) 尝试在两个网站选择相同一款商品,与网店店主对所选商品的下单规则进行咨询,对比两个网站的下单流程和注意事项。

(4) 将对比内容填入表 1-3 中,表的行数不够时,可自行增加行数。

表 1-3 1688 网站和淘宝网的不同

不同点	1688 网站	淘宝网

资料

B2B 电子商务模式概述

电子商务行业中基于互联网的 B2B 模式发展较为成熟,互联网上 B2B 的交易额已经远超 B2C 的交易额。

根据网经社电子商务研究中心发布的《2023 年度中国产业电商市场数据报告》,2023 年中国产业电商市场规模达到了 33.89 万亿元,较 2022 年的 31.4 万亿元同比增长 7.92%。

中国的 B2B 电商平台大致可分为三类,如图 1-3 所示。

第一类是由传统零售电商衍生的采购平台,比如淘宝企业服务、天猫企业购以及京东

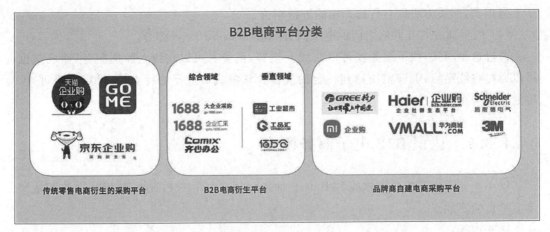

图 1-3　B2B 电商平台分类

企业购等。

第二类是 B2B 电商平台,这类平台可以细分为综合领域和垂直领域的 B2B 采购平台,如 1688 企业采购,和各行业的 B2B 电商平台,如易买工品、工品汇等。

第三类则是品牌商自建的 B2B 采购平台,如格力、海尔的企业购以及施耐德、3M 等。有越来越多的企业加入开发 B2B 平台的队伍,这类平台主要是依托品牌和制造企业所建立的良好品牌口碑和号召力以及稳定的客户源。

国内比较著名的 B2B 网站有阿里巴巴 1688、慧聪网、环球资源网和中国制造网等。

1. 阿里巴巴 1688

阿里巴巴 1688 连续 10 年被评为全球最大的 B2B 网站,如图 1-4 所示。企业可以通过建立在阿里巴巴 1688 上的商铺直接销售商品,并可宣传企业和产品。

图 1-4　阿里巴巴 1688 网站首页(www.1688.com)

2. 慧聪网

成立于 1992 年的慧聪网,是国内最早的 B2B 电商平台之一,如图 1-5 所示。

慧聪网通过产业互联网工具输出连接服务,支撑生意场景,致力于成为中小企业的经营服务工作台,建立起了完整的产业互联网生态。

图 1-5　慧聪网网站首页(jsw.hc360.com)

3. 环球资源网

环球资源网是深度行业化的专业 B2B 外贸平台,曾是被中国商务部主办的国际商报多次发文认可的全球高端买家的首选采购平台、主流平台,如图 1-6 所示。

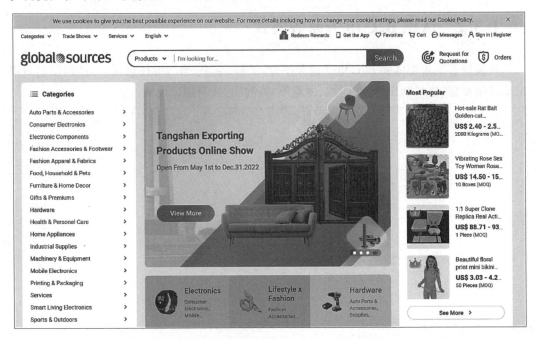

图 1-6　环球资源网网站首页(www.globalsources.com)

4. 中国制造网

中国制造网是国内综合性B2B电子商务服务平台,它面向国内外采购商提供丰富的产品电子商务服务,旨在利用互联网将中国供应商的产品介绍给国内外采购商,如图1-7所示。

图1-7 中国制造网网站首页(made-in-china.com)

1.3.2 认识B2C电子商务模式

从消费者的角度体验B2C电子商务平台,天猫、京东、当当可任选其一,请同学们截图记录详细步骤,建议画出体验(购物、浏览等)流程图,适当加以说明。

资料

B2C 电子商务模式概述

近年来,我国 B2C 电子商务发展极为迅速,企业自建网站与第三方交易平台大量涌现。B2C 电子商务无疑成为近年来的焦点,包括国美、苏宁等全国连锁店也都开辟了自己的 B2C 网站,大量的厂商进入了垂直细分市场。

B2C(business to customer,企业对个人用户的电子商务模式),是指直接面向消费者销售产品和服务的商业零售模式。这种形式的电子商务一般以网络零售业为主,主要借助网络开展在线的销售活动,也就是通常所说的网上购物网站,比较典型的 B2C 企业有天猫、京东、亚马逊、聚美优品、唯品会、当当网等。B2C 市场早期商家多是卖一些特定的方便运输、规格较为统一的商品,例如当当网售卖图书音像制品,京东网售卖手机、计算机等 3C 商品。随着电子商务购物环境的日益完善,包括物流、仓储,以及人们对网购种类更为广泛的需求,B2C 平台越来越趋向于全品类购物网站。

1. B2C 交易模式

B2C 交易模式比照实体交易的类型可以分为网上综合商城、网上百货商店、网上垂直商店、网上复合品牌店、网上轻型品牌店、网上服务型网店 6 种。

(1) 网上综合商城

网上综合商城类似于传统商城,具有庞大的购物群体、稳定的购物平台、完备的支付体系及诚信安全体系,促进了买卖双方自由、平等、安全的交易。天猫(见图 1-8)、京东(见图 1-9)、当当网、苏宁易购等都是综合性 B2C 商城。

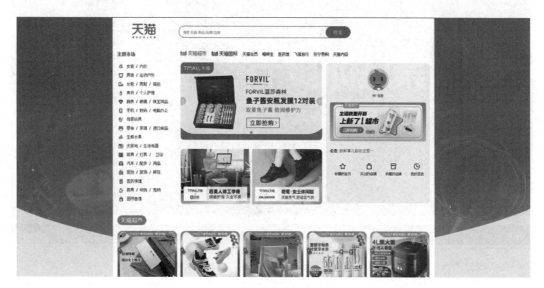

图 1-8 天猫首页(www.tmall.com)

(2) 网上百货商店

与传统百货商店相对应,网上百货商店的货品能满足人们的日常消费需求。这种商店有自己的仓库,会存储系列产品,以备提供更快捷的物流配送和更优质的客户服务,甚至会有

图 1-9　京东首页(www.jd.com)

自有品牌。线下有山姆、永辉超市等,线上有苏宁易购(见图 1-10)、唯品会(见图 1-11)等。

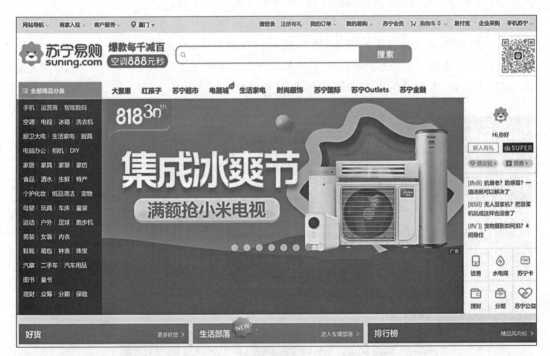

图 1-10　苏宁易购首页(www.suning.com)

(3) 网上垂直商店

网上垂直商店模式只销售单品类、单品牌产品,或者销售一种品类下多个品牌产品。这种模式下的产品存在更多的相似性,更适合于满足某一人群、某种需求。垂直商店的种类取决于市场细分,典型的代表有戴尔官方商城(见图 1-12)、小米商城(见图 1-13)等。

图 1-11 唯品会首页（www.vip.com）

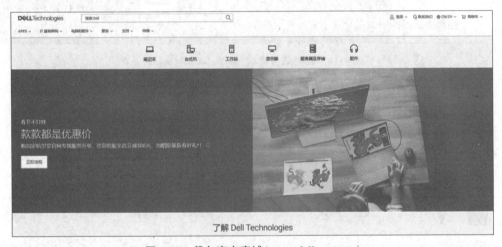

图 1-12 戴尔官方商城（www.dell.com.cn）

图 1-13 小米商城（www.mi.com）

(4) 网上复合品牌店

复合品牌是指公司生产的产品同时采用两个品牌名称,实务运作上可以结合公司名称和品牌名称,也可以品牌名称和产品名称结合应用。随着电商的成熟,有越来越多的传统品牌商加入电子商务,以扩充渠道、优化产品。复合品牌的代表有百丽官方商城(见图1-14)等。

图 1-14　百丽官方商城(www.belle.com.cn)

(5) 网上轻型品牌店

网上轻型品牌店是随着我国市场不断成熟而发展起来的,它往往只专注于品牌定位,提供个性化的售后服务,加强产品设计,加强信息化应用,配合电商平台、物流配送及各种服务,找到适合的原料供应商、生产厂商、运营营销渠道,将品牌优势凸显得淋漓尽致。有代表性的有名创优品(见图1-15)、凡客诚品(见图1-16)等。

图 1-15　名创优品首页(www.miniso.cn)

(6) 网上服务型网店

这种网店是为了满足人们不同的个性需求,包括旅游、学习培训、医疗保健、票务服务等。典型的网店有携程(见图1-17)等。

图 1-16 凡客诚品（www.vancl.com）

图 1-17 携程网首页（www.ctrip.com）

2. B2C 电子商务基本盈利模式

企业是以盈利为主要目的的，企业从事 B2C 电子商务活动也应有相应的盈利模式，才符合企业的生存和发展宗旨。B2C 电商企业的基本盈利模式有以下几种。

（1）交易费

交易费主要存在于网上综合商城。网上商城为企业提供了虚拟的网络交易环境，从而收取商家产生的交易费用提成或者扣点。

(2) 服务费

除了提成扣点之外,部分B2C平台需要客户缴纳一定的技术服务费用。例如天猫商城,商家除了交纳扣点之外,还需要缴纳平台年费、软件服务费。

(3) 会员费

教学、资源下载类网站需要会员向网站缴纳一定的费用才可以获得服务,这种费用就是会员费。

1.3.3 认识C2C电子商务模式

请同学们从消费者的角度体验C2C电子商务平台——淘宝网,截图记录详细步骤,并适当加以说明。格式请参考"认识B2C电子商务模式"的写法。

资料

C2C电子商务模式概述

C2C是对消费者产生最重要影响的电子商务交易模式。随着网民数量的不断增加,网购交易急剧增大,网购已成为人们的一种新型生活方式。

1. C2C电子商务模式的内涵

C2C电子商务模式即消费者对消费者的电子商务模式(customer to customer),是指个人之间以交换为主要目的,买卖双方通过第三方电子商务平台进行交易的电子商务模式。

据2023年第52次《中国互联网络发展状况统计报告》显示,截至2023年6月,我国网民规模达10.79亿人,较2022年12月增长1 109万人,互联网普及率达76.4%,较2022年12月提升0.8个百分点。截至2023年6月,我国手机网民规模达10.76亿人,较2022年12月增长1 109万人,网民中使用手机上网的比例为99.8%。网民规模和互联网普及率如图1-18所示。

2023上半年,我国各类互联网应用持续发展,多类应用用户规模获得一定程度的增

来源：CNNIC中国互联网络发展状况统计调查　　　　　　2023.6

图 1-18　网民规模和互联网普及率

长。截至今年 6 月，即时通信、网络视频、短视频用户规模分别达 10.47 亿人、10.44 亿人和 10.26 亿人，用户使用率分别为 97.1%、96.8% 和 95.2%；网约车、在线旅行预订、网络文学的用户规模较 2022 年 12 月分别增长 3 492 万人、3 091 万人、3 592 万人，增长率分别为 8.0%、7.3% 和 7.3%，成为用户规模增长最快的三类应用，如图 1-19 所示。

应用	2022.12 用户规模（万人）	2022.12 网民使用率	2023.6 用户规模（万人）	2023.6 网民使用率	增长率
即时通信	103 807	97.2%	104 693	97.1%	0.9%
网络视频（含短视频）	103 057	96.5%	104 437	96.8%	1.3%
短视频	101 185	94.8%	102 639	95.2%	1.4%
网络支付	91 144	85.4%	94 319	87.5%	3.5%
网络购物	84 529	79.2%	88 410	82.0%	4.6%
搜索引擎	80 166	75.1%	84 129	78.0%	4.9%
网络新闻	78 325	73.4%	78 129	72.4%	-0.3%
网络直播	75 065	70.3%	76 539	71.0%	2.0%
网络音乐	68 420	64.1%	72 583	67.3%	6.1%
网络游戏	52 168	48.9%	54 974	51.0%	5.4%
网络文学	49 233	46.1%	52 825	49.0%	7.3%
网上外卖	52 116	48.8%	53 488	49.6%	2.6%
线上办公	53 962	50.6%	50 748	47.1%	-6.0%
网约车	43 708	40.9%	47 199	43.8%	8.0%
在线旅行预订	42 272	39.6%	45 363	42.1%	7.3%
互联网医疗	36 254	34.0%	36 416	33.8%	0.4%

图 1-19　2022.12—2023.6 各类互联网应用用户规模和网民使用率

C2C电子商务模式类似于现实商务世界中的跳蚤市场,其构成要素除了买卖双方外,还包括电子交易平台。从理论来看,C2C电商模式最能体现互联网的精神和优势,其数量巨大,超越了时空限制。

目前比较知名的C2C网站是易贝(www.ebay.com)和淘宝(www.taobao.com)。

国内C2C市场的形成也经历了不同时期的变化。2006年拍拍网强势介入C2C市场,淘宝、易贝、拍拍、有啊四足鼎立。历经几年的市场竞争之后,目前有啊、易贝已经退出市场,拍拍并入京东,淘宝一家独大。另外,赶集网和58同城两家综合性生活服务平台也在竞争发展中达成战略合并协议,走向合作共赢。

2. C2C电子商务盈利模式

(1) 会员费

C2C网站为会员提供网上店铺出租、公司认证、产品信息推荐等多种服务进而收取一定的费用。

(2) 交易提成

不论什么时候,C2C都是一个交易平台,从交易中收取提成是市场本性的体现。

(3) 广告费

企业将网站有价值的位置用于放置各种类型广告,根据网站流量和网站人群精度标定广告位价格,然后通过各种形式向客户出售。如果网站具有充足的访问量和用户黏度,广告业务量会非常大,但是C2C企业出于用户体验等各方面的考虑,并没有完全开放这一业务,只有个别广告位会不定期开放。

(4) 搜索排名竞价

C2C网站商品丰富,用户购买商品需要进行大量的搜索,所以商品信息在搜索结果中的排名非常重要,由此引出了根据关键字竞价的服务。用户可以为某个关键字提出自己认为合理的价格,最终由出价最高者竞得,在有效时间内该用户的商品可获得首页靠前的排位。

(5) 支付环节收费

支付问题一直以来都是电子商务的瓶颈。支付宝这种第三方交易工具的诞生,避免了买卖双方的支付风险。当然第三方支付公司会按交易额收取一定比例的手续费。

1.3.4　认识O2O电子商务模式

请读者从消费者的角度体验O2O电子商务平台——美团,并截图记录详细步骤,适当加以说明。格式请参考"认识B2C电子商务模式"的写法。

资料

O2O 电子商务模式概述

受电子商务、网店的发展影响,老式实体店的生存空间越来越小,传统营销模式已经无法适应新的发展形势。因此,实体店经营者转换了思路,走与互联网相结合的路线,打造线上线下新零售营销体系。

O2O 的优势就是把线上线下完美结合,通过网络导购,把互联网与实体店对接,实现互联网落地,让消费者在享受线上优惠的同时,又享受了线下的贴心服务。同时,O2O 还可实现不同商家的联盟。

1. O2O 电商的内涵

O2O 特指本地服务电商化。从广义讲,O2O 是指通过线上营销推广的方式,将消费者从线上平台引入线下实体店(即 online to offline),或通过线下营销推广的方式,将消费者从线下转移到线上(即 offline to online)。从狭义讲,O2O 是指消费者通过线上平台在线购买并支付/预订某类服务/商品,并到线下实体店体验/消费后完成交易过程,或消费者在线下体验后通过扫描二维码/移动端等方式在线上平台购买并支付/预订某类服务/商品,进而完成交易。狭义的 O2O 强调的是交易必须是在线支付或预订的,同时商家的营销效果是可预测、可测算的。

2. O2O 商业模式的起源与发展

O2O 概念起源于美国,在美国 O2O 模式的主导者是实体零售商,在中国 O2O 的主要主导者则是 BAT(即百度 Baidu、阿里巴巴 Alibaba、腾讯 Tencent 三大互联网公司)。

O2O 模式通常具备 5 个要素:独立网上商城、国家级权威行业可信网站认证、在线网络广告营销推广、全面社交媒体与客户在线互动、线下线上一体的会员营销系统。

3. O2O 模式分类

随着 SNS(social networking services,社会化网络服务)的迅猛发展,LBS(location based services,基于位置服务)应用的普及以及二维码技术的成熟和应用,O2O 模式更趋于多元化,表现出旺盛的市场需求。

(1) O2O+SNS

以微信、微博为代表的 SNS 迅猛发展,O2O 运营团队除了 App 商店以外,还需要充分运用微信、微博等社交软件。

(2) O2O+LBS

移动设备明显的优势就是可以显示地理位置信息,因此,LBS 成了移动互联网的一项典型应用。通过 LBS 服务,用户可以进行周边商家、商品的查找和购买。对比 O2O,LBS 不一定以产生购买为目的,而 O2O 则是专注于用户购买需求,两者虽然都是互联网的应用,但是 O2O 更具有平台发展的趋势。聚集用户形成平台,提供一系列的增值服务,是未来 O2O 发展的新方向。

(3) O2O+二维码

二维码是在条码的基础上扩展出的另一维具有可读性的条码,使用图案表示二进制数据,被设备扫描后可获取其中所包含的信息。二维码有普通条码没有的"定位点"和"容错机制"。

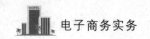

进入移动互联网时代,通过手机扫描二维码可以瞬间获得网址、获得商品信息、下订单,形成更多互动,实现商业价值更大化。

4. O2O 电子商务盈利模式

(1) 销售佣金收入

O2O 运营商通过打造 O2O 平台,聚集了大量商家。平台通过折扣、优惠券等活动吸引线上客户到线下商家购买商品或者服务,通过线上活动增加的客户并不会给商家带来太多成本,商家还可以获得更多的利润。

(2) 广告收入

LBS、SNS 等移动互联网的应用,为消费者提供了更好的客户体验。平台一方面聚集了海量商家,另一方面聚集了大量的流量,运营商通过把这些流量导入商家,借此向商家收取精准广告推送费用。广告收入是 O2O 运营企业的主要收入来源。

(3) 数据服务收入

当 O2O 平台每天访问量达到上百万次或上千万次的时候,海量用户数据将成为电商企业最大的数据宝藏。根据这些数据,平台可以对每个消费群体指定有针对性的策略,还可以模拟真实的环境,挖掘新的需求和提高投入回报率。O2O 企业将用户数据集成到客户关系管理系统(CRM),进行数据分析和挖掘,开展有意义的消费行为分析,制订有针对性的营销方案,为商家商业模式、产品和服务创新提供服务,从而向商家收费。

(4) 增值服务收入

O2O 运营企业借助自身的平台优势和媒体优势,与商家进行多元化业务合作,开发、挖掘一些增值业务。

认识电子商务网站

对电子商务的认识一般是从网上购物体验开始的。

现阶段电子商务已经发展到桌面 PC 电子商务与移动电子商务并存的阶段。请读者通过对网购平台的操作实践,熟悉各种模式的典型网站的基本信息和特点,并把自己对各个模式特点的理解填写到表 1-4 中。

(大家也可以自己设计表头,另附纸打印或者填写手工表提交给任课教师。)

表 1-4 不同网站的基本信息和特点

网站类型	典型网站(名字、网址)	特点	适用人群	支付方式	物流方式	……

任务 1.4 电子商务的岗位构架

请读者根据资料,小组内模拟组成小型电商企业,合理分配人员岗位和任务,可以做组织结构图或者表格来完成。

资料

电商企业的岗位构架

电子商务企业因规模、需求的不同在设置具体岗位时,岗位名称、工作职责均有差别,但总体上可以分为三大类:技术类岗位、管理类岗位和综合类岗位。

技术类岗位多数以计算机技术和互联网技术为主要工作职责,例如:网络维护、美工、平台维护、电商平台的前台后台技术开发工程师等。

管理类岗位以员工管理、业务管理为主,常见的岗位有:平台运营岗位、网店运营岗位、营销推广岗位、客户管理等。

综合类岗位工作职责范围广泛,涉及各类岗位之间的协调工作,例如内勤岗位。

较之上面的分类,下面简单介绍电商企业中共性的 4 个岗位。

(1) 运营岗位

运营主要负责店铺全盘运作和规划,类似于实体店的店长、公司的 CEO,包括整个店铺以及各个工作岗位的人员工作协调,监控店铺里各项数据指标和全面规划方案的推进,做好店铺的问题诊断,及时优化并解决店铺存在的问题;还要负责店铺内各项活动的内容策划和实施;同时需要不断挖掘店铺新产品,保持店铺新品更迭;时刻关注市场动态,及时调整店铺运营策略,每日监控竞争对手店铺数据及变更细节;把控店铺库存和补货。

(2) 美工岗位

美工主要负责店铺的视觉装修、整体的格调布局、色调搭配、品牌形象定位。美工需要有很强的专业知识和审美素养,需熟练掌握作图软件,如 Photoshop、Dreamweaver、Illustrator、Cinema 4D 等,须深入熟悉产品特性,罗列产品卖点,并用图片结合文字的方式展示出来。另外,美工人员还需要有自己的设计理念和文案功底,结合运营所需要体现的产品特点风格,更好地把产品展现给客户。

美工还需要兼顾店铺产品上新发布、海报、装修、推广图片、详情页、描述模板设置等工作。

(3) 营销推广岗位

营销推广主要是配合运营的整体目标规划,针对规划内的业绩目标进行操作,包括执行营销方案和推广方案,为店铺吸引流量,促成下单。例如:天猫营销人员需要熟练使用各种推广工具对客户进行引流,同时不断地优化账户的广告投入花费,控制好预算,把整体账户的投入产出比调整到最优状态,让每一分广告费真正的物有所值;同时负责店铺的站内外活动报名,联系淘宝达人、使用直播等新型的推广方式,不断地提升自我推广技巧,监控店铺的推广效果,及时做出调整和总结。

(4) 客户服务岗位

早期的客户服务往往集中于电话或者线上软件的人工咨询服务,但是随着电子商务发展和需求的变化,客户服务的内容和深度都有了很大的变化。客服人员是电商企业接触客户的第一和唯一途径,是最前沿的职位,直接影响店铺的订单量和好评率。现今的客服人员需要具备极强的信息处理能力、解决纠纷能力、维护评价能力和积累客户资源能力,并能根据客户反馈和订单情况,及时统计客户数据,提供给运营可行性的方案。

任务 1.5 跨境电子商务

以消费者的身份注册亚马逊中国,并体验亚马逊网上购物。

具体步骤提示如下。

(1) 在浏览器中输入"https://www.amazon.cn/",单击进入网站,如图 1-20 所示。

图 1-20 亚马逊首页

（2）如有账号，则输入账号密码登录，如图1-21所示；如无账号则先注册。

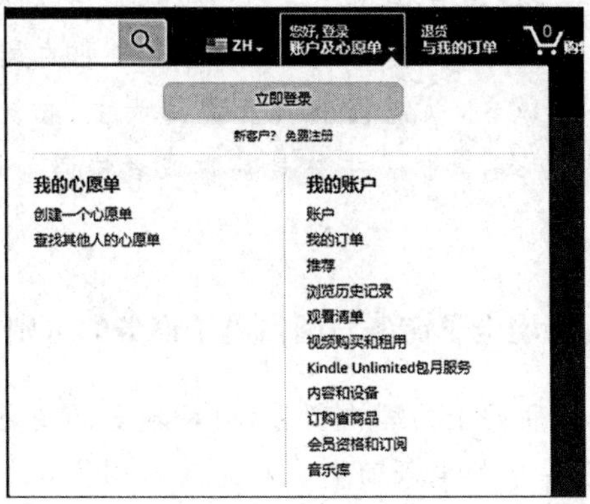

图1-21 登录页面

（3）单击"今日特价"选项，如图1-22所示，通过搜索或者浏览选择喜欢的商品。

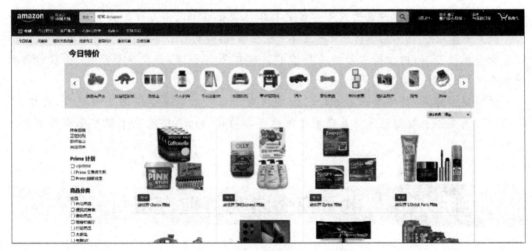

图1-22 选购页面

（4）选中商品之后，加入购物车或单击"现在购买"，提交订单即可。

（如确需购买，可单击提交订单跳转到支付页面，根据系统提示完成付款；如不需购买，不要付款即可。）

资料1

跨境电子商务的定义

在国家"一带一路"倡议和对外贸易转型升级的大力支持下，跨境电子商务出口业务已成为外贸产业的"黑马"。跨境电子商务行业赚钱效率高、速度快，促使越来越多的外贸公司和从业者进入跨境电子商务行业。

跨境电子商务实质是指分属于不同关境的交易主体，通过电子商务平台达成交易，进行电子支付结算，并通过跨境电商物流及异地仓储送达商品，从而完成交易的一种国际商业活动。

我国跨境电子商务主要分为跨境零售和跨境 B2B 贸易两种模式。

跨境零售包括 B2C 和 C2C 两种模式。与国内电子商务模式相同，分别是企业对消费者和消费者对消费者的电子商务模式。消费者中比较常见的是 B2C 模式下的跨境零售，即我国企业直接面对境外消费者，以销售个人消费品为主，物流方面主要采用邮政物流、商业快递、专业及海外仓等方式，其报关主体是邮政或者快递公司。

资料 2

跨境电子商务与国内电子商务的区别

国内电子商务本质是互联网上的国内贸易，而跨境电子商务实际上是国际贸易，因其具有的国际元素，而区别于一般的电子商务。相比较于国内电子商务，跨境电子商务更加复杂，需要经过海关通关、检验检疫、外汇结算、出口退税、进口征税等环节。在物流方面，跨境电子商务通过邮政小包、快递等方式出境，路途长、时间长，中间各类原因造成的变数较国内电子商务也更多更大。

跨境电子商务与国内电子商务的区别具体体现在以下几个方面。

交易主体差异：国内电子商务交易主体一般在国内，跨境电子商务交易主体分属不同关境。

交易风险差异：由于国内外商业环境和法律体系的不同，各类知识产权、侵权行为纠纷等在出现、处理上均有不同。

适用规则差异：跨境电子商务比一般国内电子商务所需要适应的规则更多、更细、更复杂。无论是平台规则还是贸易需要遵循的各类协议、协定，跨境电子商务都需要更深入的研究和分析。

任务 1.6　电子商务常见行业应用

请整理行业内典型电商企业的资料，填写表 1-5。

表 1-5　典型电商企业资料

行　业	典型企业	特点特色介绍
零售业	阿里巴巴	
	京东	
	苏宁易购	
	……	
旅游业	12306	
	携程	
	去哪儿	
	马蜂窝	
	……	

续表

行　业	典型企业	特点特色介绍
金融业	中国工商银行	
	平安保险公司	
	支付宝	
	财付通	
	……	
生活服务类	58同城	
	大众点评网	
	美团网	
	闲鱼	
	……	
跨境类	亚马逊	
	速卖通	
	敦煌网	
	Wish	
	……	

资料1

零售业电子商务应用部分

零售业是实现各种商品价值和使用的重要途径，是反映一个国家物质文明和精神文明建设成果的重要窗口，并担负着促进生产，繁荣市场和满足人民生活多方面需求的重要任务。中国零售企业的发展历程，同时是电子商务在零售业中应用范围不断扩大的历程。

电子商务在零售行业中应用十分广泛，其中主要涉及B2B、B2C、C2C三种模式。以下介绍几个目前比较流行的电商企业。

1. 阿里巴巴

阿里巴巴集团控股有限公司(简称：阿里巴巴集团)是一家全球知名的互联网公司，1999年在浙江省杭州市创立。阿里巴巴主页如图1-23所示，它是中国最大的网络公司和世界第二大网络公司，是一个企业对企业的网上贸易市场平台。阿里巴巴是全球企业间(B2B)电子商务的著名品牌，是全球国际贸易领域内最大、最活跃的网上交易市场和商人社区，目前已融合了B2B、C2C、搜索引擎和门户等各个方面。阿里巴巴集团成立，最初专注于B2B电子商务领域。随着互联网的普及，阿里巴巴迅速成长为全球领先的电子商务平台，并陆续推出淘宝网、支付宝等子公司，进一步拓展了业务版图。2014年9月19日，阿里巴巴集团在纽约证券交易所挂牌上市，创造了史上最大IPO记录。2019年11月26日，阿里巴巴港股上市，总市值超4万亿元，登顶港股成为港股"新股王"。阿里巴巴集团积极布局全球化战略,通过投资并购等方式拓展海外市场,如收购网易考拉、Lazada等,进一步巩固了其在全球电商领域的领先地位。

图1-23　阿里巴巴主页

阿里巴巴的业务体系主要包括以下四方面。

(1) 电子商务:包括淘宝网、天猫、聚划算、全球速卖通等平台,为消费者和商家提供便捷的在线交易服务。

(2) 云计算:阿里云是阿里巴巴集团旗下的云计算品牌,为全球用户提供云计算、大数据、人工智能等技术服务。

(3) 数字媒体及娱乐:阿里巴巴集团拥有优酷、阿里影业、阿里音乐等数字媒体及娱乐业务,为用户提供丰富的视频、音乐、影视等内容。

(4) 创新业务:阿里巴巴集团不断探索新的业务领域,如菜鸟网络、高德地图、饿了么等,为用户提供更加全面的互联网服务。

良好的定位、稳固的结构、优秀的服务使阿里巴巴成为全球首家拥有超过800万网商的电子商务网站,遍布220个国家和地区,每日向全球各地企业及商家提供810万条商业供求信息,成为全球商人网络推广的首选网站,被商人们评为"最受欢迎的B2B网站"。

阿里巴巴两次入选哈佛大学商学MBA案例,在美国学术界掀起研究热潮;连续五次被美国权威财经杂志《福布斯》选为全球最佳B2B站点之一;多次被相关机构评为全球最受欢迎的B2B网站、中国商务类优秀网站、中国百家优秀网站、中国最佳贸易网。被国内外媒体、硅谷和国外风险投资家誉为与Yahoo、Amazon、eBay、AOL比肩的五大互联网商务流派代表之一。

2. 京东商城

京东商城首页如图1-24所示,是中国最大的综合网络零售商,是B2C的电子商务模式,目前拥有遍及全国超过6 000万注册用户,在线销售家电、数码通信、计算机、家居百货、服装服饰、母婴、图书、食品、在线旅游等十二大类数万个品牌、百万种优质商品,日订单处理量超过 50 万单,网站日均 PV 超过 1 亿元。2010 年,京东商城跃升为中国首家规模超过百亿的网络零售企业。2013 年 3 月 30 日京东商城正式切换域名,随后发布新的 logo 和吉祥物。2014 年 1 月 30 日晚间,京东向美国证券交易委员会(SEC)承报拟上市的 F-1 登记表格,这意味着京东正式启动 IPO(首次公开募股)进程。3 月 10 日,京东收购腾讯 QQ 网购和 C2C 平台拍拍网,并于 2014 年 5 月 22 日正式在纳斯达克证交所挂牌上市。

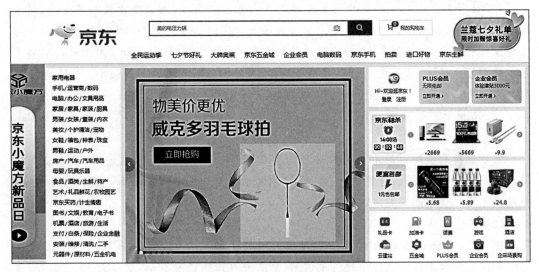

图 1-24 京东商城页面

京东商城自 2004 年年初涉足电子商务领域以来,专注在该领域的长足发展,其凭借在 3C(3C 是指计算机(computer)、通信(communication)和消费类电子产品(consumer electronics))领域的深厚积淀,先后组建了上海及广州全资子公司,将华北、华东和华南三点连成一线,使全国大部分地区都覆盖在京东商城的物流配送网络之下;同时京东还不断加强和充实公司的技术实力,改进并完善售后服务、物流配送及市场推广等各方面的软、硬件设施和服务条件。为此京东商城组建了以北京、上海、广州和成都、沈阳、西安为中心的六大物流平台,以期能为全国用户提供更加快捷的配送服务,进一步深化和拓展公司的业务空间。

自 2004 年年初正式涉足电子商务领域以来,京东商城一直保持高速成长,连续八年增长率均超过 200%。作为中国 B2C 市场的 3C 网购专业平台,京东商城无论是访问量、点击率、销售量还是在业内的知名度和影响力,都在国内 3C 网购平台中首屈一指。

未来,京东商城将继续坚持以"产品、价格、服务"为中心的发展战略,不断增强信息系统、产品操作和物流技术三大核心竞争力,始终以服务、创新和消费者价值最大化为发展目标。

京东将信息部门、物流部门和销售部门垂直整合。京东的自营快递已经可以覆盖中国大多数地区。因此,京东在物流配送方面,能够使用京东自营快递的,则使用京东自营快递。在京东自营物流无法抵达的地区,则转发第三方快递。京东在全国的几个地方成立了物流集散中心和仓库。在京东购买的物品都会在接受地附近的仓库发货。

资料 2

电子商务旅游业应用部分

1. 铁道部 12306 网站

12306 网站购票业务在 2011 年 6 月 12 日投入使用。2011 年 6 月 12 日 5 时,京津城际高铁开始试行网络售票,2011 年 6 月 24 日 9 时起,铁路部门开始对外发售京沪高铁车票。2011 年年底,全国铁路已经全面推行网络售票,中国铁路开始走进电子商务时代。

12306 网站是中华人民共和国铁道部客户服务官方网站,可以提供火车票查询、网上订票、铁路知识和新闻公告、货运信息查询等服务。2013 年 11 月 30 日起,12306 网站新增支付宝支付服务功能,同年 12 月 6 日新版 12306 网站上线试运行,紧接着铁路部门的官方手机购票客户端——"铁路 12306"上线试运行,网站推出了彩色动态验证码。2014 年 1 月 13 日起,网订火车票,均不在票面上显示姓名,只显示乘车人有效身份证件号码。

12306 网站订票流程如下。

(1) 用户注册

首次进行网上购票的用户需要按照页面的提示逐一填写用户名、密码、语音查询密码、姓名、身份证件类型、身份证号、电话号码、电子邮箱地址等基础信息。提交信息表后,系统提示用户登录邮箱完成注册激活。

(2) 登录购票

激活后,再登录该网站则可以直接输入用户名和密码,如图 1-25 所示,进入"我的 12306"。登录后页面中立即出现订票信息,要求用户选择始发站、终到站、发车日期等,选择所要购买的车票后,系统要求再次输入姓名、证件号码、电话号码等信息,证件包括身份证、港澳居民来往内地通行证、台湾居民来往大陆通行证和护照 4 种证件,并提示确认订单。订单确认后,订票页面提示需要在 45 分钟内进行网上支付,否则将视为自动放弃。选择相应的网上银行或银联在线完成支付。

(3) 订票成功

网上成功购买铁路电子客票后,铁路部门将会把有关提示信息以邮件或短信形式发送给购票人。

(4) 检票及乘车

检票:乘客使用二代居民身份证件购票成功后,可凭购票时使用的二代居民身份证件原件到铁路部门指定的各客运营业站(含同城车站)的指定售票窗口、自动售票机或铁路客票代售点办理换票手续。若使用其他有效身份证件购票,可凭购票时使用的其他有效证件原件到铁路部门指定各客运营业站(含同城车站)指定售票窗口、铁路客票代售点办理换票手续。

乘车:使用二代身份证以外其他身份证件购票的,须在开车前凭网络购票时使用的乘车人有效身份证件原件和网络系统提供的订单号码,到车站售票窗口换取纸质车票,凭纸质车票进站乘车。

(5) 改签和退票

需要改签和退票的旅客,可在换票地车站或票面发站的指定售票窗口或 12306 网站

项目 1 电子商务概述

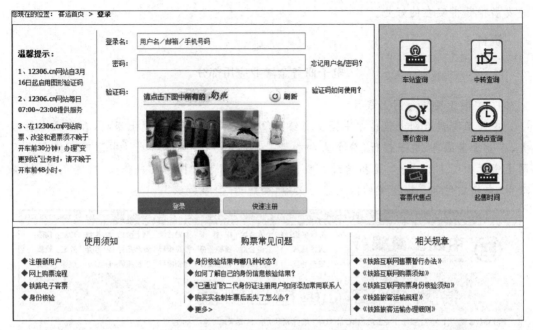

图 1-25 用户登录

办理改签、退票手续,但在 12306 网站办理改签、退票手续时须不得晚于开车前 2 小时且未办理换票前。原票款退回原银行卡。

2. 携程旅行网

携程创立于 1999 年,是中国领先的综合性旅行服务公司,总部设在中国上海。携程成功整合了高科技产业与传统旅行业,向超过 6 000 万会员提供集酒店预订、机票预订、旅游度假、商旅管理、美食订餐及旅游资讯在内的全方位旅行服务,被誉为互联网和传统旅游无缝结合的典范。

作为中国领先的在线旅行服务公司,凭借稳定的业务发展和优异的盈利能力,携程旅行网于 2003 年 12 月在美国纳斯达克成功上市。

携程的度假超市提供近千条度假线路,覆盖海内外众多目的地,是中国领先的度假旅行服务网站。携程的 VIP 会员还可在全国主要商旅城市的近 3 000 家特惠商户享受低至六折的消费优惠。携程旅行网除了在自身网站上提供丰富的旅游资讯外,还委托出版了旅游丛书《携程走中国》,并委托发行旅游月刊杂志《携程自由行》。

携程已占据中国在线旅游 50% 以上的市场份额,是旅游电子商务市场绝对的领导者。它的主要竞争对手有已被全球第一大在线旅行集团控股的 e 龙,以及分别背靠大型国有控股旅游集团、拥有雄厚的资金保障和丰富的旅游资源的遨游网和芒果网。但三大竞争对手尚不具备与携程正面对抗的实力。

携程网站作为老牌的旅游服务网站,客户体验设置非常友好,是很多其他网站不能比拟的。

在市场竞争日趋成熟的同时,各大业内网站之间的竞争已经从同质化的内容竞争,转向追求全方位独特差异化竞争。对于用户而言,任何一点微小的体验提升都将提高其对网站的黏性和认同感,正是这些"微小"的创新,让广大网民最终能够从在线旅游行业的高速发展中获得实在的好处。

资料3

电子商务金融业应用部分

1. 中国工商银行网上银行

中国工商银行网上银行即中国工商银行(ICBC,简称工行)的网上银行,含个人金融服务、企业金融服务、电子银行(分个人和企业)、网上理财和网上商城。中国工商银行个人网上银行如图1-26所示,是指通过互联网为工行个人客户提供账户查询、转账汇款、投资理财、在线支付等金融服务的网上银行渠道,品牌为"金融@家"。

图1-26 中国工商银行个人网上银行页面

(1) 基本简介

中国工商银行个人网上银行提供的全新网上银行服务,包含了账户查询、转账汇款、捐款、买卖基金、国债、黄金、外汇、理财产品、代理缴费等功能服务,能够满足不同层次客户的各种金融服务需求,并可为客户提供高度安全、高度个性化的服务。

中国工商银行个人网上银行对工商银行金融服务进行了全面介绍,其投资理财信息丰富全面,并且有在线交易方便快捷,能够满足客户专业化、多元化、人性化的金融服务需求,是集业务、信息、交易、购物、互动于一体的综合性金融服务平台。

(2) 主要栏目

中国工商银行个人网上银行主要栏目有网上基金、网上股票、网上贵金属、网上黄金、网上理财、网上保险、网上外汇、网上期货、网上债券、专家述评、财经动态、电子银行、网上银行、电话银行、手机银行、网上缴费、网上捐款、个人金融、银行卡、公司业务、机构业务、资产托管、企业年金、投资银行、资产处置、网上商城、工行学苑、原创舞台、E动天地、金融咨询、焦点关注、网上论坛、工行风貌、工行快讯、媒体看工行、金融信息、重要公告、优惠活动、客户服务、金融超市等。

(3) 主要特色

安全可靠：采取严密的标准数字证书体系，通过国家安全认证。

功能强大：多账户管理，方便用户的家庭理财；个性化的功能和提示，体现用户的尊贵；丰富的理财功能，成为用户的得力助手。

方便快捷：24小时网上服务，跨越时空，省时省力；账务管理一目了然，所有交易明细尽收眼底；同城转账、异地汇款，资金调拨方便快捷；网上支付快捷便利。

信息丰富：可提供银行利率、外汇汇率等信息的查询，配备详细的功能介绍、操作指南、帮助文件及演示程序，帮助用户了解系统各项功能。

2. 网络证券

网络证券也称网上证券，是证券行业以 Internet 为媒介向客户提供的全新商业服务。它是一种大规模、全方位、体系化、新型的证券经营模式，是证券营业部为大量远离证券营业部的证券投资者提供的服务。

随着网上证券业务的不断推广，证券市场将逐渐从"有形"的市场过渡到"无形"的市场。现在的证券交易营业大厅将会逐渐失去其原有的功能，远程终端交易、网上交易将会成为未来证券交易方式的主流。网上证券对未来证券市场发展的影响主要表现在以下几个方面。

(1) 证券市场的发展速度加快。

(2) 证券业的经营理念在实践中发生了变化。

(3) 证券业的营销方式在管理创新中不断地变化。

(4) 证券业的经营策略发生了变化。

(5) 金融业中介人的地位面临严重的挑战。

(6) 大规模网上交易的条件日渐成熟。

(7) 集中式网上交易成为一种发展趋势。

(8) 网上经纪与全方位服务融合。

(9) 网上证券交易正在进入移动交易时代。

(10) 网上证券交易实现方式趋向于多元化。

(11) 网上证券交易将以更快的速度向农村和偏远地区发展。

3. 网络保险

网上保险，即保险电子商务，也称网络保险。目前，保险电子商务可以大致分为企业对消费者(B2C)和企业对企业(B2B)两种。其中前者是保险公司对个人投保人或被保险人的电子商务平台，而后者则是保险公司对企业客户提供的电子商务平台。

从狭义上讲，保险电子商务是指保险公司或新型的网上保险中介机构通过互联网为客户提供有关保险产品和服务的信息，并实现网上投保、承保等保险业务，直接完成保险产品的销售和服务，并由银行将保费划入保险公司的经营过程。从广义上讲，保险电子商务还包括保险公司内部基于互联网技术的经营管理活动，对公司员工和代理人的培训，以及保险公司之间、保险公司与公司股东、保险监管、税务、工商管理等机构之间的信息交流活动。

保险电子商务发展涉及保险公司、保险中介公司各类资源整合,涉及公司所有利用互联网(包括 Internet 与 Intranet)、无线技术、电话等信息技术手段进行电子化交易、电子化信息沟通、电子化管理的活动,贯穿公司经营管理的全过程。随着互联网技术兴起并逐渐成熟后,新的信息技术在保险公司内又达成一轮深层次的商务应用。保险电子商务正是信息技术本身和基于信息技术所包含、所带来的知识、技术、商业模式等在公司内产生的扩散和创新。

随着我国《电子签名法》的颁布实施,我国保险企业将在现有 B2C 销售平台的基础上,积极开发电子保单和电子签章,策划推出电子商务专有产品,对保险网站进行全新的改版,以网上销售保险完全电子化流程为目标,继续全面推进电子商务的建设,抓住未来网络保险快速发展的机遇。

保险电子商务代表着保险业未来发展趋势的网络保险,正在全球蓬勃兴起。预计在未来 10 年将有超过 30% 的商业保险业务是由电子商务方式来实现的。2012 年,中国保险电子商务保费收入为 39 亿元。

目前,我国保险电子商务应用模式不断丰富,已经形成 B2B、B2C、B2M 等多种服务模式,网站的信息、产品、服务等方面的成熟度,将决定其对销售拉动的实际效果,成为保险电子商务发展的关键。

消费者可以利用保险网络平台完成很多保险业务,比如产品选择、填写投保单、支付保费以及理赔查询等。然而,仍有超过八成的保险公司电子商务平台,在投保、批改和理赔功能上存在缺失,网站仍然停留在以信息发布为主要功能的服务阶段,并不能称之为成熟的电子商务平台。

4. 第三方支付企业

(1) 支付宝

支付宝(中国)网络技术有限公司是国内领先的独立第三方支付平台,由阿里巴巴集团创办。2011 年 9 月 5 日,支付宝收购安卡支付开始深度拓展跨境业务。截至 2012 年 12 月,支付宝注册账户突破 8 亿人,日交易额峰值超过 200 亿元人民币,日交易笔数峰值达到 1 亿零 580 万笔。2013 年 8 月,用户使用支付宝付款不用再捆绑信用卡或者储蓄卡,能够直接透支消费,额度最高 5 000 元。2013 年 11 月 17 日,支付宝发布消息称,从 2013 年 12 月 3 日开始,在计算机上进行支付宝转账将要收取手续费,每笔按 0.1% 来算,最低收费 0.5 元起,最高上限 10 元。

(2) 余额宝

余额宝是由第三方支付平台支付宝打造的一项余额增值服务。通过余额宝用户不仅能够得到较高的收益,还能随时消费支付和转出,用户在支付宝网站内就可以直接购买基金等理财产品,获得相对较高的收益,同时余额宝内的资金还能随时用于网上购物、支付宝转账等支付功能。

转入余额宝的资金在第二个工作日由基金公司进行份额确认,对已确认的份额会开始计算收益。余额宝的优势在于转入余额宝的资金不仅可以获得较高的收益,还能随时消费支付,灵活便捷。

余额宝是支付宝为个人用户推出的一项余额增值服务。把钱转入余额宝中,可以获得一定的收益。余额宝支持支付宝账户余额支付、储蓄卡快捷支付(含卡通)的资金转入,目前不收取任何手续费。通过余额宝,用户存留在支付宝的资金不仅能拿到利息,而且和银行活期存款利息相比收益更高。根据其官方介绍,2012 年,10 万元活期储蓄利息 350 元/年,如通过余额宝收益能超过 4 000 元/年。

2013 年 11 月 14 日,余额宝最新规模已突破 1 000 亿元,成为中国基金史上首只规模突破千亿元的基金。

(3) 微信支付

微信支付是由腾讯公司知名即时通讯服务免费聊天软件微信(Wechat)及腾讯旗下第三方支付平台财付通(Tenpay)联合推出的一款互联网创新支付产品。有了微信支付,用户的智能手机就成了一个全能钱包,用户不仅可以通过微信与好友进行沟通和分享,还可以通过微信支付购买合作商户的商品及服务。

用户只需在微信中关联一张银行卡,并完成身份认证,即可将装有微信 App 的智能手机变成一个全能钱包,之后即可购买合作商户的商品及服务,用户在支付时只需在自己的智能手机上输入密码,无须任何刷卡步骤即可完成支付,整个过程简便流畅。

已开通接口银行包括中国银行、农业银行、建设银行、招商银行等绝大部分银行,其他银行仍在陆续接入中。

资料 4

生活服务类部分

1. 58 同城

58 同城是中国生活分类信息网站,提供找房子、找工作、二手物品买卖、二手车、58 团购、商家黄页、宠物票务、旅游、交友等多种生活信息。58 同城成立于 2005 年,总部设在北京,2007 年在天津、上海、广州、深圳成立分公司,目前已经在全国 320 个主要城市开通分站。58 同城网同时也为商业合作伙伴提供最准确的目标消费群体、最直接的产品与服务展示平台、最有效的市场营销效果以及客户关系管理等多方面服务。其宗旨是为没有工作的人,创作一个属于自己的平台。

58 同城网分类信息已成为最具生命力的一项互联网应用,它开创了全新的信息传播途径,聚合了海量个人信息和大量商家信息,为网民解决日常生活中的焦点、难点问题提供了最便捷的解决途径。

分类信息在国外已大获成功,Craigslist 创造着年收入数千万美元的巨额财富,成为全美前七大网站。2005 年开始,中国分类信息创业出现井喷,分类信息简单、实用、维护成本低廉等优点吸引着无数的投资者。

作为中国最大的分类信息网站,本地化、自主且免费、真实高效是 58 同城网的三大特色。其服务覆盖生活的各个领域,提供房屋租售、餐饮娱乐、招聘求职、二手买卖、汽车租售、宠物票务、旅游交友等多种生活信息,覆盖中国所有大中城市。58 同城网同时还为商家建立了全方位的市场营销解决方案,提供网站、直投杂志《生活圈》《好生活》、杂志展架、LED 广告屏"社区快告"等多项服务,并为商家提供精准定向推广的多种产品,如"网邻通"

"名店推荐"等。

其中"名店推荐"产品首次在行业内针对网络商户一直面临的信用体系问题,推出"万元先行赔付计划",在行业内开创先河。

2013年10月30日,58同城于北京时间9点30分正式登录美国纽约证券交易所挂牌交易,上市首日,58同城报收24.31美元,较发行价上涨41.88%。

58同城网站内容十分丰富,力求涵盖人们生活的方方面面,包括发布房屋信息、跳蚤市场信息发布、票务信息发布、宠物信息发布、车辆买卖与服务信息发布、交友征婚信息发布、黄页信息发布、招聘信息发布等。

2. 美团团购网

美团网是中国大陆地区第一个精品团购形式的类Groupon电子商务网站。美团网在北京、上海等多个城市设有分站,每天推出一款超低折扣的本地精品消费的团购服务。网站由人人网(原校内网)、饭否等网站的创始人王兴于2010年1月建立,2010年3月4日正式上线。2013年5月31日消息,美团网CEO王兴宣布,美团网单月成交额已突破10亿元。

美团团购是一款方便用户购物的手机应用,为用户精选餐厅、酒吧、KTV、SPA、美发店、瑜伽馆等特色商家以及每日推送最新团购信息,提供优惠券查看和管理,商家信息查询和导航功能,让用户随时随地享受便捷的团购服务。它拥有操作简单、界面顺畅等特点。

美团网自2010年3月4日成立以来,一直努力为消费者提供本地服务电子商务。作为北京市海淀区首家申请加入12315绿色通道的团购企业,以及通过"电子商务信用认证""网信认证""可信网站认证"的团购企业,美团网在高速发展的同时,始终将用户满意放到第一位。为了更好地服务用户,美团网除了进行严格的商家审核之外,还投入千万元进行呼叫中心建设,同时率先推出"7天内未消费,无条件退款""消费不满意,美团就免单""过期未消费,一键退款"等一系列消费者保障计划,构成了完善的"团购无忧"消费者保障体系,为用户提供最贴心的权益保障,免除消费者团购的后顾之忧,让消费者轻松团购,放心消费。

3. 大众点评网

大众点评网是中国最大的城市生活消费指南网站之一,创建于2003年4月,以三方点评为模式,致力于为网友提供餐饮、购物、休闲娱乐及生活服务等领域的商户信息、消费优惠以及发布消费评价的互动平台。

大众点评网是全球最早建立的独立第三方消费点评网站,致力于成为为网友提供餐饮、购物、休闲娱乐及生活服务等领域的商户信息、消费优惠以及发布消费评价的互动平台;同时,大众点评网亦为中小商户提供一站式精准营销解决方案,包括电子优惠券、关键词推广、团购等。

资料5

跨境电子商务类部分

跨境电子商务是指分属于不同国家的交易主体,通过电子商务手段将传统进出口贸易中的展示、洽谈和成交环节电子化,并通过跨境物流及异地仓储送达商品、完成交易的一种国际商业活动。

我国跨境电子商务主要分为跨境零售和跨境 B2B 贸易两种模式。跨境电子商务与国内电子商务的区别在于国内电子商务是国内贸易,而跨境电子商务实际上是国际贸易,需要经过海关通关、检验检疫、外汇结算、出口退税、进口征税等环节。

跨境电子商务的商业模式可以简单分为三大类:以交易主体类型分类分为 B2B/B2C/C2C;以服务类型分类分为信息服务平台、在线交易平台;以平台运营方式分为第三方开放平台、自营平台、外贸电商代运营服务商模式。

当前跨境电子商务平台百花齐放,阿里巴巴包括 B2B 和 B2C 业务,敦煌网、环球资源和中国制造网主营 B2B 业务,兰亭集势主营 B2C 业务。国际 B2C 出口跨境电子商务平台有速卖通、敦煌网、亚马逊等,进口跨境电子商务平台有天猫国际、洋码头、网易考拉等。

下面介绍几个典型的跨境电子商务平台。

1. 速卖通(AliExpress)

在众多跨境电商平台中,速卖通是唯一有中国基因的平台。依托阿里巴巴系庞大的流量和用户基础,成立于 2010 年的速卖通虽然起步晚但是发展迅猛。它的入驻条件宽松、佣金率低,吸引了大量的卖家入驻,并且发布一系列政策鼓励卖家多发布商品,利用丰富的产品资源和便宜的价格,吸引世界各地的消费者。在战略上,速卖通避开已经比较成熟的欧美市场,选择巴西、俄罗斯等新兴市场国家作为切入口,也是它成功的原因之一。

2. 易贝(eBay)

易贝是线上交易平台的全球领先者,并拥有全球市场率第一的支付工具 PayPal。通过 eBay 的全球平台,中国卖家的支付、语言、政策、品牌、物流等问题得到了很好的解决。易贝同时在出口电商网络零售领域发挥了自身优势,可将产品销售到世界各国,直接面对亿万消费者,还可以通过推广自有品牌,提升世界地位认可度。

3. 亚马逊(Amazon)

亚马逊以优质的仓储物流系统和售后服务体系闻名于世,除了自营业务外,也对第三方开放,根据卖家选择的服务不同,亚马逊采用不同的收费模式。卖家在亚马逊全球网站开店,亚马逊收取平台月费和交易佣金,如果无交易则不收交易佣金,选择亚马逊物流的卖家加收仓储和物流费用,自主配送的卖家选择的配送服务必须符合亚马逊对服务质量的相关要求。除此之外,亚马逊还提供免费的站内推广服务以及精准的消费者商品推荐服务。

4. 兰亭集势

兰亭集势成立于 2007 年,是集合了众多优质供应商的 B2C 企业,它拥有自己的数据仓库和长期的物流合作伙伴。兰亭集势主要以国内的婚纱、家装、3C 产品为主,其盈利主要来源于制造成本的低廉和价格差异。兰亭集势的目标是通过创新的商业模式、领先的精准网络营销技术、世界一流的供应链系统,为全世界中小零售商提供一个基于互联网的全球整合供应链。

5. Wish

Wish平台起步较晚,成立于2011年,转型为购物平台并被中国卖家关注是在2014年左右。Wish是跨境电商移动端平台的一匹黑马,它是北美最大的移动购物平台,95%的订单量来自移动端,89%的卖家来自中国,App日均下载量稳定在10万左右,重复购买率超过了50%。Wish坚持简单直接的运营风格,通过技术算法将消费者与想要购买的商品对接,卖家入驻门槛低、平台流量大、成单率高。

6. 敦煌网

敦煌网2004年上线,是我国国内首个实现在线交易的跨境电商B2B平台,以中小额外贸批发业务为主,开创了"成功付费"的在线交易佣金模式,免卖家注册费,只在买卖双方交易成功之后才收取相应的手续费。敦煌网的特点是,较早推出了增值金融服务,根据自身交易平台的数据为敦煌网商户提供无须实物抵押、无须第三方担保的网络融资服务。虽然速卖通后续也推出了类似的服务,但时间晚于敦煌网。

7. 中国制造网

中国制造网是焦点科技旗下的B2B跨境电子商务平台,创建于1998年,是国内最早专业从事电子商务开发及应用的高新技术企业之一,主要为中国供应商和全球采购商提供信息发布和搜索服务,成为全球采购商采购中国制造产品的重要网络渠道之一。

项目1 综合评价

项目1综合评价见表1-6。

表1-6 项目1综合评价

评价项目	技 能 点	评价方式		
		达到	未到达	教师评价
知识目标	理解并掌握电子商务的概念			
	掌握电子商务的起源和发展历史			
	掌握电子商务的模式			
	掌握电子商务的岗位构架			
	掌握跨境电子商务的概念、对比国内电商的异同点			
	了解电子商务的典型行业应用			
能力目标	能有效阅读理解资料			
	能利用互联网找到自学所需资料			
	能根据提供资料和自学查找资料进行分析和总结			
	能熟练查找电商网站			
	能注册电商网站并体验			

续表

评价项目	技 能 点	评 价 方 式		
		达到	未到达	教师评价
思政目标	具有信息意识,能够根据学习和工作的实际需要,自觉主动地寻求恰当的方法获取信息			
	具有合作意识,在合作解决问题的过程中,能与团队共享信息,实现信息价值的更大化			
	具有创新意识,能自主学习			
	提高个人修养,热爱祖国,爱岗敬业,诚实守信			
	遵规守纪,不迟到早退,按时完成布置任务			
	注重学思合一、知行统一,勇于实践,打造工匠精神			
	了解电子商务行业领域的国家战略,法律法规和相关政策			
创新能力	学习过程中提出具有创新性、可行性的建议			
学生姓名		综合评价		
指导教师		日期		

项目 1 组内任务完成记录表及评价

完成表 1-7 所示的项目 1 组内任务完成记录表及评价。

表 1-7 项目 1 组内任务完成记录表及评价

评价项目	评价内容	评 价 标 准	评 价 方 式		
			自我评价	小组评价	教师评价
职业素养	安全意识 责任意识	A. 作风严谨,自觉遵守纪律,出色完成工作任务 B. 能够遵守纪律,较好完成工作任务 C. 遵守纪律,没完成工作任务,或虽完成工作任务但未严格遵守纪律 D. 不遵守纪律,没有完成工作任务			
	学习态度	A. 积极参与教学活动,全勤 B. 缺勤达本任务总学时的 10% C. 缺勤达本任务总学时的 20% D. 缺勤达本任务总学时的 30%			
	团队合作意识	A. 与同学协作融合,团队意识强 B. 与同学能沟通,协调工作能力较强 C. 与同学能沟通,协调工作能力一般 D. 与同学沟通困难,协调工作能力较差			

续表

评价项目	评价内容	评价标准	评价方式		
			自我评价	小组评价	教师评价
专业能力	任务1.1 电子商务的起源及发展	A. 学习活动评价为90~100分 B. 学习活动评价为75~89分 C. 学习活动评价为60~74分 D. 学习活动评价为0~59分			
	思维拓展:电子商务与传统商务的异同	A. 学习活动评价为90~100分 B. 学习活动评价为75~89分 C. 学习活动评价为60~74分 D. 学习活动评价为0~59分			
	1.2.1 理解电子商务的概念	A. 学习活动评价为90~100分 B. 学习活动评价为75~89分 C. 学习活动评价为60~74分 D. 学习活动评价为0~59分			
	1.2.2 了解电子商务的基本组成要素	A. 学习活动评价为90~100分 B. 学习活动评价为75~89分 C. 学习活动评价为60~74分 D. 学习活动评价为0~59分			
	1.3.1 认识B2B电子商务模式	A. 学习活动评价为90~100分 B. 学习活动评价为75~89分 C. 学习活动评价为60~74分 D. 学习活动评价为0~59分			
	1.3.2 认识B2C电子商务模式	A. 学习活动评价为90~100分 B. 学习活动评价为75~89分 C. 学习活动评价为60~74分 D. 学习活动评价为0~59分			
	1.3.3 认识C2C电子商务模式	A. 学习活动评价为90~100分 B. 学习活动评价为75~89分 C. 学习活动评价为60~74分 D. 学习活动评价为0~59分			
	1.3.4 认识O2O电子商务模式	A. 学习活动评价为90~100分 B. 学习活动评价为75~89分 C. 学习活动评价为60~74分 D. 学习活动评价为0~59分			
	思维拓展:认识电子商务网站	A. 学习活动评价为90~100分 B. 学习活动评价为75~89分 C. 学习活动评价为60~74分 D. 学习活动评价为0~59分			

续表

评价项目	评价内容	评价标准	评价方式		
			自我评价	小组评价	教师评价
专业能力	任务1.4 电子商务的岗位构架	A. 学习活动评价为90～100分 B. 学习活动评价为75～89分 C. 学习活动评价为60～74分 D. 学习活动评价为0～59分			
	任务1.5 跨境电子商务	A. 学习活动评价为90～100分 B. 学习活动评价为75～89分 C. 学习活动评价为60～74分 D. 学习活动评价为0～59分			
	任务1.6 电子商务常见行业应用	A. 学习活动评价为90～100分 B. 学习活动评价为75～89分 C. 学习活动评价为60～74分 D. 学习活动评价为0～59分			
创新能力		学习过程中提出具有创新性、可行性的建议	加分奖励(满分10分)		
学生姓名			综合评价		
指导教师			日期		

项目 2

电子商务技术

知识目标

1. 掌握电子商务相关事务网络技术基础知识。
2. 掌握电子商务中视觉技术的基础知识。
3. 熟悉电子商务中物流技术知识。
4. 熟悉电子支付技术的相关知识。

能力目标

1. 具有视觉技术简单处理能力。
2. 具有物流技术相关应用能力。
3. 具有电子商务安全技术的运用能力。
4. 能熟练应用电子支付技术。

素质目标

1. 具有自主学习以及分析问题和解决问题的能力。
2. 具有法律意识,遵规守纪,能遵守电子商务行业的职业规范。
3. 具有团队合作意识,能进行有效的沟通。
4. 能精益求精,具有工匠精神。

建议课时:6 课时

开篇导读

随着计算机技术及网络的发展,电子商务的发展速度大幅提高。对比传统商务模式,电子商务不仅能增强商品交易的便捷性,还能减少成本支出,既能实现跨区域的商品交易,也能提升交易活动的灵活性及公平性。不过,若想进一步发展电子商务,离不开计算机技术及相关电子商务技术的支持。电子商务相关技术的不断发展也推动了电子商务的迅猛发展。电子商务实际上是和网络技术等技术相辅相成发展起来的。计算机技术和互联网技术的应用是电子商务发展的基础,随着电商的发展,视觉设计技术、支付技术、搜索技术、网络安全技术也得到发展,这些技术共同促进了电子商务今天的繁荣。

由此可见,在了解电子商务中商务管理的同时,掌握相应的技术也是电子商务专业学习中必不可少的组成部分。学习相应的技术不但能更好地理解电子商务实务中的规则,更能提高在电子商务实务中的操作技能。

本项目学习结构图如图 2-1 所示。

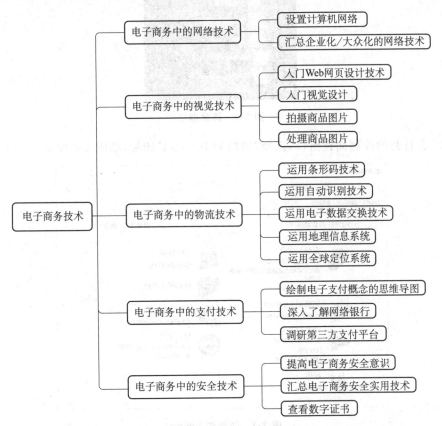

图 2-1 项目 2 学习结构图

任务 2.1　电子商务中的网络技术

2.1.1　设置计算机网络

互联网发展迅速,Wi-Fi网络无处不在,但是出于安全的考虑,网络最好设置IP地址与DNS。下面就带领读者学习如何设置IP地址来连接网络。

在Windows 10下连入网络步骤如下。

(1) 在Windows 10系统桌面,依次单击"开始"→"Windows系统"→"控制面板"菜单选项,如图2-2所示。

图 2-2　菜单选项

(2) 在打开的控制面板窗口,选择"网络和Internet"图标,如图2-3所示。

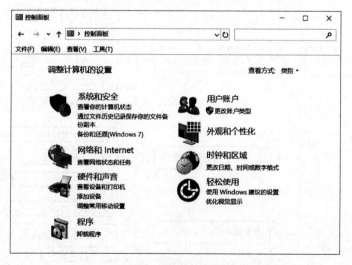

图 2-3　网络和Internet

(3) 在打开的窗口中单击"查看网络状态和任务"超链接,如图 2-4 所示。

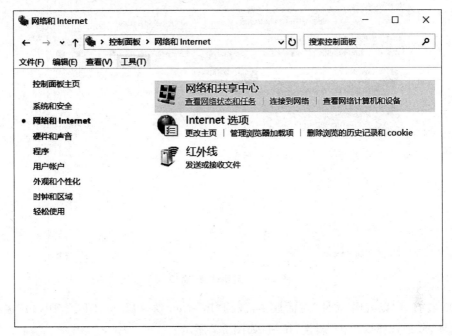

图 2-4　查看网络状态和任务

(4) 单击"更改适配器设置"超链接,如图 2-5 所示。

图 2-5　更改适配器设置

(5) 在打开的网络连接窗口可以看到计算机中本地连接的列表,然后右击"以太网"选项,在弹出的快捷菜单中选择"属性"菜单选项,如图 2-6 所示。

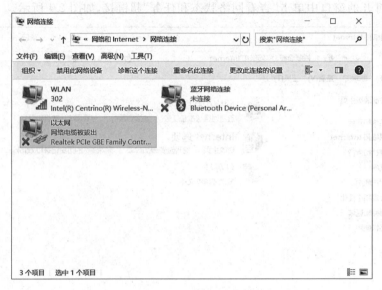

图 2-6 "网络连接"窗口

（6）在打开"以太网 属性"对话框中，找到"Internet 协议版本 4(TCP/IPv4)"选项，双击该选项，或是选择后单击"属性"按钮，如图 2-7 所示。

图 2-7 "以太网 属性"对话框

(7) 在打开"Internet 协议版本 4(TCP/IPv4)属性"对话框中,选中"使用下面的 IP 地址"单选按钮,在框中输入 IP 地址、子网掩码及默认网关,如图 2-8 所示。

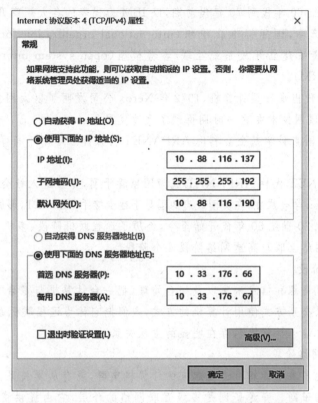

图 2-8 "Internet 协议版本 4(TCP/IPv4)属性"对话框

(8) 接着选中"使用下面的 DNS 服务器地址"单选按钮,如图 2-8 所示设置好首选 DNS 服务器与备用 DNS 服务器(不同地区的 DNS 可能会不一样,可以自己百度或是打电话问当地 ISP 服务商)。最后单击"确定"按钮,重新启动计算机后,所有的设置即可生效。

以上介绍的内容就是关于在 Windows 10 中设置 IP 地址和 DNS 地址的方法。

资料 1

计算机网络概念

计算机网络是用通信线路将分散在不同地点并具有独立功能的多台计算机系统互相连接,按照网络协议进行数据通信,实现资源共享的信息系统。

资料 2

计算机网络的发展演变

1951 年,美国麻省理工学院林肯实验室开始了美国空军设计半自动化地面防空系统,1963 年该系统建成,该系统被认为是计算机技术和通信技术结合的先驱。

20 世纪 60 年代中期,出现大型机;1969 年,美国建成 ARPANET 实验网,这是现代意义上第一个计算机网络,当时它具备的资源共享、分散控制、分组交换、采用专门的通信控制处理机、分层的网络协议等特点被认为是现代计算机网络的一般特征。

随后的 20 世纪 60 年代到 70 年代前期,以 IBM 为代表的各大厂商开始推出自己在网络领域的标准和产品,国际标准化组织(international organization for standardization, ISO)开始考虑并着手建立开放系统互联/参考模型(open system interconnection/reference model, OSI/RM)。

20 世纪 80 年代出现微型计算机,1972 年 Xerox 公司发明了以太网技术,将这两项技术加以结合后,局域网技术在这一时期得到了飞速发展。

1985 年,美国国家科学基金会利用 ARPANET 协议建立了用于科学研究和教育的骨干网 NSFNET。

1990 年,NSFNET 代替 ARPANET 成为国家骨干网,并且进入社会。

1992 年,Internet 学会成立,在美国政府的倡导下逐步接手 NSFNET,形成现今的 Internet。

计算机网络从 20 世纪 60 年代开始至今,经历了远程联机阶段、多机互联网络阶段、标准化网络阶段和网络互联与高速网络阶段 4 个阶段。

1. 远程联机阶段

为了共享主机资源和信息采集以及综合处理,把一台计算机与多台用户终端连接,用户通过终端命令以交互方式使用计算机的方式,人们把它称为远程联机系统。

显著特点:"终端—计算机",存在明显的主从关系。

2. 多机互联网络阶段

这个阶段实现了多个计算机连接起来的计算机集群,没有从属关系,从逻辑上可以分成资源子网和通信子网。资源子网是多级互联网络的外层,它由提供资源的主机和请求资源的终端组成,负责全网的信息处理工作;通信子网是多级互联网络的内层,主要任务是将各种计算机互连起来完成数据传输、交换和通信处理。

显著特点:"计算机—计算机"。该阶段因为存在计算机之间的体系结构的差异,不利于互联,通常以通信为主要目的。

3. 标准化网络阶段

这个阶段的标志是 1984 年颁布的"开放系统互联基本参考模型",即 OSI 国际网络互联标准。这一阶段的特点是研究在协议的控制下,实现以资源共享为目的的多个计算机集合。

4. 网络互联与高速网络阶段

20 世纪 90 年代,计算机技术、通信技术以及建立在计算机互联网络技术基础上的计算机网络技术迅猛发展。1993 年,美国宣布建立国家信息基础设施(national information infrastructure, NII),全世界很多国家也开始制订并建立本国的国家信息基础设施。目前,全球以 Internet 为核心的高速计算机网络已经形成。

资料 3

计算机网络的未来趋势

计算机网络发展迅速,未来它的发展趋势有可能是以下 3 个方面。

1. 计算机网络发展需求的任意性

在任意数目的计算机上运行任意数目的程序,并且有可能在任意时刻相互通信。

2. 三个发展方向

朝"高速、智能、可靠"发展的通信业务;朝"功能强、体积小、价格低、易操作"发展的计算机技术;朝"开放、综合、智能"发展的计算机网络技术。

3. "开放""综合""智能"三个方面的深入

"开放"是指一方面面对计算机网络直接应用环境的开放,另一方面指计算机网络可以与其他网络计算机实现互联;"综合"体现了计算机网络系统中各个要素之间的结合更加紧密;"智能"是指 AI(artificial intelligence)技术与网络技术结合的普遍性。

资料 4

互联网的基本构架

互联网其实就是指一群遍布世界各地的计算机,它们彼此相连后相互交换信息。

客户/服务器(clinet/server)模式中,客户端完成数据处理、数据表示、用户接口功能;服务器端完成 DBMS(数据库管理系统)的核心功能。这种客户请求服务、服务器提供服务的处理方式是一种常见的互联网应用模式,如图2-9所示。

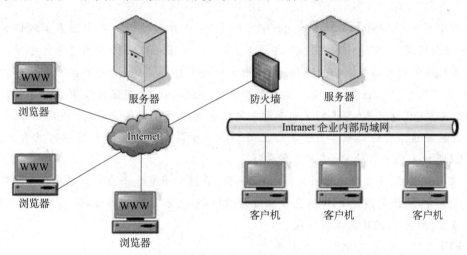

图 2-9　互联网的基本构架

2.1.2　汇总企业化/大众化的网络技术

互联网(Internet)是一组全球信息资源的总成,它将现代通信技术和现代计算机技术融为一体,是计算机之间进行国际信息交流和实现资源共享的有效手段;电子商务是将互联网技术和商务活动融合为一体,提高企业收益的同时,也改变着大众生活的一种商务模式。

从电子商务的角度出发,将网络技术在电子商务中的应用分为:企业化的网络技术和大众化的网络技术。

请读者了解并掌握电子商务中企业化/大众化的网络技术,尝试用图表的方式进行总结归纳,并填写表 2-1。

表 2-1 企业化/大众化网络技术总结

分 类	网络技术	特点特色说明
企业化网络技术	EDI	
	内联网	
	外联网	
	……	
大众化网络技术	搜索引擎技术	
	即时通信技术	
	……	

资料 1

企业化的网络技术——电子数据交换 EDI

EDI(electronic data interchange)中文译为"电子数据交换",在我国港澳地区被称为"电子资料联通"。它是一种在企业之间传输订单、发票等作业文件的电子化手段。它通过计算机通信网络将贸易、运输、保险、银行和海关等行业信息,用一种国际公认的标准格式,将有关部门或公司于企业之间的数据进行交换与处理,并完成以贸易为中心的全部过程。它是 20 世纪 80 年代发展起来的一种新颖的电子化贸易工具,是计算机、通信和现代管理技术相结合的产物。由于使用 EDI 可以减少甚至消除贸易过程中的纸面文件,因此 EDI 也被人们通俗地称为"无纸贸易"。

综上所述,EDI 包含计算机应用、通信网络、数据标准化 3 个方面。其中计算机应用是 EDI 的条件,通信网络是 EDI 的应用基础,数据标准化是 EDI 的特征,这三方面相互衔接、相互依存,构成了 EDI 的基础框架。

EDI 按其功能可以分为以下 4 类。

1. 基于订货信息系统的 EDI

基于订货信息系统的 EDI 是最基本的也是最知名的 EDI 系统,又称为贸易数据交换系统(trade data interchange,TDI),它主要用电子数据文件来传输订单、发货票和各类通知。

2. 电子金融汇兑系统(electronic fund transfer,EFT)

电子金融汇兑系统可以在银行和其他组织之间实行电子费用汇兑。EFT 使用多年,但是它仍在不断地改进中,最大的改进是同订货系统联系起来,形成一个自动化水平更高的系统。

3. 交互式应答系统(interactive query response,IQR)

交互式应答系统应用于旅行社或航空公司,作为机票预订系统使用。这种 EDI 在应用时要询问到达某一目的地的航班,要求显示航班的时间、票价或其他信息,然后根据旅客的要求确定所要的航班,打印机票。

4. 带有图形资料自动传输的 EDI

带有图形资料自动传输的 EDI 最常见的是计算机辅助设计(computer aided design, CAD)图形的自动传输。比如设计公司完成一个厂房的平面设置图,将其平面布置图传输给厂房的主人,请主人提出修改意见,一旦该设计被认可,系统将自动输出订单,发出购买建筑材料的报告,收到建筑材料之后,系统自动开出收据。

EDI 的工作过程如图 2-10 所示。

(1) 发送方将要发送的数据从信息系统数据库提出,转化成平面文件/概念文件。

(2) 将平面文件翻译为标准 EDI 报文,组成 EDI 信件,接收方从 EDI 信箱收取信件。

(3) 将 EDI 信件拆开并翻译成为平面文件。

(4) 将平面文件转换并送到接收方信息系统中进行处理。

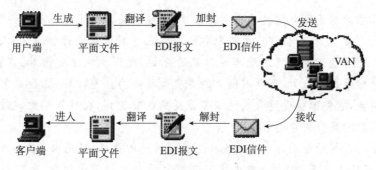

图 2-10 EDI 的工作过程

资料 2

企业化的网络技术——内联网与外联网

企业通过互联网(Internet)、内联网(Intranet)、外联网(Extranet)可以将买方、卖方、厂商及其合作伙伴联系起来。通常企业建立 Internet 网站后就要求建立内联网。同样,在内联网建立后,就开始考虑扩展外联网。

1. 内联网

将先进的 Internet 技术移植到企业内部,便是 Intranet,也就是内联网。内联网是基于 WWW 的专用网络,技术上和 Internet 没有太大的差别,只是访问内联网需要授权。一方面,企业外部消费者可以有条件、方便地共享部分内联网信息;另一方面,企业内部员工、部门之间可以在内联网上相互沟通,完成信息传递和业务处理。

Intranet 打破了企业内部各系统间的障碍,创造了共同工作的全新办法。通过 Intranet,企业可以建立生产、供销、储运、开发、人事、财务等方面的企业资源计划管理系统,将整个企业的运作反映在电子网络中,并依赖电子网络进行企业运作。

2. 外联网

外联网(Extranet)是一个使用 Internet 和 Intranet 技术,将企业与其客户和其他企业相连来完成其共同目标的合作网络。外联网可以使用公共网络、专用网络或虚拟专用网络实现企业间的信息共享。在外联网,只有授权用户才能通过外联网连入其他企业的网络,外联网为企业提供专用设施,帮助企业协调采购,通过EDI交换业务单证,实现彼此之间的交流和沟通。

Extranet通常是Internet和Intranet基础设施上的逻辑覆盖,仅用访问控制和路由表进行控制,而不是建立新的物理网络。Extranet通常连接两个或者多个已经存在的Intranet,每个Intranet由分布在各地的多个Web和其他设施构成。它可以用来进行各种商务活动,把企业内部已存在的网络扩展到企业之外,也可以完成企业和客户之间的电子商务,以及进行供应商管理。尽管Extranet并不是进行商业活动唯一的办法,但是它是替代专用网络进行企业商务活动的有效途径之一。

资料3

大众化的网络技术——搜索引擎技术

搜索引擎技术源于历史悠久的全文检索技术,从字面意义上可以拆分为"搜""索""引擎"三个含义。"搜"是指大量信息的抓取和抓取回来后对信息进行智能提取、重排和质量分析等处理。"索"是指大量信息处理后信息的存储、排序和快速查询等。"引擎"强调系统不仅要有存储数据的能力,还要有强大的并发处理能力。简单地说,搜索引擎是一个网络应用软件系统,它能够接受用户通过浏览器提交的查询词,在可以接受的时间内返回一个和该用户匹配的网页信息列表。

搜索引擎可以帮助使用者在Internet上找到特定的信息,但是由于Internet上信息繁杂,有时也会返回很多无关信息,造成使用者精力和时间的极大浪费,所以合理使用搜索引擎十分重要。以百度搜索为例,下面介绍一些搜索引擎的基本技法。

1. 使用高级搜索页

搜索百度高级搜索首页(https://www.baidu.com/gaoji/advanced.html),如图2-11所示。

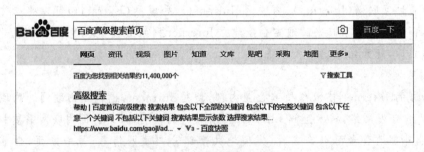

图2-11 搜索百度高级搜索首页

搜索使用者可以在高级搜索页面,输入相应关键词,进行简单筛选、语言选择和网页格式等设定,如图2-12所示。

2. 在网页标题中限定搜索范围

网页标题通常是对网页主要内容的归纳,如果把查询内容的范围限定在网页标题中,通常可以取得较好的搜索效果。

具体使用方法是将查询内容中,特别是关键的部分用"intitle:"引领。

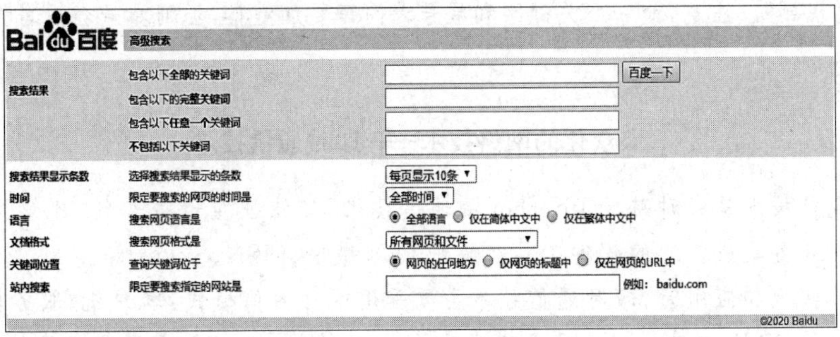

图 2-12 百度高级搜索页面

例如：找某个名人的图片，我们可以输入"图片 intitle:姓名"。注意"intitle:"和后面的关键字之间没有空格。

3. 在指定站点中限制搜索范围

如果搜索使用者知道在某个站点中有自己需要查询的资料，那么就可以把搜索范围限定在这个站点。

具体方法是在查询内容的后面，加上"site:站点域名"。

例如：在 ZOL 下载 QQ 软件，我们可以这样输入"QQ site：xiazai. zol. com. cn"。

注意："site:"后面跟的站点域名，不需要带"http：//"和"/"符号，在"site:"和站点之间不需要带空格。

4. 在 URL 链接中限定搜索范围

网页 URL 中的信息往往具有某种价值含义，对搜索结果的 URL 做某些限定，可以获得这些内容。

具体方法：使用"inurl:"后再加入 URL 中出现的关键词。

例如：查找关于 Word 的使用技巧，可以输入"Word inurl:jiqiao"。在这里，Word 可以出现在网页任何位置，而"jiqiao"必须出现在网页 URL 里。

5. 使用双引号精准匹配

通常长的关键词百度经过分析会给出拆分查询，为了不让百度自动拆分关键词，可以使用双引号。

具体方法：给查询词加上双引号。

例如：查询关于北京财贸职业学院的招生信息，加上双引号后，搜索结果不会被拆分。

6. 使用书名号精准匹配

百度搜索引擎可以使用书名号，功能有两项：一是书名号会出现在搜索结果中；二是书名号括起来的内容不会被拆分。例如：查询电影《手机》，如果不加书名号，就可能出现通信工具手机，但是加了书名号，搜索结果就是关于电影《手机》方面的了。

7. 减去无关资料

我们在搜索时，会发现在搜索结果中有一类含有特殊关键词的网页，使用减号语法可以除去所有含有这些关键词的网页。

具体方法：关键词后加减号，减号后跟要去除的关键词。

例如：我们搜索如懿传的电视剧，在搜索结果中却出现小说网页，这样我们就可以查询

"如懿传-电视剧"。注意:前一个关键字和减号之间需要加空格,否则减号会被当作连字符。

资料 4

大众化的网络技术——即时通信技术

即时通信技术是一种基于 Internet 的通信技术,其特征在于将音频、视频、文件传输、网络聊天等业务集成。它的软件工具有腾讯 QQ、微信、MSN、Skype 等。

在具体实现和应用时,即时通信技术主要采用两种通信模式:客户机/服务器(C/S)通信模式和对等(P2P)通信模式。C/S 模式采用 C/S 结构,即以数据库服务为核心,将连接在网络中的多台计算机形成一个有机的整体,客户机(client)和服务器(server)分别完成不同的功能。在客户/服务器结构中,采用三层 C/S 结构,处理多个客户机的并行操作;P2P 通信模式是非中心结构的对等通信模式,每一个客户(Peer)都是平等的参与者,承担服务使用者和服务提供者两个角色。这种通信模式的特点在于:客户之间可以直接进行通信,充分利用网络带宽,使资源的利用率大幅度提升。

即时通信技术的主要产品介绍如下。

1. 腾讯 QQ

QQ 是 1992 年由腾讯自主开发的基于 Internet 的即时通信工具,早期模仿国际聊天软件 ICQ,"ICQ"是"I SEEK YOU"的意思。QQ 可爱的小企鹅标志一直沿用至今,是一款在我国很受欢迎的通信工具。

2. 微信

微信是腾讯公司在 2011 年 1 月 21 日推出的智能终端即时通信服务应用程序。微信支持跨通信运营商、跨操作系统平台,通过网络快速发送免费语音短信、视频、图片和文字,同时,也可以使用通过共享流媒体内容的资料和基于位置的社交插件等服务插件。

3. MSN Messenger

MSN 是微软公司推出的即时消息工具,于 1997 年 7 月发布,迄今为止,是全球四大个人通信工具之一。

4. Skype

Skype 是全球免费的语音沟通软件,拥有超过 6.63 亿的注册用户,最高同时在线人数超过 3 000 万。

任务 2.2 电子商务中的视觉技术

2.2.1 入门 Web 网页设计技术

请读者使用记事本工具,体验 HTML 代码编写,并将实践过程截图,保存文件提交给教师。

(1)单击"开始",选择"所有程序",选择"附件",选择"记事本"。

(2)在记事本中输入以下代码。

```
<html>
    <head>
        <title>欢迎来到我的网页</title>
    </head>
    <body>
        <p>这是我的第一个网页,我开始学习 HTML
        </p>
    </body>
</html>
```

(3) 单击"文件",选择"保存",选择保存类型为"所有文件",文件名输入"myweb.html"并选择文件保存地址。

(4) 双击打开文件,查看效果。

资料 1

Web 技术发展简史

Web(万维网,也称为网络、W3、WWW)是一个资料空间,在这个空间的事物被称为"资源",这些资源由一个"全域统一资源标识符(URL)"标识。这些资源通过超文本传输协议(hypertext transfer protocol,HTTP)传送给使用者,而后者通过点击超链接来获得资源。

随着互联网时代的到来,网络飞速发展的同时,Web 技术也不断推陈出新。它的发展经历了以下三个阶段。

1. "静态网页"时代

通过客户机端的 Web 浏览器,用户可以访问网络商各个 Web 站点,并通过 Web 站点上的主页访问整个网站。超文本标注语言(hypertext markup language,HTML)奠定了这一时期的技术基础,提供了控制超本文格式的信息,利用这些信息可以在用户的屏幕上显示出特定设计风格的 Web 页。

2. "动态网页"时代

人们将传统单机环境下的编程技术和 Web 技术相结合,形成了网络编程技术,它在静态网页中加入各种程序和逻辑控制,在网络的客户端和服务端实现了动态和个性化的交流和互动,这就是动态网页。动态网页以数据库技术为基础,大大降低了网站维护的工作量。采用动态网页技术的网站实现了更多的功能,例如用户注册、登录、在线调查、订单管理等。

3. "Web 2.0"时代

它不是一个具体事务,而是一个阶段,它以 Blog、Tag、SNS、RSS、Wiki 等社交软件的应用为核心,是由相关的理论和技术实现的新一代互联网模式,是以人为核心的互联网。

资料 2

Web 中包含的技术

使用 HTML 和 XHTML 搭建网站的结构。

使用 CSS 美化和布局网站。

使用脚本语言 JavaScript 实现动态与交互效果。

使用数据库软件实现数据存储。

资料 3

Web 设计中常用的软件

很多软件可以制作网站,在网页制作过程中还可以用到很多辅助软件,比如调色板、模板类软件等。

常用的软件有 Notepad++、EditPlus、Dreamweaver、Photoshop 等。

1. Notepad++

Notepad++是一款由国内技术人员编写的开源的、小巧的、功能强大的文字处理软件,此软件可以成为 Windows 记事本的完美替代方案,而且很多功能可以自己定制。

2. EditPlus

EditPlus 是一款由韩国人编写的小巧但功能强大的文字处理软件,其所提供的功能和稳定性远远强于 Windows 提供的记事本,而且很多功能可以自己定制。

3. Dreamweaver

Dreamweaver 是 Adobe 公司出品的一款建立 Web 站点和应用程序的专业工具。它将可视布局工具、应用程序开发功能和代码编辑支持组合在一起,其功能强大,使得各个层次的开发人员和设计人员都能够快速创建界面吸引人的基于标准的网站和应用程序。

4. Photoshop

Photoshop 是 Adobe 公司出品的一款对数字图形编辑和创作的软件。Photoshop 同时携带了一款可以制作 GIF 图片和对网页进行切图的软件 ImageReady。

资料 4

动态网页技术

1. 网页的动态表现技术

(1) GIF 动画图片是动态网页的雏形,它的出现虽然丰富了网页的表现形式,但终究只是一张活动的图,满足不了人们的交互需求。

(2) Shockwave 是一种用于动画和交互式展示的图形格式,由名为 Director 的程序所创建。目前 Director 已经可以创建二维动画和三维动画。

(3) Java 的应用有两种:Java 应用程序与 Java 小程序(Java Applet)。Java 小程序可以在 Web 浏览器中运行,用户使用浏览器访问 HTML 文件时,浏览器从 Web 服务器中下载小程序,并在本地计算机上运行。

(4) 脚本可以运行在客户端,实现 Web 浏览器的时间驱动功能。传统 Web 技术不提供检测与响应诸如鼠标单击、文字输入等事件,需要通过脚本才能实现这种检测和响应。一般而言,脚本可以动态显示网页,在 HTML 文件中使用的脚本语言主要是 JavaScript 和

VBScript。

2. 网页的动态内容技术

实现动态网页的根本还是在内容上实现动态访问,即通过计算机编程,使网站按照我们所希望的网页格式,产生出包含用户所需内容的网页,再传送给用户浏览。例如:在网上通过搜索引擎查询相关信息时,设计者先设定好查询条件,通过提供搜索引擎功能的服务器相关编程,把数据库返回的查询结果转化成网页形式。这样,浏览者每次查询时,服务器都会按照查询条件自动生成不同的网页返回给不同的浏览者。一个搜索引擎系统建成后,人工就只需要定时更新搜索引擎数据库就可以了。

2.2.2 入门视觉设计

请读者自行选取一张网络海报,可以是网站截图或者商品海报等,附上自己对这张海报的色彩、文字、创意进行的分析说明。(请提交电子版给教师)

资料 1

视觉营销的三要素

在视觉营销设计中往往需要注意三方面的要素:色彩、文字和网页中的创意。

资料 2

色 彩 基 础

人们对色彩的喜好偏差往往对他们的消费体验起着非常关键的作用。

在电子商务的视觉设计中,色相环是色彩的基础,它是人类肉眼可以辨识的色彩所组成的色环,由12种基本的颜色组成。色相环包含三原色,即红、黄、蓝;原色混合产生了二次色,即橙、绿、紫;二次色混合产生了三次色。三原色是色相环中所有颜色的"母色",如图2-13所示。

色彩情感在视觉设计中的运用包括以下几个方面

(1) 引导——理解浏览者对色彩的喜好偏差

如前文所述,色彩感受存在着客观上的代表意义,但在每一个人的眼里,每一个对彩色的实际感受都存在着大大小小的差异。从国外媒体关于客户浏览分析的报告中可以清楚地看到,大多数男性和女性都喜欢蓝色和绿色,而不喜欢橙色和褐色;不同之处在于大多数男性喜欢黑色,讨厌紫色,而大多数女性喜欢紫色,讨厌灰色。

(2) 决策——运用色彩实现"七秒定律"

美国一家关于流行色彩的研究中心发现人们在挑选商品时存在"七秒定律"。面对琳琅满目的商品,人们只需要7秒就可以确定对这些商品是否感兴趣,在这个7秒内,色彩的作用占到67%。这一理论成为20世纪80年代"色彩营销"的理论依据。

(3) 转化——以色彩实现订单的高"转换率"

美国数字营销公司Hubspot曾经做过一场不同色彩对消费者点击转化差异的测试。

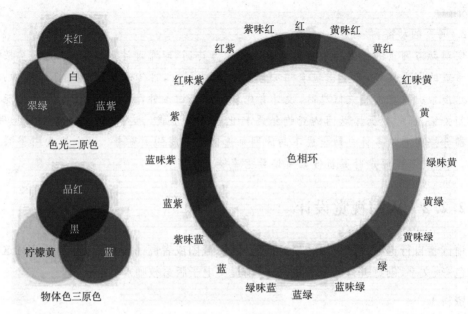

图 2-13 色相环

测试结果显示,红色方案的点击率超过绿色方案的点击率。大家普遍认为:红色有刺激心血的紧迫感,通常出现在清仓的场景,一般用于购物网站或者 App 的购买按钮,或者警示页面;绿色可以让人感到轻松,通常用于用户注册、下载、登录成功等。

综上所述,我们在进行网页色彩设计时,不能单纯凭借自己的喜好去配色,还需要考虑网站所营销的产品和服务的定位以及标准色和整体的色调。这样即便不能满足所有浏览者的需要,也能顾及大多数用户。需要大家理解的是,具体的色彩风格需要设计者认真地了解设计需求,从浏览者的角度去感觉,色彩的设计与运用不是限定的,是可以灵活调整不断优化的。

资料 3

文字设计简介

文字是网页设计中容易被忽略的部分,其实它很重要。我们从字体、字号、行长、间距和背景五个元素来讨论文字在设计中追求的效果和效果的实现。

1. 字体、字号

字体分为衬线体和非衬线体,衬线体是指带有衬线的字体。衬线体可以提高辨识度和阅读效果,更适合作为阅读的字体,多用于报纸、书籍等印刷品的正文;非衬线体饱满醒目,常用作标题或者较短的段落。

常用的英文衬线体有 Times New Roman 和 Georgia,中文衬线体有宋体、微软雅黑和微软正黑体。

2. 行长

行长的设计与浏览者的阅读习惯有关。传统的纸媒每一行的文字一般不会超过 40 个汉字。我们在网页设计时,一般文本宽度控制在 450～700px,英文每行 80～100 个字母(空格算一个字母)为宜,中文每行 30~40 个汉字为宜。

3. 间距

间距可以控制文字的密度,主要分为行间距和段间距。

网页的行距用 em 表示单位,一般用 1.5~1.8em 的行距,以字号为 16px 为例,采用 1.6em 的行距比较合适,换算就是 25.6px 行距。段距具体使用时可以根据需要情况来确定。适当的段距会为阅读者提供阅读的节奏,为浏览者提供喘息和思考的机会,会使文章有更多的层次和可读性。

4. 背景

人们发现带有纸张纹理背景的文字更适合长时间阅读。为了提高页面浏览的舒适度和效率,越来越多的页面采用浅灰色或者淡黄色作为页面背景。

5. 文字的层级关系

文字的层级经常在网页设计中被忽视。其实文字层级在沟通中扮演着重要角色,它可以在将用户引向期望结果的同时改善用户的体验。对于层级关系,我们通常会用增大标题字号,将其剥离出正文,将正文改为灰色,将网页链接放置在正文下方,加大行高等方式进行层级设置。

资料 4

网页中的创意

在网页设计中我们会发现,一些最平常的事物可以让我们用新的方式进行思考。这个世界上,围绕我们的所有东西都会带给我们设计灵感。比如:大自然、食物、音乐、艺术、建筑、包装、摄影、时尚、室内设计、老物件等。

我们举两个例子。

1. 留白

留白和负空间的术语近年来被交替使用,它们指画布(或数码设备屏幕)上不包含任何内容的空间。艺术角度上说,留白就是以"空白"为载体进而渲染出美的意境的艺术;应用角度上说,留白更多指一种简单、安闲的理念。

2. 富媒体

近年来,在网页浏览时你一定会发现,包含视频等多媒体元素、扔掉文字内容的网站越来越多。什么是富媒体(Rich Media)?富媒体就是以多媒体形式来展现信息,包含二维动画、三维动画、影像和声音等的一种基本形式。

2.2.3 拍摄商品图片

请同学们自行选取一个商品,拍摄网页商品大图,可以参考淘宝、京东的商品前 4 张大图照片,附上自己对这张照片的拍摄说明。(请提交电子版给教师)

内容需要包含拍摄器材、选取角度、灯光选取、拍摄构图、创意等,具体要求如表 2-2。

表 2-2　图片拍摄的要求

淘宝主图要求	京东主图要求
宽度×高度为 750×750 像素 大小在 120KB 以内 要求 JPG 或 GIF 格式	宽度×高度为 800×800 像素 分辨率需要达到 72dpi 图片格式为 JPG、PNG、GIF

共同要求:
1. 背景要求,首图必须为商品主体正面实物图片,背景为纯白(家纺、服装等类目除外,各行业标准有所差别),辅图不强制要求纯白色背景,但均需保证亮度充足、色彩真实。
2. 干净利落、简洁大方,图片上不能出现促销、描述、日期等文字内容,不得添加水印,不能拼接

资料

拍摄商品图片

商品拍摄的目的在于对商品进行有机的组织,利用合理的构图和恰当的用光,将商品表现得栩栩如生,给浏览者以真实的感受。下面做简单的介绍。

1. 拍摄器材

(1) 照相机

商品的拍摄需要一款适合静物拍摄的照相机,这类照相机都会具有微距的功能。

(2) 三脚架

三脚架是我们进行商品拍摄的主要附件,目的在于避免相机晃动,保证影像的清晰度。

(3) 灯光

灯光是室内拍摄的主要工具,通常在室内拍摄时会使用三个 30W 以上的三基色白光节能灯,价格相对适中,色温也好,很适合室内拍摄。

(4) 商品拍摄台

在进行商品拍摄时是需要一些平面支撑的。一般光滑平整的桌面都可以作为拍摄台来使用。

2. 构图

(1) △形(三角形)构图

△形构图即三角形构图,是静物拍摄最常用的一种方式。它所表现的静物画面具有稳定性和庄严的感觉。

(2) ▽形(倒三角形)构图

与三角形构图相反,倒三角形构图极富动感,追求在不稳定的情绪中体现感觉上的变化。

(3) S 形构图

S 形构图优美而富于变化,在商品拍摄中比较少用。S 形构图通常借助线条的表现力来烘托商品的美感。

(4) 对角线构图

在对角线构图形式中,主体会有所倾斜,这种形式加强了画面的冲击力度,给人以强烈的动感。

在商品拍摄中,背景可以表现主体所处的环境,对表现整个画面的色调、气氛和空间感有着至关重要的作用。

3. 背景布置

(1) 背景色彩要单一,布置要整洁。

(2) 背景颜色要能突出产品,不要使用和产品同色或相近色的背景色。

(3) 商品放置于整洁的水平面上后,在其后方垂直面上铺放白纸可衬托出简洁的效果。

(4) 针对反光类的商品,拍摄时可以使用背景纸将其围起来拍摄。

2.2.4 处理商品图片

请读者使用 Photoshop 软件处理素材图片(建议使用自己拍摄的图片进行后期加工),并对图片处理前后进行对比分析,撰写说明文档。

处理完成后,将处理前后图片及说明文档一并压缩,上交任课教师。

1. 图片大小的处理

(1) 使用 Photoshop 软件打开需要处理的图片。

(2) 选择 Photoshop 软件菜单中的"图像"→"图像大小",进行大小调整。

(3) 选择 Photoshop 软件菜单中的"文件"→"存储为 Web 所用格式",将文件存为 120KB 大小。

2. 对于图片细节的处理

(1) 抠图。Photoshop 软件中针对抠图的工具主要有三种:魔棒工具、多边形套索工具和钢笔工具。

(2) 水印。图片在使用时经常需要添加水印,常见的水印分文字水印和图案水印两种。

资料

Photoshop 基础

Adobe Photoshop 简称 PS,是由 Adobe Systems 开发和发行的图像处理软件。

Photoshop 主要处理以像素所构成的数字图像。使用其众多的编修与绘图工具,可以有效地进行图片编辑工作。Photoshop 有很多功能,在图像、图形、文字、视频、出版等各方面都有涉及,功能强大,是目前电子商务美工专业的图形图像处理工具。

图 2-14 所示是 Photoshop CC 2015 版本的基础界面。

它的主要组成部分有标题栏、菜单栏、图像编辑窗口、状态栏、工具箱、控制面板、绘图模式等。

(1) 标题栏

标题栏位于主窗口顶端,最左边是 Photoshop 标记,右边分别是最小化、最大化、还原和关闭按钮。属性栏又称工具选项栏,选中某个工具后,属性栏就会改变成相应工具的属

图 2-14　Photoshop CC 2015 版本的基础界面

性设置选项,可更改相应的选项。

（2）菜单栏

菜单栏为整个环境下所有窗口提供菜单控制,包括文件、编辑、图像、图层、选择、滤镜、视图、窗口和帮助九项。Photoshop 中通过两种方式执行所有命令,一是菜单,二是快捷键。

（3）图像编辑窗口

中间窗口是图像编辑窗口,它是 Photoshop 的主要工作区,用于显示图像文件。图像窗口带有自己的标题栏,提供了打开文件的基本信息,如文件名、缩放比例、颜色模式等。如同时打开两副图像,可通过单击图像窗口进行切换。可使用 Ctrl＋Tab 组合键进行图像窗口切换。

（4）状态栏

主窗口底部是状态栏,由三部分组成。文本行,说明当前所选工具和所进行操作的功能与作用等信息；缩放栏,显示当前图像窗口的显示比例,用户也可在此窗口中输入数值后按回车来改变显示比例；预览框,单击右边的黑色三角按钮,打开弹出菜单,选择任一命令,相应的信息就会在预览框中显示。

（5）工具箱

工具箱中的工具可用来选择、绘画、编辑以及查看图像。拖动工具箱的标题栏,可移动工具箱；单击可选中工具或移动光标到该工具上,属性栏会显示该工具的属性。有些工具的右下角有一个小三角形符号,这表示在工具位置上存在一个工具组,其中包括若干个相关工具。

（6）控制面板

控制面板共有 14 个,可通过"窗口/显示"来显示面板。按 Tab 键,自动隐藏命令面板、属性栏和工具箱,再次按键,显示以上组件。按 Shift＋Tab 组合键,隐藏控制面板,保留工具箱。

（7）绘图模式

使用形状或钢笔工具时,可以使用三种不同的模式进行绘制。在选定形状或钢笔工具时,可通过选择选项栏中的图标来选取一种模式。

(8) 形状图层

在单独的图层中创建形状。可以使用形状工具或钢笔工具来创建形状图层。因为可以方便地移动、对齐、分布形状图层以及调整其大小,所以形状图层非常适用于为 Web 页创建图形。可以选择在一个图层上绘制多个形状。形状图层包含定义形状颜色的填充图层以及定义形状轮廓的链接矢量蒙版。形状轮廓是路径,它出现在"路径"面板中。

(9) 路径

在当前图层中绘制一个工作路径,随后可使用它来创建选区、创建矢量蒙版,或者使用颜色填充和描边以创建栅格图形(与使用绘画工具非常类似)。除非存储工作路径,否则它是一个临时路径。路径出现在"路径"面板中。

(10) 填充像素

直接在图层上绘制,与绘画工具的功能非常类似。在此模式中工作时,创建的是栅格图像,而不是矢量图形。可以像处理任何栅格图像一样来处理绘制的形状。在此模式中只能使用形状工具。

Photoshop 可以存储的主要文档格式有以下几种。

(1) PSD

PSD 是 Photoshop 默认保存的文件格式,可以保留所有有图层、色版、通道、蒙版、路径、未栅格化文字以及图层样式等,但无法保存文件的操作历史记录。Adobe 其他软件产品,例如 Premiere、Indesign、Illustrator 等可以直接导入 PSD 文件。

(2) PSB

PSB 最高可保存长度和宽度不超过 300 000 像素的图像文件,此格式用于文件大小超过 2GB 的文件,但只能在新版 Photoshop 中打开,其他软件以及旧版 Photoshop 不支持。

(3) RAW

Photoshop RAW 具有 Alpha 通道的 RGB、CMYK 和灰度模式,以及没有 Alpha 通道的 Lab、多通道、索引和双色调模式。

(4) BMP

BMP 是 Windows 操作系统专有的图像格式,用于保存位图文件,最高可处理 24 位图像,支持位图、灰度、索引和 RGB 模式,但不支持 Alpha 通道。

(5) GIF

因 GIF 采用 LZW 无损压缩方式并且支持透明背景和动画,被广泛运用于网络中。

(6) EPS

EPS 是用于 PostScript 打印机上输出图像的文件格式,大多数图像处理软件都支持该格式。EPS 格式能同时包含位图图像和矢量图形,并支持位图、灰度、索引、Lab、双色调、RGB 以及 CMYK。

(7) PDF

便携文档格式 PDF 支持索引、灰度、位图、RGB、CMYK 以及 Lab 模式。它具有文档搜索和导航功能,同样支持位图和矢量。

(8) PNG

PNG 作为 GIF 的替代品,可以无损压缩图像,并最高支持 244 位图像并产生无锯齿状的透明度。但一些旧版浏览器(例如:IE5)不支持 PNG 格式。

(9) TIFF

TIFF 作为通用文件格式,绝大多数绘画软件、图像编辑软件以及排版软件都支持该格式,并且扫描仪也支持导出该格式的文件。

(10) JPEG、JPG

JPEG 和 JPG 都是采用有损压缩方式的文件格式。JPEG 支持位图、索引、灰度和 RGB 模式,但不支持 Alpha 通道。

处理和美化证件照片

请读者制作个人的证件照片,制作完成之后保存文件,文件名为班级+姓名,最后提交给老师。

证件照的基本要求如下。

(1) 免冠彩色头像,正面拍照,眼睛直视镜头。

(2) 头像居于正中,脸部需占整张照片的 70% 到 80%。

(3) 拍摄整个头部和肩膀的顶部。

(4) 可以戴眼镜,但是必须能清楚地看到双眼,镜框不能遮住眼睛的任何一个部分,镜片不能是彩色的,也不能反光。

(5) 发型不能遮住脸,特别不能遮住眼睛,要露出全脸。

(6) 人像清晰,层次丰富,神态自然,无明显畸变。

(7) 脸色不能有阴影。

(8) 1 寸照片尺寸为 25mm×35mm,295×413 像素。

(9) 2 寸照片尺寸为 35mm×49mm,413×626 像素。

具体制作流程一(使用 Photoshop 软件)。

(1) 用手机或者相机照一张人头像照片。

(2) 在 Photoshop 软件中打开该图,按需要的尺寸裁切图像。

(3) 把图片背景选出来,使用 Photoshop 软件工具中的"快速蒙版"。

(4) 用红色填充背景。

(5) 给图片加上白边。

(6) 把合适的照片定义成图案。

(7) 按 1 寸或 2 寸照片规格新建一个白色背景的画布。

(8) 用图案填画布。

(9) 注意如果要冲印照片,分辨率不低于 300dpi。

具体制作流程二(使用光影魔术手软件)。

(1)用手机或者相机照一张人头像照片。

(2)单击光影魔术手软件菜单栏中的"裁剪",选择"按标准尺寸1寸/1R裁剪"(或按标准尺寸2寸/2R裁剪)。

(3)单击菜单栏右上侧的 按钮,选择"排版"选项,如图2-15所示。

图 2-15　光影魔术手菜单栏排版选项

(4)选择所需排版样式,确定即可,如图2-16所示。

图 2-16　排版样式

任务2.3　电子商务中的物流技术

2.3.1　运用条形码技术

请同学们在完成条码应用系统认知的前提下,能够正确选择商品条码和物流标签的位置,并能够确定常见的几类包装上的商品条码位置,正确粘贴条码。

资料1

条码技术概述

1. 条码的定义

条码是由一组规则排列的条、空及其对应字符组成的标记,用以表示一定的信息。条码通常用来对物品进行标识,这个物品可以是用来进行交易的一个贸易项目,也可以是一个物流单元。条码还可以用来标识资产、位置和服务关系等。

2. 码制

条码的码制是指条码符号的类型,每种类型的条码符号都是由符合特定编码规则的条和空组合而成。每种码制都具有固定的编码容量和所规定的条码字符集。条码字符中字符总数不能大于该种码制的编码容量。

3. 字符集

字符集是指某种码制的条码符号可以表示的字母、数字和符号的集合。有些码制仅能表示10个数字字符:0~9,如EAN/UPC条码;有些码制除了能表示10个数字字符外,还可以表示几个特殊字符,如库德巴条码。39条码可表示数字字符0~9、26个英文字母A~Z以及一些特殊符号。

条码符号的连续性是指每个条码字符之间不存在间隔,相反,非连续性是指每个条码字符之间存在间隔。

定长条码是条码字符个数固定的条码,仅能表示固定字符个数的代码。非定长条码是指条码字符个数不固定的条码,能表示可变字符个数的代码。

条码符号的双向可读性,是指从左、右两侧开始扫描都可被识别的特性。

条码符号的自校验特性是指条码字符本身具有校验特性。

条码密度是指单位长度条码所表示条码字符的个数。

条码质量指的是条码的印刷质量。

资料2

条码符号的结构

一个完整的条码符号是由两侧空白区、起始字符区、数据字符、校验字符(可选)和终止字符以及供人识别字符组成,如图2-17所示。

相关术语解释如下。

(1) 空白区(clear area):条码起始符、终止符两端外侧与空的反射率相同的限定区域。

(2) 起始符(start character; start cipher; start code):位于条码起始位置的若干条与空。

(3) 终止符(stop character; stop cipher; stop code):位于条码终止位置的若干条与空。

(4) 条码数据符(bar code character set):表示特定信息的条码字符。

(5) 条码校验符(bar code check character):表示校验码的条码字符。

(6) 供人识别的字符：位于条码字符的下方，与相应的条码字符相对应的、用于供人识别的字符。

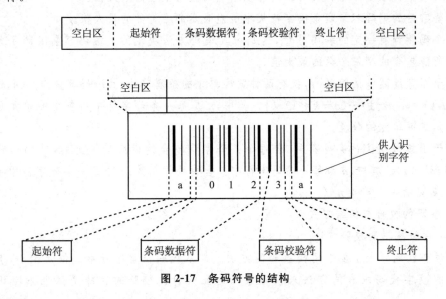

图 2-17 条码符号的结构

资料 3

条码符号的编码方法

条码技术涉及了两种类型的编码方式：一种是代码的编码方式；另一种是条码符号的编码方式。代码的编码规则规定了由数字、字母或其他字符组成的代码序列的结构，而条码符号的编码规则规定了不同码制中条、空的编制规则及其二进制的逻辑表示设置。表示数字及字符的条码符号是按照编码规则组合排列的，故当各种码制的条码编码规则一旦确定，我们就可将代码转换成条码符号。

1. 代码的编码方法

代码的编码系统是条码的基础，不同的编码系统规定了不同用途的代码的数据格式、含义及编码原则。编制代码须遵循有关标准或规范，根据应用系统的特点与需求选择适合的代码及数据格式，并且遵守相应的编码原则。

2. 条码符号的编码方法

(1) 宽度调节编码法

宽度调节编码法即条码符号中的条和空由宽、窄两种单元组成的条码编码方法。按照这种方式编码时，是以窄单元（条或空）表示逻辑值"0"，宽单元（条或空）表示逻辑值"1"。宽单元通常是窄单元的2～3倍。对于两个相邻的二进制数位，由条到空或由空到条，均存在着明显的印刷界限。

(2) 模块组配编码法

模块组配编码法即条码符号的字符由规定的若干个模块组成的条码编码方法。按照这种方式编码，条与空是由模块组合而成的。一个模块宽度的条模块表示二进制数"1"，而一个模块宽度的空模块表示二进制数"0"。

3. 编码容量

代码的编码容量即每种代码结构可能编制的代码数量的最大值。

条码字符的编码容量即条码字符集中所能表示的字符数的最大值。

每个码制都有一定的编码容量,这是由其编码方法决定的。编码容量限制了条码字符集中所能包含的字符个数的最大值。

对于用宽度调节法编码的,仅有两种宽度单元的条码符号,其编码容量为 $C(n,k)$。这里,$C(n,k)=n(n-1)\cdots(n-k+1)/k!$。其中,$n$ 是每一条码字符中所包含的单元总数,k 是宽单元或窄单元的数量。

对于用模块组配的条码符号,若每个条码字符包含的模块是恒定的,其编码容量为 $C(n-1, 2k-1)$。其中,n 为每一条码字符中包含模块的总数;k 是每一条码字符中条或空的数量,k 应满足 $1 \leqslant k \leqslant n/2$。

4. 条码的校验与纠错方式

(1) 一维条码的校验方法

一维码在纠错上主要采用校验码的方法。即从代码位置序号第二位开始,所有的偶(奇)数的数字代码求和的方法来校验条码的正确性。校验的目的是保证条空比的正确性。

(2) 二维码的校验方法

二维码在保障识读正确方面采用了更为复杂、技术含量更高的方法。不同二维条码可能采用不同的纠错算法。纠错是为了当二维条码存在一定局部破损情况下,还能采用替代运算,还原出正确的码词信息,从而保证条码的正确识读。

资料 4

条码的分类

条码按照不同的分类方法、不同的编码规则可以分成许多种,现在已知的世界上正在使用的条码就有 250 种之多。条码的分类方法有许多种,主要依据条码的编码结构和条码的性质来决定。例如,就一维条码来说按条码的长度来分,可分为定长和非定长条码;按排列方式分,可分为连续型和非连续型条码;从校验方式分,又可分为自校验和非自校验型条码等。

条码可分为一维条码和二维条码。一维条码是通常我们所说的传统条码。一维条码按照应用可分为商品条码和物流条码。商品条码包括 EAN 码和 UPC 码;物流条码包括 128 码、ITF 码、39 码、库德巴(Codabar)码等。二维条码根据构成原理、结构形状的差异,可分为两大类型:一类是行排式二维条码(2D stacked bar code);另一类是矩阵式二维条码(2D matrix bar code)。

资料 5

常 见 条 码

几种常见条码的简单对比如表 2-3 所示。

表 2-3　几种常见条码的简单对比

类　型	连续型	定长	自校验	识读方向	字符集	字　符　构　成
25 码	非				0~9	每个字符由 5 个条组成,其中有两个条为宽单元,其余的条和空,字符间隔是窄单元
交叉25 码	是	非	有	双向	0~9	每个字符由 5 个单元组成,其中 2 个宽单元(用二进制"1"表示),3 个窄单元(用二进制"0"表示)
39 码	非	非	有	双向	0~9;A~Z;特殊字符	每个字符由 9 个单元组成(5 个条单元和 4 个空单元),其中 3 个单元是宽单元(用二进制"1"表示),其余是窄单元(用二进制"0"表示)
库德巴条码	非	非	有	双向	0~9;A~D;特殊字符	每个字符由 7 个单元组成(4 个条单元和 3 个空单元),其中两个或 3 个是宽单元(用二进制"1"表示),其余是窄单元(用二进制"0"表示)

2.3.2　运用自动识别技术

自动识别技术近几十年在全球范围内得到了迅猛发展,初步形成了一个包括条码技术、磁条磁卡技术、IC 卡技术、光学字符识别、射频技术、声音识别及视觉识别等集计算机、光、磁、物理、机电、通信技术为一体的高新技术学科。请同学们根据自动识别技术的概念等资料绘制本节的思维导图。

资料 1

射频识别技术(RFID)

1. 射频识别技术概述

从采购、存储、包装、装卸/搬运、运输、流通加工、配送、销售到服务,都是物流上环环相扣的业务环节和流程,它们之间是相辅相成又相互制约的。在物流运作时,企业必须实时地、精确地了解和掌握整个物流环节上的商流、物流、信息流和资金流这四者的流向和变化,使这四种流以及各个环节、各个流程都协调一致、相互配合,才能发挥其最大经济效益和社会效益。然而,由于实际物体在移动的过程中,各个环节都是处于运动和松散的状态中。信息和方向常常随实际活动在空间和时间上发生移动和变化,从而影响了信息的可获性和共享性。无线射频自动识别技术(RFID),正是有效解决物流管理上各项业务运作数据的输入/输出、业务过程的控制与跟踪,以及减少出错率等难题的一种新技术。

2. 射频识别技术特点

(1) 快速扫描

条形码一次只能有一个条形码受到扫描;RFID 辨识器可同时辨识读取数个 RFID

标签。

(2) 体积小型化、形状多样化

RFID 在读取上并不受尺寸大小与形状限制，不需要为了读取精确度而配合纸张的固定尺寸和印刷品质。此外，RFID 标签更可往小型化与多样形态发展，以应用于不同产品。

(3) 抗污染能力和耐久性

传统条形码的载体是纸张，因此容易受到污染，但 RFID 对水、油和化学药品等物质具有很强抵抗性。此外，由于条形码附于塑料袋或外包装纸箱上，所以特别容易受到折损，而 RFID 卷标是将数据存在芯片中，因此可以免受污损。

(4) 可重复使用

现今的条形码印刷上去之后就无法更改，RFID 标签则可以重复地新增、修改、删除 RFID 卷标内储存的数据，方便信息的更新。

(5) 穿透性和无屏障阅读

在被覆盖的情况下，RFID 能够穿透纸张、木材和塑料等非金属或非透明的材质，并能够进行穿透性通信；条形码扫描机则必须在近距离而且没有物体阻挡的情况下，才可以辨读条形码。

(6) 数据的记忆容量大

一维条形码的容量是 50 字节，二维条形码最大的容量可储存 2～3 000 字符，RFID 最大的容量则有数兆字节。随着记忆载体的发展，数据容量也有不断扩大的趋势。未来物品所需携带的资料量会越来越大，对卷标所能扩充容量的需求也相应增加。

(7) 安全性

由于 RFID 承载的是电子式信息，其数据内容可经由密码保护，使其内容不易被伪造及变造。

3. 射频识别系统的组成及工作原理

(1) RFID 系统的组成

射频识别系统至少应包括以下两个部分，一是读写器，二是电子标签（或称射频卡、应答器等，本文统称为电子标签）。另外还应包括天线，主机等。

常见的 RFID 读写器如图 2-18 所示。

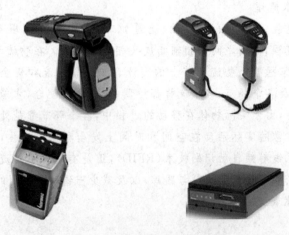

图 2-18　常见的 RFID 读写器

常见的 RFID 无线射频电子标签如图 2-19 所示。

　　塑料容器标签　　　　包装箱标签　　　　容器托盘标签　　　　容器标签

图 2-19　常见 RFID 无线射频电子标签

(2) RFID 的工作原理

一个完整的 RFID 系统由标签、天线、读写器和监控系统组成,基本的工作原理为:当标签进入磁场后,接收读写器发出的射频信号,凭借感应电流所获得的能量发送出存储在芯片中的产品信息(passive tag,无源标签或被动标签),或者主动发送某一频率的信号(active tag,有源标签或主动标签);读写器读取信息并解码后,送至中央信息系统进行有关数据处理。

RFID 的特征是利用无线电波来传送识别信息,识别工作无须人工干预、不受空间限制,可工作于各种恶劣环境;它最大的优点在于可以对高速移动的远距离目标进行非接触自动识别,这一点是条形码等任何其他的自动识别技术所不具备的。

资料 2

产品电子代码(EPC)与电子标签

EPC(electronic product code)称为产品电子代码。EPC 的载体是 RFID 电子标签,并借助互联网来实现信息的传递。EPC 电子代码旨在为每一件单品建立全球的、开放的标识标准,实现全球范围内对单件产品的跟踪与追溯,从而有效提高供应链管理水平、降低物流成本。而且 EPC 电子代码是一个完整的、复杂的、综合的系统。

电子产品代码是与全球标准代码条形码相对应的射频技术代码。电子产品代码是由一系列数字组成,能够辨别具体对象的生产者、产品定义、序列号。它除了具有全球标准代码能辨识物体的功能外,还可以通过电子产品代码网络提供关于产品的附加信息,例如产地、产品历史等,这些数据对于在供给链中特定产品的历史追踪上具有关键的作用。这些数据被储存在互联网或其他网络上,只要使用标准的技术就可以进入数据系统,就像进入互联网一样。

资料 3

磁卡与 IC 卡识别技术

1. 磁卡

磁卡(magnetic card),以液体磁性材料或磁条为信息载体,将液体磁性材料涂覆在卡片上(如存折)或将宽为 6~14mm 的磁条压贴在卡片上(如常见的银联卡)。

根据 ISO 7811/2 标准规定,第一磁道能存储 76 个字母数字型字符,并且在首次被写磁后是只读的;第二磁道能存储 37 个数字型字符,同时也是只读的;第三磁道能存储

104个数字型字符,是可读可写的,银行卡用以记录账面余额等信息。三条磁道在卡上的位置在国际标准ISO 007811/5中被严格规定。

磁卡一般作为识别卡用,可以写入、储存、改写信息内容,特点是可靠性强、记录数据密度大、误读率低,信息输入、读出速度快。由于磁卡的信息读写相对简单容易,使用方便,成本低,从而较早地获得了发展,并进入了多个应用领域,如金融、财务、邮电、通信、交通、旅游、医疗、教育、宾馆等。

磁条卡技术是在卡存储数据发展过程中使用时间最久的。基本上常用的磁条卡有两种:高磁(HICO)卡以2 750或4 000 Oersteds的强度进行编码,而低磁(LOCO)卡以300 Oersteds的强度进行编码。

2. IC卡

IC卡即集成电路卡(integrated circuit card),是超大规模集成电路技术、计算机技术以及信息安全技术等发展的产物。它将集成电路芯片镶嵌于塑料基片的指定位置上,利用集成电路的可存储特性,保存、读取和修改芯片上的信息。

IC卡的概念是70年代初提出来的,IC卡一出现,就以其超小的体积、先进的集成电路芯片技术、特殊的保密措施和无法被破译及仿造的特点受到普遍欢迎,50多年来,已被广泛应用于金融、交通、通信、医疗、身份证明等众多领域。

按照与外界数据传送的形式来分,IC卡有接触式和非接触式两种。

IC卡具有磁卡无法比拟的许多优点:存储容量大,是磁卡的几倍至几十倍;安全性高,具有防伪造、防篡改的能力;可脱机使用,应用较为灵活。同时,也存在着价格高、抗静电和抗紫外线能力弱等缺点。

资料4

生物特征识别技术

生物特征识别技术是计算机科学中利用生物特征对人进行识别,并进行访问控制的学科,可以利用人体固有的生理特征和行为特征,进行个人身份的鉴定。

生物识别技术是目前最为方便与安全的识别技术,它不需要记住复杂的密码,也不需要随身携带钥匙、智能卡之类的东西。生物识别技术认定的是人本身,这就直接决定了这种认证方式更安全、更方便了。由于每个人的生物特征具有与其他人不同的唯一性和在一定时期内不变的稳定性,不易伪造和假冒,所以利用生物识别技术进行身份认定,安全、可靠、准确。此外,生物识别技术产品均借助于现代计算机技术实现,很容易配合计算机和安全、监控、管理系统整合,实现自动化管理。

现在常用的生物特征识别技术有:人脸识别、虹膜识别、手形识别、指纹识别、掌纹识别、签名识别、声音识别、步态识别和皮肤芯片等。其中指纹识别和手形识别是现在市场占有率最高,技术发展最成熟的两种识别方式。

2.3.3 运用电子数据交换技术

电子数据交换(EDI)是由国际标准化组织推出使用的国际标准,是指一种通过电子信息化的手段,在贸易伙伴之间传播标准化的商务贸易元素的方法和标准。请同学们正确绘制 EDI 的工作流程图。

资料 1

EDI 的概念

EDI 是英文 electronic data interchange 的缩写,中文可译为"电子数据交换"。它是一种在公司之间传输订单、发票等作业文件的电子化手段。

EDI 的发展至少经历了 20 年,其发展和演变的过程已经充分显示了商业领域对其重视程度。人们将 EDI 称为"无纸贸易",将电子转账称为"无纸付款"已经足以看出 EDI 对商业运作的影响。

追溯 EDI 的历史,EDI 最初是来自 EBDI(electronic business document exchange,电子商业单据交换)。其最基本的商业意义在于由计算机自动生成商业单据,如订单、发票等,然后通过电信网络传输给商业伙伴。这里的商业伙伴是指广义上的商业伙伴,它包括任何公司、政府机构及其他商业或非商业机构,只要它们与企业保持经常性的带有结构性的数据交换。EDI 的好处包括:节省时间、节省费用、减少错误、减少库存、改善现金流动等。

由于实施 EDI 的基本目的就是通过第三方的增值服务,用电子数据交换代替商业纸面单证的交换,而这是建立在信息标准化的基础上,因此 EDI 的历史实际上就是商业数据的标准化和增值网络服务商的发展过程。

资料 2

EDI 的特点

(1) EDI 使用电子方法传递信息和处理数据。

(2) EDI 是采用统一标准编制数据信息的。这是 EDI 与电传、传真等其他传递方式的重要区别,电传、传真等并没有统一格式标准,而 EDI 必须有统一的标准方能运作。

(3) EDI 是计算机应用程序之间的信息传递与交换。由于计算机只能按照给定的程序识别和接受信息,所以电子单证必须符合标准格式并且内容完整准确。在电子单证符合标准且内容完整的情况下,EDI 系统不但能识别、接受、存储信息,还能对单证数据信息进行处理,自动制作新的电子单据并传输到有关部门。

(4) EDI 系统采用加密防伪手段。

资料 3

EDI 系统的基本结构

数据标准化、EDI 软件硬件和通信网络是构成 EDI 系统的三要素。

1. 数据标准

EDI 标准是由各企业、各地区代表共同讨论、制订的电子数据交换共同标准,可以使各组织之间的不同文件格式,通过共同的标准获得彼此之间文件交换的目的。

2. EDI 软件及硬件

为了实现 EDI,需要配备相应的 EDI 软件和硬件。EDI 软件具有将用户数据库系统中的信息译成 EDI 的标准格式以供传输交换的能力。

(1) 转换软件。它可以帮助用户将计算机系统文件转换成翻译软件能够理解的平面文件,或是将从翻译软件接收来的平面文件转换成计算机系统中的文件。

(2) 翻译软件。将平面文件翻译成 EDI 标准格式,或将接收到 EDI 标准格式翻译成平面文件。

(3) 通信软件。将 EDI 标准格式的文件外层加上通信信封再送到 EDI 系统交换中心的邮箱,或由 EDI 系统交换中心内将接收到的文件取回。

EDI 所需的硬件设备有:计算机、调制解调器及电话线。由于使用 EDI 进行电子数据交换需通过通信网络,目前采用电话网络进行通信是很普遍的方法,因此 Modem 是必备硬件设备。此外,如果传输时效及资料传输量上有较高要求,可以考虑租用专线。

3. 通信网络

通信网络是实现 EDI 的手段。EDI 通信方式有多种,一种是点对点,这种方式只有在贸易伙伴数量较少的情况下使用。随着贸易伙伴数量的增多,当多家企业直接计算机通信时,会出现计算机厂家不同、通信协议相异以及工作时间不易配合等问题。为了克服这些问题,许多公司逐渐采用第三方网络,即增值网络(VAN)方式。它类似于邮局,为发送者与接收者维护邮箱并提供存储转送、记忆保管、格式转换、安全管制等功能。因此通过增值网络传送 EDI 文件,可以大幅度降低相互传送资料的复杂度和困难度并提高 EDI 的效率。

2.3.4 运用地理信息系统

本任务介绍地理信息系统(GIS)的同时,要求学生能够正确地掌握 GIS 工具软件的应用。

资料 1

GIS 概述

地理信息系统(geographic information system,GIS)是在计算机软、硬件支持下,采集、存储、管理、检索、分析和描述地理空间数据,适时提供各种空间的和动态的地理信息,用于管理和决策过程的计算机系统。它是集计算机科学、地理学、测绘遥感学、空间科学、环境科学、信息科学和管理科学等为一体的边缘学科,其核心是计算机科学,基本技术是地理空间数据库、地图可视化和空间分析。

1. GIS 的基本功能

数据采集与输入;地图编辑;空间数据管理;空间分析;地形分析;数据显示与输出。

GIS 所管理的数据主要是二维或三维的空间型地理数据,包括地理实体的空间位置、拓扑关系和属性三个内容。GIS 对这些数据的管理是按图层的方式进行的,既可将地理内容按其特征数据组成单独的图层,也可将不同类型的几种特征数据合并起来组成一个图层,这种管理方式对数据的修改和提取十分方便。

2. GIS与通用数据库的区别

虽然数据库系统和图形CAD的一些基本技术都是地理信息系统的核心技术,但地理信息系统和这两者都不同,它是在这两者结合的基础上加上空间管理和空间分析功能构成的。

(1) 侧重点不同。数据库技术侧重于对非图形数据(非空间数据)的管理,即使存储图形数据,也不能描述空间实体间的拓扑关系;而GIS的工作过程主要处理的是空间实体的位置及相互间的空间关系,管理的主要是空间数据。

(2) 对数据管理的方式不同。通用数据库技术按字段来管理数据,通过选择关键字来建立索引进行检索,对数据的存储是根据数据的不同类别将其存储为不同的文件;GIS以图层的方式来管理数据,一个图层对应一个图形文件和一个属性数据文件,对空间实体的查询是通过空间实体间的拓扑关系(或位置关系)来进行。

(3) 数据结构不同。数据库技术采用自由表的方式,不支持长字段名;GIS采用矢量和栅格两种空间数据结构,对字段名的长度并无限制。

3. GIS的软件

由于GIS应用受到广泛的重视,各种GIS软件平台纷纷涌现,据不完全统计目前有近500种。各种GIS软件厂商在GIS功能方面都在不断创新、相互包容。大多数著名的商业遥感图像软件都汲取了GIS的功能,而一些GIS软件如Arc/Info也都汲取图像虚拟可视化技术。为了更好地使广大用户对不同平台软件功能进行了解,一些国家机构还专门对各种软件进行测试,我国也多次对优秀国产软件进行测评。总体来说,各种软件各有千秋,互为补充,目前市面上用户使用较多的软件平台如下。

(1) Arc/Info软件。Arc/Info是由美国环境系统研究所开发的,是目前世界上使用最多的商业软件之一。Arc/Info是以矢量数据结构为主体的GIS系统,它是通过关系数据库管理属性数据。

(2) Mapinfo软件。Mapinfo是美国MAPINFO公司推出的适用于不同平台的GIS系统,在PC桌面平台上占有相当大的市场。Mapinfo是以矢量数据结构为主体的GIS平台,对空间数据管理采用无拓扑矢量结构,具有强大的符合工业界数据库标准的管理系统,在城市规划、行政管理等方面得到广泛应用。它的主要优势是在空间数据库管理和分析方面,简单易学、实用,而且桌面制图功能强,但在GIS空间分析方面似乎落后于Arc/Info软件。

(3) Intergraph MGE软件。MGE是实力强大的计算机硬件与软件商美国INTERGRAPH公司的产品,其优势是应用平台是NT平台,采用栅格矢量一体化数据结构,其功能模块模拟与ARCINFO公司相似,但在图形动态模拟方面有较大的优势。

(4) GRASS软件。GRASS是UNIX系统平台上的GIS系统,主要采用栅格数据结构,在地下水模拟方面使用很广。

(5) MAPGIS软件。MAPGIS是中国地质大学信息工程学院武汉中地信息工程有限公司自行研制开发的地理信息系统,是国产优秀的桌面GIS软件,它属于矢量数据结构GIS平台,主要优势功能有:将空间数据数字化输入、编辑、拓扑一体化;具有强大的制图功能,包括各种专题图例符号的制作,较其他软件方便灵活得多;基本上完成了GIS方方面面的分析功能。

资料 2

GIS 的组成

1. 从系统论和应用的角度出发

地理信息系统被分为四个子系统,即计算机硬件和系统软件、数据库系统、数据库管理系统、应用人员和组织机构。

(1) 计算机硬件和系统软件是开发、应用地理信息系统的基础。其中,硬件主要包括计算机、打印机、绘图仪、数字化仪、扫描仪;系统软件主要指操作系统。

(2) 数据库系统的功能是完成对数据的存储。它包括几何(图形)数据和属性数据库。几何和属性数据库也可以合二为一,即属性数据存在于几何数据中。

(3) 数据库管理系统是地理信息系统的核心。通过数据库管理系统,可以完成对地理数据的输入、处理、管理、分析和输出。

(4) 应用人员和组织机构。专业人员,特别是那些复合人才是地理信息系统成功应用的关键,而强有力的组织是系统运行的保障。

2. 从数据处理的角度出发

地理信息系统又被分为数据输入子系统、数据存储与检索子系统、数据分析和处理子系统、数据输出子系统。

(1) 数据输入子系统负责数据的采集、预处理和数据的转换。

(2) 数据存储与检索子系统负责组织和管理数据库中的数据,以便于数据查询、更新与编辑处理。

(3) 数据分析与处理子系统负责对数据库中的数据进行计算和分析、处理。如面积计算、储量计算、体积计算、缓冲区分析、空间叠置分析等。

(4) 数据输出子系统以表格、图形、图像方式将数据库中的内容和计算、分析结果输出到显示器、绘图纸或透明胶片上。

2.3.5 运用全球定位系统

本任务介绍全球定位系统(GPS)的同时,要求学生能够正确地掌握 GPS 工具软件的应用。

资料 1

GPS 概述

1. 定义

全球定位系统 GPS(global positioning system)是一种可以授时和测距的空间交会定点的导航系统,可向全球用户提供连续、实时、高精度的三维位置、三维速度和时间信息。

2. GPS 的产生与发展

1957 年 10 月第一颗人造地球卫星上天,天基电子导航应运而生。美国 1964 年建成子午卫星导航定位系统(TRANSIT),1973年开始筹建全球定位系统,于1994年全部建成并投入使用。

GPS的研制最初主要用于军事目的,如为陆海空三军提供实时、全天候和全球性的导航服务,并用于情报收集、核爆监测、应急通讯和爆破定位等。随着GPS系统步入试验和实用阶段,其定位技术的高度自动化及所达到的高精度和巨大的潜力,引起了各国政府的普遍关注,同时引起了广大测量工作者的极大兴趣。特别是近几年来,GPS定位技术在应用基础的研究、新应用领域的开拓、软硬件的开发等方面都得到了迅速发展。

资料 2

GPS的组成

GPS由以下几部分组成。

(1) 空间卫星部分由21颗工作卫星和3颗备用卫星组成。

(2) 地面控制部分由1个主控站,5个监控站和3个注入站组成。

(3) 用户接收机部分。GPS接收机的基本类型分导航型和大地型,大地型接收机又分单频型(L1)和双频型(L1,L2)。

任务2.4　电子商务中的支付技术

2.4.1　绘制电子支付概念的思维导图

请读者根据本节中电子支付技术的概念等资料绘制本节的思维导图。

资料 1

电子支付概念

电子支付是在电子交易的当事人(包括消费者、卖家和金融机构)间,使用安全的电子化支付手段,通过网络进行的货币支付或资金流转。

电子支付又称为电子资金划拨(electronic funds transfer,EFT)。中国人民银行2005年10月26日发布的《电子支付指引(第一号)》(中国人民银行公告〔2005〕第23号)中的第二条中关于电子支付的定义是:电子支付是指单位、个人直接或授权他人通过电子终端发出支付指令,实现货币支付与资金转移的行为。

电子支付的出现早于大众化的互联网应用,它的发展经历了以下五个阶段。

(1) 银行间的业务办理与结算。

(2) 银行与其他机构间的结算。

(3) 自动柜员机(ATM)的使用。

(4) 银行销售终端的业务操作。

(5) 互联网上的支付结算。

资料 2

电子支付工具——电子货币

电子货币是以金融电子化网络为基础,以商用电子化机具和各类交易卡为媒介,以电子计算机技术和通信技术为手段,以电子数据(二进制数据)形式存储在银行的计算机系统中,并通过计算机网络系统以电子信息传递形式实现流通和支付功能的货币。

电子支付由电子方式发起,如网银转账,我们在电子终端上以电子化方式授权发起,涉及的具体工具随着计算机技术的发展,呈现多样化趋势,电子支付使用的是电子货币。

同学们在理解电子货币时,需要将其与买卖活动联系起来,将其视为用于流通与交换的一般等价物。

目前主流的电子货币有四种。

(1) 电子现金:也称为数字现金(digital cash),是一种以数据形式流通的货币。

(2) 银行卡:经批准由商业银行(含邮政金融机构)向社会发行的具有消费信用、转账结算、存取现金等全部或部分功能的信用支付工具。银行卡减少了现金和支票的流通,使银行业务突破了时间和空间的限制,支付方式发生了根本性变化。

(3) 智能卡:嵌入式微型控制器芯片的IC卡是一种自身带有处理芯片的卡片。它可以利用自带的芯片实现储值功能,即在资金转移时无须进行联机授权就可直接由智能卡上的芯片进行资金转移。

(4) 电子支票:是一种借鉴传统纸张支票转移支付的优点,利用数字传递将钱款从一个账户转移到另一个账户的电子付款形式,如图2-20所示。

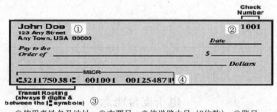

①使用者姓名及地址;②支票号;③传送路由号(9位数);④账号

图 2-20 电子支票

需要注意的是,相对于电子支付而言,网上支付是指基于 Internet 的在线支付,是电子支付的一种形式。例如传统的信用卡 POS 机支付系统和 ATM 支付系统都属于电子支付,不是网上支付。对电子商务影响较大的应该是网上支付。

资料 3

SET 协 议

在电子商务环境中,客户(持卡人)希望在交易中对自己的账户信息进行保密;商家则希望客户的订单不被否认;在交易过程中,交易各方都希望验明他方的身份,以防被骗。

基于这些情况,美国 Visa 和 MasterCard 两大信用卡组织联合微软、网景、IBM 公司等多家科技公司,于 1997 年 10 月合作制订了应用于互联网上的以银行卡为基础进行在线交易的安全标准,这就是"安全电子交易"(secure electronic transaction,SET)。

使用 SET 进行信用卡支付交易的工作流程,如图 2-21 所示。

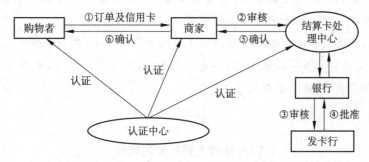

图 2-21 使用 SET 进行信用卡支付交易的工作流程

资料 4

电子支付体系的构成

电子支付体系的构成设计主体有:CA、使用电子支付的客户、使用电子支付服务的商家、银行,其构成图如图 2-22 所示。

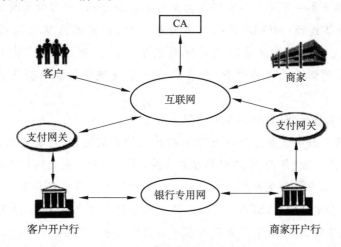

图 2-22 电子支付体系的组成

2.4.2　深入了解网络银行

请同学们根据自己使用网络银行的经验,讨论并总结各家网络银行的异同,可以使用思维导图、表格等形式。请将电子版作业提交给任课教师。

资料1

网络银行介绍

网络银行(E-bank)又称网上银行、在线银行、电子银行及虚拟银行,是指银行利用Internet技术,通过建立自己的Internet站点和WWW主页,向客户提供开户、销户、查询、对账、行内转账、跨行转账、信贷、网上证券、投资理财等服务项目,使客户可以安全便捷地管理活期存款、定期存款、支票、信用卡和个人投资等。

简单地说,网络银行是指金融机构利用Internet网络技术,在Internet上开设的银行。网络银行系统实现的业务可以概括为:公共信息服务、客户交流服务、账务查询服务、银行交易服务、代收费业务、账务管理服务。

资料2

国内外网上银行发展现状

1995年全球第一家网络银行——安全第一网络银行(SFNB)在美国出现,立即吸引了世界各大金融机构的目光。网络银行作为一种新型的客户服务方式,迅速成为国际银行界关注的焦点。

(1) 国外网络银行的发展

网络银行起源于美国,1995年10月18日,美国诞生了一家网上银行——安全第一网络银行,这是世界上第一家将其所有银行业务都通过Internet处理的开放式银行。

安全第一网络银行(SFNB)是一家纯网络银行,由美国几家金融机构合资成立,资产4 000万美元。该行的营业厅就是网页画面,网上"营业大厅"设有账户设立、客户服务以及个人理财三个主要服务"柜台",此外还设有提供客户查询的咨询台、行长台等。

安全第一网络银行(SFNB)的主要营销策略如下。

第一,利用客户服务代表弥补缺乏分支结构支持的缺陷,通过真实的、活生生的客户服务代表提供每周7天、每天24小时的客户支持,从而使客户感受到真实的服务。

第二,通过为客户提供免费的基本支票账户吸引客户。网络银行诞生之初,多数人对其安全性持怀疑态度。为此,SFNB向客户提供免费的基本支票账户,使客户能够毫无风险地尝试互联网银行,从而吸引了更多的客户尝试网上银行业务。

第三,通过技术手段与客户保持密切联系、为客户提供个性化服务。通过现代化技术手段,SFNB创造性地开拓了一些与客户进行联系的营销渠道,例如:在SFNB站点上常设为客户提供有关个人财务管理咨询的服务,全国不收费 ATM 列表等;另外,SFNB 的工作人员还定期给客户发送有关新功能和新产品的电子邮件通告。通过这些创新的营销手段,SFNB 与客户保持着良好的联系,客户也乐于向 SFNB 反馈自己的意见和建议,SFNB 也可以更方便地为客户提供更具个性化的服务。

截止到 2013 年年初,全欧洲有 16 000 多家金融机构开设了网络银行业务。

(2) 国内网络银行的发展

我国国内网络银行起步较晚,但是近年来发展也比较快。我们以招商银行网络银行举例说明。

招商银行成立于 1987 年 4 月 8 日,是我国第一家完全由企业法人持股的股份制商业银行,总行设在深圳。1999 年 9 月全面启动国内首家网上银行业务——"一网通"。

招商银行一网通网上支付是招商银行提供的网上即时付款服务。一网通的主站网址是 www.cmbchina.com。图 2-23 所示为招商银行一网通介绍。

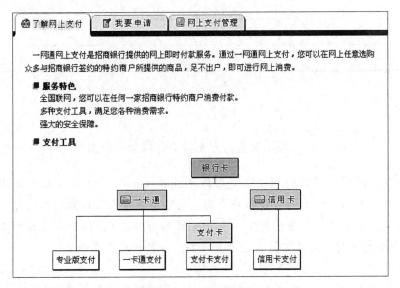

图 2-23 招商银行一网通

与发达国家网络银行的发展相比,我国网络银行虽然发展较晚,但是由于我国网络银行解决方案多数由 IBM、NTT、HP 等企业提供,因此从技术因素方面看,我国网络银行并不比发达国家落后多少。差距主要体现在非技术方面,例如社会普及程度不高、网络银行相关法律制度及相关标准完备程度不同、社会信用程度不同和经营观念、管理制度不同等。

2.4.3 调研第三方支付平台

(1) 请同学们仿照购物流程图,绘制支付宝、财付通和快钱的支付流程图。

(2) 请同学们对我国主流第三方电子支付平台进行对比,并填写表 2-4。

表2-4 支付平台对比

对比项目	支付宝	财付通	快钱
公司背景			
成立时间			
服务领域			
市场用户			
支付方式			
费用			
结算周期			
合作银行			
优势			
劣势			
……			

资料1

国内外主流第三方支付平台概念和特点

第三方支付起源于美国的独立销售组织(independent sales organization,ISO)制度,指收单机构和交易处理商委托ISO做中小商户的服务和管理工作的一种机制。

第三方支付概念是指具备一定实力和信誉保障的独立机构,采用与各大银行签约的方式,提供与银行支付结算系统接口的交易支持平台的网络支付模式。

第三方支付的特点有以下三点。

(1) 第三方支付平台的支付手段多样且灵活,用户可以使用网络支付、电话支付、手机短信支付等多种方式进行支付。

(2) 第三方支付平台不仅具有资金传递功能,而且可以对交易双方进行约束和监督。

(3) 第三方支付平台是一个为网络交易提供保障的独立机构。

第三方支付平台的概念在2005年瑞士达沃斯世界经济论坛上首次提出,要求电子商务首先应该是安全的,一个没有安全保证的电子商务环境,是没有真正的诚信和信任而言的,而要解决安全问题,就必须先从交易环节入手,彻底解决支付问题。

资料2

第三方支付流程

以B2C为例,第三方交易流程如图2-24所示。

(1) 客户在电子商务网站上选购商品,最后决定购买,买卖双方在网上达成交易意向。

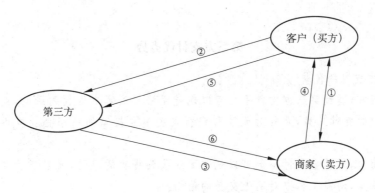

图 2-24 第三方交易流程

(2) 客户选择利用第三方作为交易中介,客户用信用卡将货款划到第三方账户。

(3) 第三方支付平台将客户已经付款的消息通知商家,并要求商家在规定时间内发货。

(4) 商家收到通知后按照订单发货。

(5) 客户收到货物并验证后通知第三方。

(6) 第三方将其账户上的货款划入商家账户中,交易完成。

PayPal 公司成立于 1998 年 12 月,是美国易贝(eBay)公司的全资子公司。PayPal 利用现有的银行系统和信用卡系统,通过先进的网络技术和网络安全防范技术,在全球 190 个国家为超过 2.2 亿人以及网上商户提供安全便利的网上支付服务。

2005 年 7 月 11 日,贝宝(PayPal China)中国网站(www.paypal.com.cn)正式开通,标志着贝宝正式登陆中国市场。由于中国现行的外汇管制等政策因素,贝宝(PayPal China)在中国地区仅受理人民币业务。

贝宝的支付流程如图 2-25 所示。

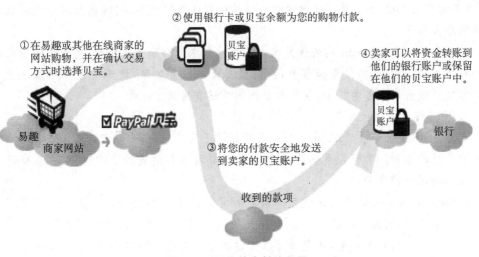

图 2-25 贝宝的支付流程图

资料 3

第三方支付优劣势

1. 第三方支付的优势

对商家而言,通过第三方支付平台可以规避无法收到客户货款的风险,同时能够为客户提供多样化的支付工具,尤其为无法与银行网关建立接口的中小企业提供了便捷的支付平台。

对客户而言,第三方支付不但可以规避无法收到货物的风险,而且货物质量在一定程度上也有了保障,增强了客户对网上交易的信心。

对银行而言,通过第三方支付平台银行可以扩展业务范畴,同时也节省了为大量中小企业提供网关接口的开发和维护费用。

2. 第三方支付的劣势

由于第三方支付的技术门槛低,市场潜力大,导致第三方支付公司之间竞争加剧,鱼龙混杂。

由于支付业务是零售银行业务中的主要份额,各大商业银行开始向零售银行业务转型,形成银行与现有第三方支付平台的激烈竞争。

资料 4

国内外第三方支付业务

1. 国内第三方支付业务

支付宝(www.alipay.com):由阿里巴巴集团创办,是国内领先的独立第三方支付平台,它的业务分为个人业务和企业业务两部分。

财付通(www.tenpay.com):由中国最大、最早的互联网即时通信服务商腾讯公司创办,主要为广大 QQ、微信用户提供安全和简洁的在线支付服务,同时也为网上交易双方提供信用中介担保。

快钱(www.99bill.com):快钱是国内领先的信息化金融服务机构,致力于运用信息技术和颠覆式创新思维,降低金融服务门槛,提高金融服务效率,使千千万万中国企业能够平等享有高效金融服务的机会,从而为企业的快速发展助力。

2. 国外第三方支付业务

贝宝是 eBay 的子公司 PayPal 公司开发的网上支付系统,该系统的业务开展建立在贝宝专有的反欺诈和风险管控系统的基础上,在国外有多年的成功运营经验,在全球的电子支付领域有庞大的客户群。

moneybookers:是现今欧洲使用率最高的网络支付方式,通过 E-mail 地址来实现交易所需的安全操作,支持几乎所有经济合作发展组织成员国家内的任何银行账户。在交易中可以提供实时的最佳汇率,也支持发票支付和分期支付。2003 年 2 月 5 日,moneybookers 成为世界上第一家被政府官方所认可的电子银行。moneybookers 电子银行里的外汇是可以转到中国国内银行账户的。moneybookers 的购物流程如图 2-26 所示。

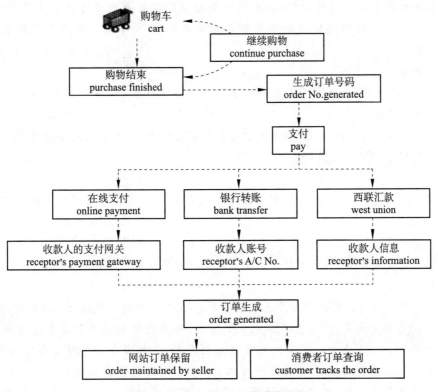

图 2-26 moneybookers 的购物流程

任务 2.5 电子商务中的安全技术

2.5.1 提高电子商务安全意识

请同学们思考如何提高自身的电子商务安全意识,并将答案电子版提交给任课教师。

资料

电子商务安全的 5 个要素

电子商务作为一种全新的商业方式,正伴随着互联网的迅猛发展而越发流行。这些基于网络的应用程序和服务除了能简化交易、降低成本,也使个人和公司信息资源的安全风险大大增加。所以电子商务的安全技术非常重要。

广义上讲,电子商务安全不仅与计算机系统结构有关,还与电子商务应用的环境、操作人员素质和社会因素有关,它包括电子商务系统的硬件安全、软件安全、运行安全及电子商务立法;狭义上讲,电子商务安全是指电子商务信息的安全,主要包括信息的存储安全和信息的传输安全。

互联网技术成功使用的同时,需要保护有价值的数据和网络资源免受篡改和入侵。对于安全问题往往使用成体系的安全解决方案来解决,一个安全方案至少要包括以下5个关键要素。

(1) 身份

身份是对网络用户、主机、应用程序、服务以及资源的准确而进行的身份验证。

(2) 周边安全

周边安全提供了一些方法,控制对重要的网络应用程序、数据与服务的访问。只有合法的用户和信息才可以通过网络进行访问。

(3) 数据隐私

在确保信息不被偷听的同时,能够按要求提供身份验证和保密通信的能力是至关重要的。

(4) 安全管理

为确保电子商务安全,定期地测试和监控设备的安全状态是很重要的。

(5) 策略管理

随着网络规模变得庞大和企业应用趋于复杂,对集中策略管理的需求也随之增加。

除了以上安全要素外,安全意识也十分重要,用户通常意识不到某些操作所引起的安全衍生情况。很多企业的安全问题来自企业内部,在加强企业内部安全培训的同时,也需要加大企业内部安全问题的风险成本,形成有效的预防机制和事后补救机制。最常见的安全意识培训有:提高安全标准的同时把实施计划给内部员工,告知什么是重要的,阐述简单易懂的安全技术问题,留意平时的日常操作,如密码的设定;进行有效的程序、文档权限设定;提供详细的灾难恢复计划文档;告知员工在遭遇安全问题后该做什么。

例如,思科(Cisco)的安全车轮和安全环。

安全车轮是一组持续的进程,是一种有效的途径,用来验证防御攻击的对策是否恰当有效,如图 2-27 所示。

安全车轮的概念说明了安全是一个演进和不断完善的过程,强调了对安全体系构建的要求和做法。安全环结构则强调了安全的几个层次,如图 2-28 所示。

图 2-27 安全车轮

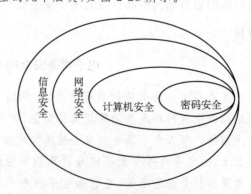

图 2-28 安全环结构

2.5.2 汇总电子商务安全实用技术

请同学们根据下面的资料对电子商务安全使用技术的使用领域及特点进行汇总,并填写表 2-5。

表 2-5 电子商务安全使用领域及特点汇总

技 术 名 称	使用领域及特点
信息加密技术	
数字信封技术	
电子签名技术	
数字时间戳服务	
身份认证技术	
病毒防治技术	
防火墙技术	
安全协议	

电子商务中的安全技术主要有信息加密技术、数字信封技术、电子签名技术、数字时间戳服务、身份认证技术、病毒防治技术、防火墙技术和安全协议。

资料 1

信息加密技术

信息加密技术与密码学紧密相连,密码学是研究编制密码和破译密码的技术科学。

以前,密码学只考虑到信息的机密性,现今,密码学已经涵盖了身份认证、信息完整性检查、数位签单、互动证明、安全多方计算等各类技术。

由于古时多数人不认字,最早的秘密书写形式只用到纸笔或等同物品,随着识字率提高,出现了真正的密码学,最古典的两个加密技巧是置换与替代。

置换:将字母顺序重新排列,如"help me"变成"ehpl em"。

替代:系统地将一组字母换成其他字母或符号,如"fly at once"变成"gmz bu podf"(每个字母用下一个字母代替)。

恺撒密码是最经典的替代法,据传由古罗马帝国的皇帝恺撒发明,用于与远方将领通信,每个字母被往后移三个字母所取代。

"恺撒密码"是一种替代密码,通过把字母移动一定的位数来实现加密和解密。明文中的所有字母都在字母表上向后(或向前)按照一个固定数目进行偏移后被替换成密文。

例如,当偏移量是 3 的时候,所有的字母 A 将被替换成 D,B 变成 E,以此类推 X 将变成 A,Y 变成 B,Z 变成 C。

由此可见,位数就是恺撒密码加密和解密的密钥。

在我国古代也有过密码应用的例子,周朝兵书中记载了周武王和姜子牙征战时与主将通信的加密方式,采用分割法将密码本一分为三,分三人传递,只有三份合一时才能获得还原的信息。

图 2-29 所示是加/解密的关系说明。

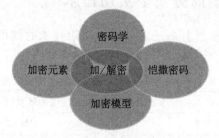

图 2-29　加/解密的关系说明

具体实现的密码体制分为单钥体制和公钥体制两大类。单钥体制下,机密和解密的密钥是一样的,或实质上是等同的。双钥体制下,有一对密钥,公钥和私钥,其中公钥可以公开,私钥只能是所有者私有,由于其加/解密使用的密钥不同,所以也叫作非对称加密。在单钥体制下,需要保证密钥传递的安全,而在双钥体制下,不再需要安全信道来传送密钥,只需要利用公开途径获取对方公钥来完成后继信息的安全传递即可。它们各有优缺点,所以网络中的加密普遍采用双钥和单钥密码相结合的混合加密体制,即加/解密时采用单钥密码,密钥传送时采用双钥密码。

资料 2

数字信封技术

在重要的电子商务交易中,密钥必须经常更换。数字信封技术通过使用两个层次的加密来获得双钥密码体制的灵活性和单钥密码体制的高效性。信息发送方使用密钥对信息进行加密,从而保证只有规定的收信人才能阅读内容。采用数字信封技术后,即使加密文件被他人非法截获,因为截获者无法得到发送方的通信密钥,因此也不能对文件进行解密。

图 2-30 所示为数字信封技术基本模型。

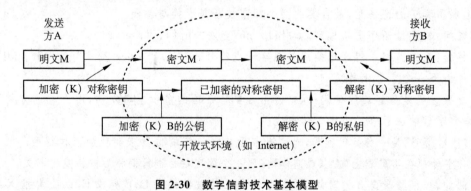

图 2-30　数字信封技术基本模型

资料 3

电子签名技术

电子签名技术是电子商务安全的一个重要内容。电子签名和手写签名的区别在于:手写签名是依据书写习惯的,因人而异;电子签名则是 0 和 1 的数字串,因所签消息而异。

电子签名要求必须同时满足消息认证和身份认证,具体要求如下。

(1)签名接收方能够验证签名方的签名,但不能伪造。

(2)签名方发送出的信息只要是经过其电子签名的,都不能否认。

(3)签名接收方可以通过对签名方签名的验证,检查已签名文件的完整性。

图 2-31 所示为电子签名技术基本模型。

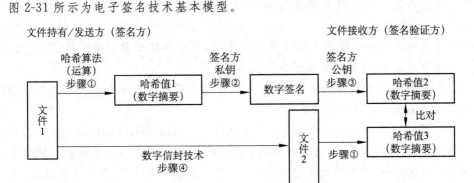

图 2-31　电子签名技术基本模型

《中华人民共和国电子签名法》已于 2005 年 4 月开始施行,其是我国电子商务领域里为数不多的法律规范之一。最早的电子签名法是俄罗斯于 1995 年 1 月 24 日启用的,美国在 2000 年也出台实行了这一法律。

资料 4

数字时间戳服务

参与电子商务的各方不能否认其做过的行为,行为本身存在一定的有效期范围,所以在各种政务和商务文件中,时间是十分重要的。

数字时间戳服务(digital time-stamping service,DTSS)是指在电子文件中,对文件的日期和时间信息所采取的安全措施,它由专门的机构提供。数字时间戳服务(DTSS)是一个经加密后形成的凭证文档,包括需加时间戳的文件摘要、DTSS 机构收到文件的日期和时间、DTSS 机构的电子签名。

图 2-32 所示为数字时间戳技术基本模型。

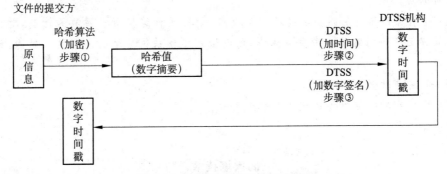

图 2-32　数字时间戳技术基本模型

资料 5

身份认证技术

身份认证技术意在揭示敏感信息或在进行事务处理之前确定对方身份。

电子商务的身份认证技术主要依靠公钥基础设施公开密钥体系（public key infrastructure，PKI）来实现。

当双钥密码体制在互联网大规模推广使用时，需要建立公钥基础设施，从技术上、法律上来支持有关业务，这是发展电子商务的基础。

PKI 是遵循既定标准的密钥管理平台，它能为所有网络应用提供加密和电子签名等密码服务以及必须的密钥和证书管理体系。

完整的 PKI 系统必需具有权威数字证书认证中心（certificate authority，CA）、数字证书库、密钥备份及恢复系统、证书作废系统、应用接口（API）等基本组成部分。KPI 系统主要用来管理数字证书，从应用的角度分，数字证书分为服务器证书、电子邮件证书、客户端证书三种。人们拥有了数字证书，相当于在互联网上进行了身份验证，可以在互联网交易中证明自己的身份和识别对方的身份。

资料 6

病毒防治技术

计算机病毒是指编制或者在计算机程序中插入的破坏计算机功能或者破坏数据，影响计算机使用，并能自我复制的一组计算机指令或者程序代码。它的危害十分巨大，可能会造成无法挽回的数据损失。计算机感染病毒的常见症状有：计算机系统运行减速、无故发生死机、文件长度变化、存储容量减小、文件丢失或者损坏、系统不识别硬盘、文件日期、时间属性等发生变化、文件无法正确读取等。

常见的防治病毒措施有备份与恢复、预防与检测、隔离与查杀等。

其中常见的病毒查杀方法有以下几种。

（1）保持杀毒软件的更新，以保证能快速检测到可能入侵计算机的新病毒或者变种病毒。

（2）使用安全监视软件，主要防止浏览器被异常修改，或被安装不安全的恶意插件。

（3）使用防火墙，一般有两种选择：一种是微软操作系统自带的防火墙，另一种是杀毒软件自带的防火墙。

（4）查看并调整计算机现有的不安全设置，如关闭计算机自动播放的功能，对计算机和移动储存工具进行常见病毒免疫操作，取消微软操作系统自带的网络共享功能，设置用户密码等。

（5）定期进行全盘病毒扫描。

（6）及时更新所使用的系统软件和应用软件。

资料 7

防火墙技术

防火墙技术就是用来阻挡外部不安全因素影响的内部网络屏障，目的是防止外部网络用户未经授权进行访问。由于防火墙不能防止内部攻击,因此不能取代杀毒软件,往往与其他安全技术同时使用。

图 2-33 所示为防火墙边界位置示意图。

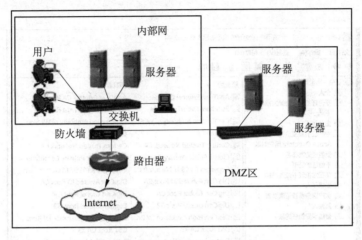

图 2-33　防火墙的边界位置示意图

资料 8

安　全　协　议

网络安全是实现电子商务的基础,而一个通用性强、安全可靠的网络协议则是实现电子商务安全交易的关键技术之一,它也会对电子商务的整体性能产生很大的影响。

常用的电子商务领域的安全协议有:安全套接层(secure socket layer,SSL)协议和安全电子交易(secure electronic transaction,SET)协议。

安全套接层协议(SSL 协议)最初是由 Netscape 公司研究制订的安全通信协议,是在互联网基础上提供的一种保证机密性的安全协议。它的功能包括以下 3 个方面。

(1) SSL 服务器认证允许客户机确认服务器身份。

(2) 确认用户身份使用同样的技术。

(3) 保证数据传输的机密性和完整性。

SET 协议是一种应用于互联网环境下,以信用卡为基础的安全电子支付协议,它给出了一套电子交易的过程规范。它的功能也包括 3 个方面。

(1) 保证客户交易信息的保密性和完整性。

(2) 确保商家和客户交易行为的不可否认性。

(3) 确保商家和客户的合法性。

2.5.3　查看数字证书

请在 Windows 下查看一个数字证书的界面,并将查找结果截图提交给任课教师。

打开数字证书的步骤如下,思考数字证书里包含了哪些信息?

(1) 首先打开计算机,按下 Win 键打开开始菜单,然后单击"运行"按钮。

(2) 打开运行窗口后,在打开栏内输入"certmgr.msc",按 Enter 键运行。

(3) 这时就能够打开本机的证书管理器,要查看哪个证书,双击打开该文件夹,如图 2-34 所示。

图 2-34 证书管理器

(4) 找到相关证书后,双击打开证书详细页面即可查看,如图 2-35 所示。

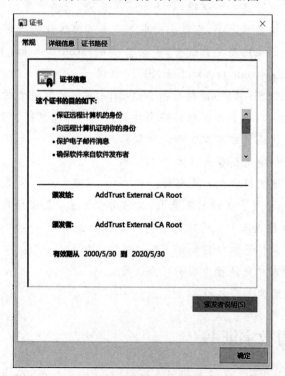

图 2-35 证书详细信息页面

搜索网站安全知识

浏览下面的拓展网站,了解更多的网络安全知识。

(1) 红黑联盟:http://www.2cto.com。

(2) 硅谷动力(网络安全频道):http://www.enet.com.cn/security。

(3) 安全客:http://www.anquanke.com。

(4) 中国信息安全测评中心:http://www.itsec.gov.cn。

(5) 中国计算机学会计算机安全专业委员会:http://www.china-infosec.org.cn。

项目 2 综合评价

项目 2 综合评价见表 2-6。

表 2-6 项目 2 综合评价

评价项目	技 能 点	评 价 方 式		
		达到	未到达	教师评价
知识目标	掌握电子商务相关事务网络技术基础知识			
	掌握电子商务中视觉技术的基本知识			
	熟悉电子商务中物流技术知识			
	熟悉电子支付技术的相关知识			
能力目标	具有视觉技术简单处理能力			
	具有物流技术相关应用能力			
	具有电子商务安全技术的运用能力			
	能熟练应用电子支付技术			
思政目标	具有自主学习,分析问题并解决问题的能力			
	具有法律意识,遵规守纪,能遵守电子商务行业的职业规范			
	具有团队合作意识,能进行有效的沟通			
	能精益求精,具有工匠精神			
创新能力	学习过程中提出具有创新性、可行性的建议			
学生姓名		综合评价		
指导教师		日期		

项目 2 组内任务完成记录表及评价

项目 2 组内任务完成记录表及评价见表 2-7。

表 2-7 项目 2 组内任务完成记录表与评价

评价项目	评价内容	评价标准	评价方式		
			自我评价	小组评价	教师评价
职业素养	安全意识 责任意识	A. 作风严谨，自觉遵守纪律，出色完成任务 B. 能够遵守纪律，较好完成任务 C. 遵守纪律，没完成任务，或虽完成任务但未严格遵守纪律 D. 不遵守纪律，没有完成任务			
	学习态度	A. 积极参与教学活动，全勤 B. 缺勤达本任务总学时的 10% C. 缺勤达本任务总学时的 20% D. 缺勤达本任务总学时的 30%			
	团队合作意识	A. 与同学协作融合，团队意识强 B. 与同学能沟通，协调工作能力较强 C. 与同学能沟通，协调工作能力一般 D. 与同学沟通困难，协调工作能力较差			
专业能力	2.1.1 设置计算机网络	A. 学习活动评价为 90～100 分 B. 学习活动评价为 75～89 分 C. 学习活动评价为 60～74 分 D. 学习活动评价为 0～59 分			
	2.1.2 汇总企业化/大众化的网络技术	A. 学习活动评价为 90～100 分 B. 学习活动评价为 75～89 分 C. 学习活动评价为 60～74 分 D. 学习活动评价为 0～59 分			
	2.2.1 入门 Web 网页设计技术	A. 学习活动评价为 90～100 分 B. 学习活动评价为 75～89 分 C. 学习活动评价为 60～74 分 D. 学习活动评价为 0～59 分			
	2.2.2 入门视觉设计	A. 学习活动评价为 90～100 分 B. 学习活动评价为 75～89 分 C. 学习活动评价为 60～74 分 D. 学习活动评价为 0～59 分			

续表

评价项目	评价内容	评 价 标 准	评 价 方 式		
			自我评价	小组评价	教师评价
专业能力	2.2.3 拍摄商品图片	A. 学习活动评价为 90～100 分 B. 学习活动评价为 75～89 分 C. 学习活动评价为 60～74 分 D. 学习活动评价为 0～59 分			
	2.2.4 处理商品图片	A. 学习活动评价为 90～100 分 B. 学习活动评价为 75～89 分 C. 学习活动评价为 60～74 分 D. 学习活动评价为 0～59 分			
	能力拓展:处理和美化证件照片	A. 学习活动评价为 90～100 分 B. 学习活动评价为 75～89 分 C. 学习活动评价为 60～74 分 D. 学习活动评价为 0～59 分			
	2.3.1 条形码技术运用	A. 学习活动评价为 90～100 分 B. 学习活动评价为 75～89 分 C. 学习活动评价为 60～74 分 D. 学习活动评价为 0～59 分			
	2.3.2 自动识别技术运用	A. 学习活动评价为 90～100 分 B. 学习活动评价为 75～89 分 C. 学习活动评价为 60～74 分 D. 学习活动评价为 0～59 分			
	2.3.3 电子数据交换技术运用	A. 学习活动评价为 90～100 分 B. 学习活动评价为 75～89 分 C. 学习活动评价为 60～74 分 D. 学习活动评价为 0～59 分			
	2.3.4 地理信息系统运用	A. 学习活动评价为 90～100 分 B. 学习活动评价为 75～89 分 C. 学习活动评价为 60～74 分 D. 学习活动评价为 0～59 分			
	2.3.5 全球定位系统运用	A. 学习活动评价为 90～100 分 B. 学习活动评价为 75～89 分 C. 学习活动评价为 60～74 分 D. 学习活动评价为 0～59 分			
	2.4.1 绘制电子支付概念的思维导图	A. 学习活动评价为 90～100 分 B. 学习活动评价为 75～89 分 C. 学习活动评价为 60～74 分 D. 学习活动评价为 0～59 分			

续表

评价项目	评价内容	评 价 标 准	评 价 方 式		
			自我评价	小组评价	教师评价
专业能力	2.4.2 深入了解网络银行	A. 学习活动评价为90~100分 B. 学习活动评价为75~89分 C. 学习活动评价为60~74分 D. 学习活动评价为0~59分			
	2.4.3 调研第三方支付平台	A. 学习活动评价为90~100分 B. 学习活动评价为75~89分 C. 学习活动评价为60~74分 D. 学习活动评价为0~59分			
	2.5.1 提高电子商务安全意识	A. 学习活动评价为90~100分 B. 学习活动评价为75~89分 C. 学习活动评价为60~74分 D. 学习活动评价为0~59分			
	2.5.2 汇总电子商务安全实用技术	A. 学习活动评价为90~100分 B. 学习活动评价为75~89分 C. 学习活动评价为60~74分 D. 学习活动评价为0~59分			
	2.5.3 查看数字证书	A. 学习活动评价为90~100分 B. 学习活动评价为75~89分 C. 学习活动评价为60~74分 D. 学习活动评价为0~59分			
	思维拓展:搜索网站安全知识	A. 学习活动评价为90~100分 B. 学习活动评价为75~89分 C. 学习活动评价为60~74分 D. 学习活动评价为0~59分			
创新能力		学习过程中提出具有创新性、可行性的建议	加分奖励(满分10分)		
学生姓名			综合评价		
指导教师			日期		

项目 3

电子商务运营与营销管理

知识目标

1. 掌握电子商务运营的概念。
2. 掌握电子商务运营的起源和发展。
3. 理解电子商务运营的核心技能。
4. 掌握网店的日常运营与管理。
5. 掌握电子商务营销的概念。
6. 掌握电子商务网络营销工具。
7. 掌握电子商务新媒体营销。

能力目标

1. 具有撰写文案的能力。
2. 具有网店上下架商品、网店装修的能力。
3. 具有网店日常运营与管理的能力。
4. 具有电商活动策划的能力。
5. 具有利用多媒体网络营销工具开展运营和营销的能力。
6. 具有根据店铺数据进行日常运营、营销分析的能力。

素质目标

1. 提高个人修养,热爱祖国,爱岗敬业,诚实守信。
2. 遵规守纪,能够遵守信息和电子商务各方面的道德规范。
3. 注重学思合一、知行合一,勇于实践,打造工匠精神。
4. 了解电子商务行业领域的国家战略、法律法规和相关政策。

建议课时：8 课时

> **开篇导读**
>
> 近年来，互联网从增量市场进入存量市场，产品差异化也越来越小，流量的获取变得困难重重。
>
> 如何做好网店日常运营？
>
> 如何做好用户运营？
>
> 如何做好精准营销？
>
> 新媒体工具如雨后春笋般出现，如何在新的形势下更好地开展电子商务营销？
>
> 本章将带你揭开电子商务运营与营销管理的一角。

本章学习结构图如图 3-1 所示。

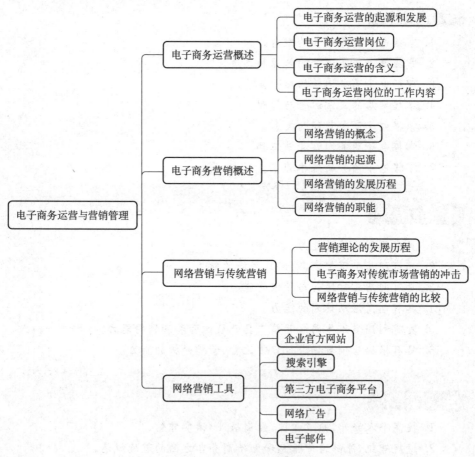

图 3-1　项目 3 学习结构图

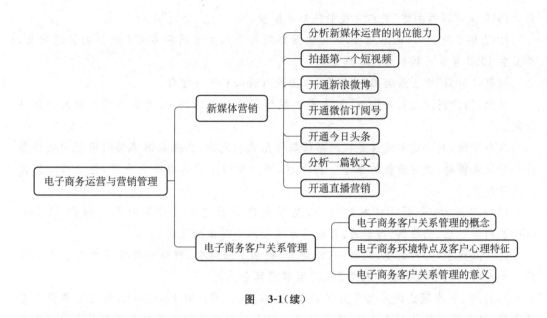

图 3-1(续)

任务 3.1　电子商务运营概述

3.1.1　描述对电子商务运营的理解

请读者结合资料上网查找资源,自主学习,用自己的话描述出对电子商务运营的理解,小组讨论后写出小组共识的答案,提交给任课教师。

提示:可以查找知乎、百度文库、智联招聘运营岗位要求等。

资料1

电子商务运营的起源和发展

电子商务运营并不是一开始就有的岗位。

从 1999 年互联网门户时代开始,市场上慢慢出现了一个新兴岗位——运营,随着互联网从门户时代到移动时代再到微信时代,运营岗位已经有 20 年的发展历史。

电子商务运营的地位越来越高,一方面无论企业规模多大,运营都不可或缺;另一方面,电子商务运营的概念太广,涉及电子商务公司的各项业务,很难定义。

为了探寻电子商务运营的概念,我们先来回顾电子商务运营的起源和发展史。

1. PC 互联网时代的电子商务运营

PC 端互联网时代,经历了门户时代、互联网入口时代和社交媒体时代。

1997 年,"四通利方"论坛的体育沙龙版主陈彤发表爆款文章《大连金州不相信眼泪》。这篇帖子在 48 小时内点击量超过两万次,两周后被影响力巨大的纸媒《南方周末》全文刊登。1998年,"四通利方"更名为我们熟知的新浪。

1997年6月,丁磊创办网易,凭借免费邮箱和个人主页服务实现了用户的快速增长,并且在1998年9月转型为门户网站。

同年,"海归"博士张朝阳"克隆"了中国版Yahoo!——搜狐。

至此,门户网站三巨头出现,标志着互联网门户时代的到来,也是中国互联网的第一阶段。

这个阶段,电子商务运营是以网络编辑的形式出现的,优秀的网络编辑给用户提供着这个阶段最稀缺、最有价值的信息。再之后,网络编辑工作内容不断升级,但是核心价值却未曾改变。

1999年开始,除了门户网站之外,互联网产品百花齐放。我们所熟知的51 job、OICQ、阿里巴巴、携程网、当当网、百度等都是在那个时候创立的。

这一阶段中,用户运营、网店/网站运营、搜索引擎运营、游戏运营等开始在各自独立的领域出现。电子商务运营正式登上了互联网舞台。

2004年,社交网络的兴起开启了社交媒体时代。国外有Facebook,国内主要代表是校内网,另外还有就是新浪博客、腾讯微博。这个时期出现的运营岗位主要是KOL(意见领袖)运营、微博运营、公众号运营等。

2. 移动互联网时代的电子商务运营

2010年,美团团购网上线手机端,当年7月每月流水超过500万元,腾讯也上线QQ团购网。同时期还有拉手网、24券等各类团购网站,开启"千团大战",直到2014年才鸣金收兵。

2012年,滴滴打车、今日头条上线。2013年,快的打车获得1 000万美元融资。2015年,滴滴打车和快的打车在资本运作下合并;美团与大众点评合并;58同城和赶集网合并;携程与百度通过股票交换的方式成为去哪儿网最大的股东。至此,移动互联网行业进入并购之年。

2015年至2016年,"移动互联网+服务"和"移动互联网+出行"掀起浪潮,共享单车、共享汽车兴起。直播的"千播大战"开启、短视频借助流量效应,借势瞬间引爆。

这个阶段围绕不同的电子商务开展形式,也相应产生了直播运营、短视频运营等。

3. 微信时代的电子商务运营

微信如今已经成为大多数人工作和生活中不可或缺的应用,微信时代的来临带来了社交关系的汇集,微信的社交流量已成为公认的最大流量池。

从2017年至今,互联网行业越来越重视"用户增长",这时出现了"用户运营"等新兴运营岗位。微信时代的运营职能主要集中于微信公众号、朋友圈、社群、视频号等。

这一时期首先出现的社交增长模式是"分销裂变",比较有代表性的案例是新世相的"地铁丢书大作战""逃离北上广"以及网易开年大课。但是由于官方明令禁止和各方压力,这种模式很快就消亡了。取而代之出现的是更为精细化的"朋友圈打卡"裂变营销模式,即一开始让用户免费、免分享进入课程群,在上课过程中再转发自己的学习成果海报或者链接到朋友圈。在电子商务领域,拼多多是裂变营销的一匹"黑马"。除了拼多多以外,微店、闲鱼、盒马、云集也是这一系列App的代表。

诞生于微信生态的社交电商,同样带来了很多的运营岗位,虽然业内仍然将这些岗位称为电商运营,但是社交电商的运营和传统网店的运营逻辑是不一样的。

资料 2

电子商务运营岗位

技术带来了互联网行业的高速更迭,使得对电子商务企业和运营者的要求也越来越高。相比较电子商务运营起源之初,电子商务运营的作用越来越重要。在 PC 时代的早期,甚至没有电子商务运营的概念,到后来,电子商务运营承担了更多辅助的角色,到如今,电子商务运营已变成了企业的核心竞争力。

互联网发展几十年来,电子商务运营岗位衍生出了各类电商运营岗位,例如最开始的网络编辑到活动策划运营、用户运营、游戏运营、搜索引擎运营、KOL 运营、微博运营、博客运营、直播运营等。

有些岗位可能会随着时代的浪潮昙花一现,也有一些岗位会经过时间的洗礼,在行业里长青。

资料 3

电子商务运营的含义

虽然从上面的资料中,我们看到电子商务运营的形态多种多样,岗位内容也大相径庭,但是其本质都属于电子商务运营。

电子商务运营,从目前可查资料得到的概念是:负责某个项目或是某个产业的电子商务运作。这其中包含了企业实现电子商务程序中的诸多环节,例如产品研发、品牌创建、优化、推广、网销、物流等,这些环节都和运营有关,但是又各自独立,所以电子商务运营首先是一个协调整个企业或者项目各个环节的枢纽。

电子商务运营在很长一段时间,工作的主要核心内容是维护各个电商平台店铺的运作。例如淘宝店铺的运营岗位就相当于淘宝店铺的店长或者主管。他负责产品进货、店铺设置、商品上下架、物流协调、售前、售中、售后的协调管理等工作。所以那时,也常常把电子商务运营岗位统称为平台运营岗位,所以运营就是平台操作、设置、经营的工作。

随着电子商务的发展,其取得的数据有得天独厚的优势。商务大数据成为现今商务活动中不可或缺的组成部分,电子商务运营岗位工作中的重点也从单一的对平台店铺的运作,转而加入了对客户数据、平台数据、流量数据等各种数据的分析,以此来实现精准营销。

当然,上面只是运营岗位的核心工作。在一家电子商务企业中,因为企业规模的不同,运营岗位的工作也略有不同,但是我们总能找到共性的部分。综上所述,电子商务运营目前并没有一个统一固定的定义,本书中,我们暂用下面的说法来归纳。

电子商务运营是实现电子化交易、服务、数据管理于一体的管理模式的统称,它主要的组成部分包括平台店铺的运作、网店/商品推广、网络营销、流量数据分析等。

资料 4

电子商务网店运营岗位的工作内容

由于企业的规模和人员配置的不同,电子商务公司的网店运营岗位的工作内容也千差万别,有的公司运营会兼顾客户服务的职责,有的公司只是负责平台的运营操作,有的公司除了平台运营操作之外还需要收集整理运营数据,甚至提交分析结果报告等。下面对电子商务运营岗位一些共性的工作内容做一个总结。

(1) 协助店长管理店铺日常运营工作,包括网店整体规划、页面整改、营销、推广、活动提报、客户关系管理等系统工作。

(2) 对店铺相关的数据进行分析,并根据结果提出店铺运营的改进方案,对店铺进行优化。

(3) 负责产品管理,日常补货统筹,确保库存合理、相关资料全面准确。

(4) 负责协助客服日常的挂线,处理售前售后工作。

(5) 与公司各部门紧密配合,协调项目执行工作沟通。

(6) 操作产品调查常用工具:阿里指数、淘宝搜索、百度指数、生意参谋、EXCEL 等,整理日、周、月、季度、年度的运营数据。

总的来说,电商运营助理的工作是操作后台、推广管理、营销活动的执行等;电商运营专员的工作主要是协调渠道、协调各部门之间的配合工作、操作调研工具对运营数据进行分析等。

思维拓展

(1) 比较京东商城和天猫商城,你认为哪家提供的服务更好?

(2) 你认为电子商务平台在未来发展的趋势是什么?

(3) 查阅电子商务文献,了解电子商务企业发展的基本规律。

(4) 什么是 TM 商标?什么是 R 商标?

3.1.2 体验电子商务网店开店流程

根据淘宝网开店的步骤及注意事项,开通自己的网店,记录下账户名、登录密码,支付宝账户名、登录密码、支付密码。

资料 1

常见的网店平台

网上开店即卖家自己搭建或在相关网店平台(如淘宝网)上注册一个虚拟的网上商店,然后将准备好的商品信息发布到网页。买家通过浏览这些商品信息、评价信息等进行选择判断,然后通过线上或线下支付方式向卖家付款,卖家通过物流将商品送到买家手中,完成整个交易的过程。

网店平台有很多,可以划分为不同类型,如 B2B、B2C、C2C 等。个人用户适合在淘宝网等 C2C 平台开设网店,企业用户可以选择在天猫商城、京东商城等 B2C 平台开设网店。

1. 淘宝网

淘宝网(Taobao)成立于 2003 年 5 月,由阿里巴巴集团投资创办,是亚洲第一大网络零售商圈。随着规模的扩大和用户数量的增加,淘宝网也从单一的 C2C 网络集市变成了包括 C2C、团购、分销、拍卖等多种电子商务模式在内的综合性零售商圈,目前已经成为世界范围的电子商务交易平台。

2. 天猫商城

天猫商城(Tmall)原名淘宝商城,是中国最大的 B2C 购物网站、亚洲超大的综合性购物平台。天猫商城在 2012 年 1 月与淘宝网分离,由知名品牌的直营旗舰店、授权专卖店和专营店组成。天猫商城同时支持淘宝网的各项服务,如支付宝、七天无理由退换等。

3. 京东商城

京东商城(JD)成立于 2004 年 1 月,是中国最大的自营式电子商务企业。京东商城以"产品、价格、服务"为核心,致力于为消费者提供优质、廉价的商品,同时推出"211 限时达""售后 100 分""全国上门取件""先行赔付"等多项专业服务。京东商城属于 B2C 电子商务自营平台,也能作为第三方平台接受企业或商家入驻。

4. 蘑菇街

蘑菇街成立于 2011 年,是中国白领女性的时尚消费品牌,2016 年 1 月与美丽说战略融合。蘑菇街首创社会化电商模式,涵盖时尚服饰、时尚配饰、美妆等多个领域,并结合了红人直播、买手选款+智能推荐等多种售卖方式。2018 年 12 月 6 日,蘑菇街正式在纽交所挂牌上市。在蘑菇街平台注册的网店有 C2C、B2C 两种类型。

5. 拼多多

拼多多是国内主流的手机购物 App,成立于 2015 年 9 月,是一家专注于拼团的第三方社交电商平台。用户通过发起和朋友、家人、邻居等的拼团,可以以更低的价格,拼团购买商品。其中,通过沟通分享形成的社交理念,形成了拼多多独特的新社交电商思维。拼多多平台可以个人入驻,也可以企业入驻,有 B2C 和 C2C 两种模式。

6. 微店

口袋购物微店(Weidian)简称"微店",成立于 2013 年 12 月,由北京口袋时尚科技有限公司开发,是手机端电子商务平台。任何个人或企业通过手机号码都可开通微店,并可将微店一键分享到社交平台来宣传和促成交易。微店平台有 B2C、C2C 两种模式。目前,市场上比较常见的第三方微店平台有微信公众平台的微信小店、有赞微商城和口袋购物微店等。

以上这些网店平台项目 1 已经有过详细介绍,不再过多赘述。

资料 2

淘宝网店的开通流程

某个人淘宝店铺开通成功的页面如图 3-2 所示。

1. 登录/注册淘宝账户

如果是淘宝网的新用户,首先要进行会员注册(如果作为买方已注册淘宝会员,作为

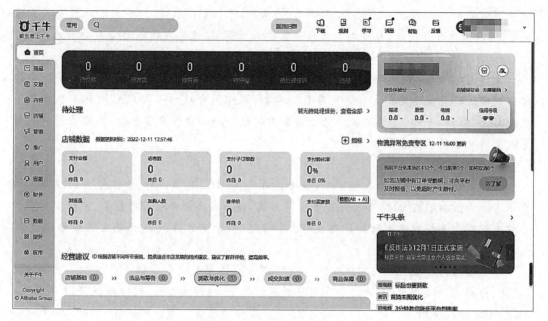

图 3-2 某淘宝店铺开通成功

卖方可以与买方用同一个会员账号）。在淘宝网首页点击"免费注册"按钮，然后阅读注册协议并点击"同意"按钮。

进行手机号验证，填写完相关个人资料，点击"同意协议并确定"按钮，账号就注册成功了。

2. 支付宝实名认证

（1）计算机端实名认证

打开淘宝网首页并登录，按"千牛卖家中心"→"免费开店"顺序单击或直接单击淘宝网首页的"免费开店"按钮。

在网店类型中单击"个人店铺入驻"按钮，分别需要进行"支付宝实名认证"和"淘宝开店认证"，如图 3-3 所示。

单击"支付宝实名认证"后面的"立即认证"按钮，进入银行卡认证界面。（注意：银行卡卡号必须绑定身份证。）

填写相关信息，单击"下一步"按钮进入身份证认证界面。

上传身份证正、反面图片，填写证件有效期，单击"确定提交"按钮，之后支付宝后台会进行审核，一般在 24 小时内即可完成。

身份证认证审核通过后进入补充校验界面，在补充校验时需要打开手机支付宝软件，扫描图中二维码，然后按照提示完成人脸识别操作。

人脸识别通过后，即可完成支付宝实名认证。

（2）手机端实名认证

在支付宝 App 中依次点击"我的"→左上角头像位置→"个人信息"→"身份认证"，然后完善信息，信息完善后会提示通过支付宝实名认证。

淘宝开店账户和支付宝实名认证的账户一定要绑定。如果支付宝账户已通过实名认证，就会直接跳转到下一步"淘宝开店认证"。

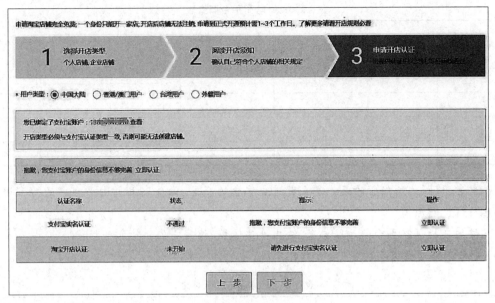

图 3-3 开店申请认证

3. 淘宝开店认证

当完成支付宝实名认证操作后,点击"返回免费开店"页面,可以进行"淘宝开店认证"的操作。

点击"淘宝开店认证"后面的"立即认证"按钮。

在淘宝实名认证一栏,使用手机淘宝或者千牛 App 扫码进行认证,进入之后根据系统提示完成人脸认证即可,认证完成后点击图中的"认证后点此刷新",认证状态就会变成"已完成"。

审核通过后,进入卖家中心,即可看到"支付宝实名认证通过"和"淘宝开店认证通过"的结果。

之后,进入千牛卖家中心后台,首次进入时会跳出"开店协议"对话框,接受此协议后即可在后台进行操作。

电子商务平台调研

实验目的:
(1) 了解国内外电子商务平台的资质要求。
(2) 熟悉国内外电子商务平台的店铺类型。
(3) 区分国内外主流电子商务平台的入驻条件。

实验内容:国内外主流电子商务平台,即亚马逊、京东商城、天猫商城、一号店。
(1) 调研国内外主流电子商务平台入驻资质需求。

以上述四家平台(可以适当增加)为主要调查对象,制作调研表格,并填写表 3-1。

表 3-1　电商平台调查表

平台名称	成立时间	申请企业要求	申请不支持的企业类型	有无注册资金要求	能否提供发票	特色

思考：假设你所经营的是一家主营进口零食的公司，你会采用上述平台中的哪家进行销售？请说明原因。

详细分析每家平台的入驻要求，给出具体依据，填写它们的特色一栏。

（2）了解店铺类型的不同，填写表 3-2。

表 3-2　不同店铺类型对比

店铺类型	旗舰店	专卖店	专营店
从品牌经营的角度分析			

思考：假设你想成立一家规模较小的电子商务公司，你会选择哪种店铺类型？请阐述你的理由。

（3）借助网络资源，整理出入驻各个类型店铺（请注明平台）所需要的基本资料，填写表 3-3。

表 3-3　不同类型店铺入驻条件

序号	入驻店铺类型	所需材料
1	旗舰店	
2	专卖店	
3	专营店	

（4）利用网络资源，查询入驻各平台所需的各项费用，填写表 3-4。

表 3-4　入驻费用

平台名称	平台使用费	佣金	保证金
亚马逊			
京东商城			
天猫商城			
一号店			

任务 3.2　电子商务营销概述

随着互联网的蓬勃发展,作为传统营销的延伸,网络营销因其高效率、低成本、广范围、低丢失、新思路等诸多优势,受到越来越多企业的青睐。网络营销的工具也非常丰富,不但有传统的搜索引擎、博客微博,还有近年来大热的信息流媒体营销工具等。本节就给大家做具体介绍。

请同学们以小组为单位,按照要求完成以下任务。

(1) 识别网络广告及其形式

上网浏览并寻找不同形式、不同网络媒体类型的网络广告,保存截图,以网络广告形式或者网络媒体类型命名,将结果分类保存,将电子版交给任课教师。

(2) 搜索引擎营销

利用网络资源,了解百度竞价排名机制。在百度网站,搜索感兴趣的文创作品,查看搜索结果,区分哪些是竞价排名,哪些是自然排名,填写表 3-5。

表 3-5　百度排名机制表

关键词(文创、作品等)	搜索结果(网站、排名等)	模　式

(3) 社会化媒体营销

同学们以组为单位选定一种商品或者企业,编写一条微博内容或者公众号文案,并发布在微博平台或者公众号上。

提交电子版需要包括:营销主题、内容策划、内容截图、总结微博营销/公众号营销撰写时的注意事项。

资料 1

网络营销的概念

网络营销是以互联网为核心平台,以网络用户为中心,以市场需求和认知为导向,利用各种网络应用手段去实现企业营销目的的一系列行为。它是一种新型的营销模式,是以现代营销理论为基础,借助网络、通信和数字媒体技术实现营销目标的商务活动。

广义上的网络营销是指企业利用一切网络(包括社会网络、计算机网络;企业内部网、行业系统专网、互联网;有线网络、无线网络;有线通信网络、移动通信网络等)进行的营销活动。狭义上讲,是以国际互联网为主要营销手段,为达到一定营销目标而开展的营销活动。

在理解网络营销概念的时候,需要注意区分以下三点。

(1) 网络营销是整体营销战略的一个组成部分,不可脱离一般营销环境独立存在。甚至可以认为,网络营销是传统营销理论在互联网环境中的应用和延伸。

(2) 网络营销不等于网上销售,它还具有提升品牌形象、扩大宣传、信息传递等作用。网上销售产品和服务是网络营销的结果之一。

(3) 网络营销不等于电子商务。电子商务的核心是电子化交易,强调的是交易的方式和过程,而网络营销是企业整体营销战略的一部分,不是一个完整的商业交易过程,只是一个促成交易的手段。

资料 2

网络营销的起源

20 世纪 90 年代初,互联网的飞速发展在全球范围内掀起了互联网应用的热潮。网络技术的发展和应用改变了信息的分配和接受方式,也改变了人们工作、生活、学习和交流的环境。世界各大公司开始利用互联网提供信息服务和拓展公司的业务范围,积极改组企业内部结构和探索新的管理营销方法。

由此,我们看到网络营销在这一系列的环境演变下应运而生。互联网的产生为网络营销提供了技术基础,激烈的市场竞争推动了网络营销的发展,经济全球化趋势为网络营销奠定了现实基础,消费观念的改变拉动了网络营销的发展。

虽然行业内对网络营销的起源时间看法不一,但是公认 1994 年是对网络营销发展很重要的一年,因为 1994 年,网络广告、Yahoo!、Infoseek、Webcrawler 等互联网知名搜索引擎诞生,并且当年还发生了"第一起利用互联网赚钱"的"律师事件",促使人们开始对 E-mail 营销进行深入思考。

1994 年,网络广告、E-mail 营销、搜索引擎三种营销方式相继诞生,这也直接促成了网络营销概念的形成。

资料 3

"第一起利用互联网赚钱"的"律师事件"

1994 年 4 月 12 日,美国亚利桑那州一对从事移民签证咨询服务的律师夫妇 Laurence Canter 和 Martha Siegel 把一封"绿卡抽奖"的广告信发到他们可以发现的每个新闻组。这在当时引起了轩然大波,他们的"邮件炸弹"让许多服务商处于瘫痪状态。

有趣的是——两位律师在 1996 年还合作写了一本《网络赚钱术》。书中介绍了他们的这次辉煌经历:通过互联网发布的广告信息,只花费了 20 美元的上网通信费用就吸引来 25 000 个客户,赚了 10 万美元。他们认为通过互联网进行 E-mail 营销是前所未有的,而且几乎无须任何成本的营销方式。当然他们并没有考虑别人的感受,也没有计算别人因此而遭受的损失。

这对律师夫妇堪称在因特网上因垃圾邮件而名留青史的"开山鼻祖",他们宣告了以"不请自来"为特点的商业推销垃圾邮件时代的开始。

资料 4

第一个互联网营销的网络广告

在互联网发展的早期,或者说互联网商业化之前,网络上是没有广告的。直到 1994 年 10 月 27 日,才出现了有史以来第一个网络横幅广告。美国著名的 *Wired* 杂志推出 hotwired.com 网站,其主页上开始刊登 AT&T 等 14 个客户(包括 AT&T、IBM、沃尔沃等)的横幅广告。在之后的四个月里,有 44% 的网民看到广告之后点击了它。按照现在网络广告的点击率,估计有个千分之四已经非常不错了。

中国的第一个网络广告,比美国晚了三年,诞生于 1997 年 3 月。当时风头正劲的 IT 巨头 IBM、Intel 在 ChinaByte 上发布了网络横幅广告。IBM 为 AS400 的宣传支付了 3 000 美元。这是中国历史上第一个网络广告,开创了中国互联网广告业务的先河。

从此以后,网络广告逐渐渗透到我们的生活,如今已是铺天盖地。

资料 5

网络营销的发展历程

相对于互联网发达国家,我国的网络营销起步较晚。从 1994 年至今,我国的网络营销大致可分为六个发展阶段:传奇阶段、萌芽阶段、发展应用阶段、市场形成和发展阶段、网络营销社会化转变阶段、多元化与生态化阶段。

(1) 传奇阶段(1997 年之前)

网络营销,顾名思义,先有网络才有营销。1994 年 4 月 20 日,我国的国际互联网正式开通,正式拉开了我国网络营销的序幕。但在我国开通互联网的前三年,大部分人连互联网是什么都不清楚,更别提网络营销了。所以,这个期间的网络营销更多是被赋予一种神秘的色彩,并没有清晰的概念和方法。这个阶段当然也有成功的人,但是极少极少,所以称为传奇。

(2) 萌芽阶段(1997—2000 年)

据 CNNIC 权威数据,1997 年 10 月底,我国上网人数约为 62 万人,www 站点约为 1 500 个。虽然人数和网站都相当稀少,但是在此期间,网络广告和 E-mail 营销相继在中国诞生,电子商务得到逐步开展。网络服务如域名注册和搜索引擎的涌现都标志着我国的网络营销已经进入了萌芽阶段。

(3) 发展应用阶段(2001—2003 年)

进入 21 世纪后,网络营销不再是空洞的概念,已经有了很多实质性的应用。到 2003 年年底,我国的 www 网站数量已经从 1997 年的 1 500 个爆发式地增长到了 4 739 000 个,其中绝大多数为企业网站。这也反映了网站建设已经成为企业网络营销的基础,其主要特征表现在 6 个方面:网络营销服务市场初步形成、企业网站建设发展迅速、网络广告形式和应用不断发展、E-mail 营销市场环境急需改善、搜索引擎向深层次发展、网上销售环境日趋完善。

(4) 市场形成和发展阶段(2004—2008 年)

2004 年之后,我国网络营销的最主要的特点之一是第三方网络营销市场蓬勃兴起,包括网站建设、网站推广、网络营销顾问等付费网络营销服务都获得了快速发展。这不仅体现在网络营销服务市场规模的扩大,同时也体现在企业网络营销专业水平的提高、企业对网络营销认识程度和需求层次的提升,以及更多的网络营销资源和网络营销方法的不断出现等方面。

(5) 网络营销社会化转变阶段(2009—2015 年)

2009 年,Web 2.0 时代已经逐步深入人心。Web 2.0 更注重用户的交互作用,用户既是网站内容的浏览者,也是网站内容的创造者。网络营销已逐步进入社会化的阶段。"网络营销社会化"的表现是网络营销从专业知识领域向社会化普及知识发展演变,从简单的单向信息传递变成了全员参与的信息互动交流。这是互联网应用环境发展演变的必然结果,这种趋势反映了网络营销主体必须与网络营销环境相适应的网络营销社会化实质。在这个阶段,网络营销开始向全民参与的网络营销发展,出现了更多社交化的网络营销平台,如人人网、新浪微博、QQ。如何在社交化平台上推广自己的产品,获得更多的用户成了众多企业急需解决的问题。

(6) 多元化与生态化阶段(2016 年至今)

2016 年,我国手机网民规模达到 6.95 亿人,手机网民占比从 2015 年的 90.1% 提升到 95.1%,增速连续三年超过 10%。智能手机的应用使人们和互联网的交互方式发生了变化,开始变得更自然、更便捷,现在越来越多的新网民和新网购用户都是从手机开始接触整个互联网的。

人们在快节奏的生活中,时间都被碎片化了,手机可以让用户在碎片时间内获得信息和服务,减少获取服务的成本。移动互联网让人们的生活更加便捷,随着智能手机应用的提高,社会关系网络化日趋成熟,促成了社会化媒体营销的产生和发展。

据微信的公开数据显示,在朋友圈内传播视频,分享有趣有料的短视频(如现在很火的抖音),成为用户获取体验的最佳方式。在信息碎片化的趋势下,用户越来越没有耐心看一篇超过 140 字以上的推广软文,软文逐渐失去了市场,取代这个空白的是短视频、微广告。这样的广告在兴趣和槽点上快速地迎合了用户的需求,并且减少了用户获取信息的时间成本和思考成本。这两点使得微视频、微广告在朋友圈内以病毒的方式,迅速传播。大家可以发现,用户不是不喜欢广告,他们只是不喜欢无聊的广告,只要广告有趣,好笑,用户就会自主自发地传播,并在朋友圈内逐渐形成话题。

网络营销变得更加多元化,随着社会化媒体的传播,也更加贴近人们的日常工作和生活。

资料 6

网络营销的职能

经过无数营销人的实践证明,网络营销可以在网络品牌、网站推广、信息发布、销售促进、网上销售、客户服务、网上调研、客户关系等 8 个方面发挥作用。这 8 种作业是网络营销的八大职能,网络营销策略制和营销手段实施都是围绕这 8 个职能展开。

(1) 建立推广企业品牌

网络品牌的组成包括网络名片(名称、Logo、网站域名、移动网站域名、第三方平台形象、网络品牌词等),企业网站(名称、域名、风格、Logo 等),网站 PR 值(网页在搜索引擎中排名的参数值),企业在搜索引擎的表现(付费广告、搜索结果排名等),网络上关于公司的软文、舆情和评价等。

任何一个企业,无论是传统品牌的网络拓展还是新品牌的建立,均要经历从无到有、从默默无闻到具有网络知名度、美誉度、可信度的过程。知名企业的线下品牌可以在网上得以延伸;一般企业则可以通过互联网快速树立品牌形象,并提升企业整体形象。

(2) 网站推广

网络营销的基本目的就是让更多的用户对企业网站产生兴趣,并访问企业网站内容,从而利用网站的服务来达到提升品牌形象、促进销售、增进客户关系、降低客户服务成本的效果。网络推广是电子商务公司运营的核心工作之一,获得更多的流量,甚至精准流量成为企业日常的重要任务。

(3) 信息发布

企业网站是最官方的信息发布渠道,通过企业网站发布信息是网络营销的主要方法。

信息发布需要一定的信息渠道,可以分为内部资源和外部资源两类。内部资源包括:企业网站、官方 App、第三方网络平台、微博、微信、博客、企业邮箱等;外部资源包括:新闻网站、行业网站、搜索引擎、供求信息发布平台、网络广告服务资源、百科、问答平台、合作伙伴的网络营销资源等。

图 3-4 所示是阿里巴巴集团的官方网站,集团官方信息都是从官网发布的。

图 3-4　阿里巴巴集团官网

掌握尽可能多的信息发布资源,理解各种资源的特征,精准地向客户传递有价值的信息,是目前网络营销中精准数据营销的思路。

(4) 销售促进

大部分网络营销的目的都是直接或者间接的促进销售,这种销售并不局限于线上销售,通过实践可以发现,网络营销对线下的销售影响也很大。

例如，现在日趋成熟的团购O2O就是有力的证明。

（5）网上销售

网上销售不仅仅局限于具有交易功能的企业网站，还包括综合性的电子商务平台，以及与其他电商渠道各种不同形式的合作，例如苏宁的网上商城、小米运动App中的好物推荐、天猫平台、大众点评平台等。图3-5、图3-6所示是一些网上销售平台。

图3-5 支付宝-每日必抢

图3-6 小米运动-推荐

图3-7 京东提供的手机端客户服务界面

网上销售不仅仅是拥有交易功能的大型公司可以开展，各种不同规模的公司均可以选择与自己相匹配的在线销售渠道，甚至一些小的家庭手工作品也可以通过闲置网站或者论坛进行交易。

（6）客户服务

互联网提供了更加方便的在线客户服务手段，包括从形式最简单的常见问题解答（FAQ），到电子邮件、邮件列表，以及在线论坛和各种即时信息服务等。在线客服成本低、效率高。近年来，随着电子商务企业竞争日趋激烈，以及客户对购物体验要求的提升，电子商务客户服务已经被更多的企业提高到了前所未有的重视程度。图3-7所示是京东提供的手机端客户服务界面，图3-8所示是Dell官网提供的客户服务。

（7）网上调研

网上调研也是网络营销的职能之一，随着电子信息进入人们的生活，企业通过在线调查表或者电

图 3-8　Dell 官网提供的客户服务

子邮件等方式，可以高效率、低成本地完成网上调研。同时，问卷结果分析也被计算机技术所取代，调研周期大大缩短。图 3-9 所示是问卷星官网界面。

图 3-9　问卷星官网

我国比较知名的网上调研网站有中国调查网、问卷星、爱调查等，其中问卷星开放部分功能给高校师生免费使用，受到学生用户的喜爱。合理利用网上调研手段对于制订市场营销策略具有重要价值。

(8) 客户关系

良好的客户关系是网络营销取得成效的必要条件。网站的交互性、客户参与等方式在开展客户服务的同时，也增进了客户关系。目前比较流行的电子商务 CRM 系统（电子商务客户关系管理系统）就是利用对客户基础数据、订单数据、网络留痕数据等进行分析，帮助企业制订精准营销方案的营销方式。

以上就是网络营销的八大职能，各个职能之间是相互联系、相互促进的，只有充分发挥网络营销的各个职能，才能让企业经营的整体效益实现最大化，最终实现建立品牌、促进推广、实现销售的目的。

任务 3.3　网络营销与传统营销

请同学们认真思考网络营销和传统营销的异同,并梳理它们之间的关系,填写表 3-6。

表 3-6　网络营销和传统营销的异同

项　目	相同点	不同点
网络营销		
传统营销		

资料 1

营销理论的发展历程

营销是一门艺术也是一门科学,营销理论在不断的企业实践中经历了三个阶段的变革。

阶段一:4P 理论

4P 指代的是 product(产品)、price(价格)、place(地点、渠道)、promotion(促销)4 个英文单词。这一理论产生于 20 世纪 50 年代,它认为,如果一个营销组合中包括合适的产品、合适的价格、合适的分销策略和合适的促销策略,那么这将是一个成功的营销组合,企业的营销目标也可以实现。

阶段二:4C 理论

随着市场竞争的日趋激烈,以及媒介传播速度越来越快,4P 理论受到越来越大的挑战。20 世纪 80 年代,专家们针对 4P 的弊端提出了 4C 营销理论。

4C 分别指代 customer(客户)、cost(成本)、convenience(便利)、communication(沟通)。4C 理论注重以消费者需求为导向,强调客户的价值,比 4P 理论有了很大的进步。它指出,企业必须首先了解和研究客户,然后再根据客户的需求来提供产品。

4C 理论中的 cost 不仅仅指生产成本,还包括客户的购买成本,也就是说产品定价的理想状态是既低于客户的心理价格,也能让企业有所盈利(客户购买成本包括货币支出、为此耗费的时间成本、人力成本、购买风险等)。

convenience(便利)是指为客户提供最大的购物和使用便利。强调要通过售前、售中和售后服务,让客户在购物的同时也享受到便利,便利是客户价值不可或缺的部分。

communication(沟通)取代了 promotion(促销)。4C 理论认为,企业应通过同客户进行积极有效的双向沟通,建立基于共同利益的新型企业/客户关系。这不是企业单向的促销,而是在双方的沟通中找到能同时实现各自目标的途径。

通过这些分析,可以看到,4C 理论注重以消费者为导向,4P 理论注重以市场为导向。虽然 4C 理论在当时有了很大的成效,但是也存在一定的问题,包括以下几方面。

(1) 单纯注重客户需求,不注意竞争对手,在市场经济竞争中难以发展。

(2) 不同企业在实施 4C 理论时,存在一定的差距,想要真正立于不败之地,则需要企业形成个体特色,找到稳定的客户群体。

(3) 4C 理论过度地强调客户价值,追求客户的需求,整体被动适应客户需求的色彩较浓。但是营销需要看到客户要求的合理性,企业不能一味以满足客户需求为目标,也需要寻找到一条双赢之路。

(4) 4C 理论强调了客户价值,但没体现维护长久的客户关系的营销思想。

阶段三:4R 理论

4R 理论是近年来专家针对上述问题提出的新理论。4R 理论阐述了 relevance(关联)、reaction(反应)、relationship(关系)、reward(回报)四个全新的营销要素。

relevance(关联)是指与客户建立关联。在竞争的市场经济中,提高客户忠诚度十分重要,而通过某些有效的方式在业务、需求等方面与客户建立关联,形成一种互助、互求、互需的关系是重要的营销策略。

reaction(反应)是指提高市场反应速度。现在的市场是企业和客户相互影响的环境,对经营者来说最现实的问题不在于如何控制、制订和实施计划,而在于如何站在客户的角度及时地倾听客户的希望需求,并及时答复和迅速做出反应,满足客户的需求。

relationship(关系)是指关系营销。与客户建立长期而稳固的关系,从交易变成责任,从客户变成用户,从管理营销组合变成管理和客户的互动关系。

reward(回报)是企业营销的目的。对企业而言,市场营销的真正价值在于其为企业带来短期或长期的收入和利润。

任何一个理论都存在优势和缺陷两个方面,4R 理论也是一样。例如与客户建立关系,需要实力基础或某些特殊条件,并不是任何企业都可以轻易做到。但是 4R 理论确实给营销工作者提供了更好的思路。

4P、4C、4R 三个理论不是取代关系,而是完善和发展的关系,不同企业,情况不同。所以三个理论在一定程度上都有其适用的合理性,三种理论之间可以相互借鉴,切不可以把三者割裂开来,甚至对立起来。企业应该根据自身情况,把三者有机结合来指导营销实践,这样才会取得更好的效果。

资料 2

电子商务对传统市场营销的冲击

电子商务对传统的市场营销理念造成了很大的冲击,具体表现在以下几个方面。

(1) 对营销渠道的冲击

传统营销依赖层层严密的渠道,需要投入大量人力、财力。现在,市场调查、广告促销、经销代理等传统营销手段都在与网络结合,并充分运用网上的各项资源,形成以最低的成本投入获得最大市场销售量的新型营销模式。

(2) 对定价策略的冲击

在网上对商品促销时,如果某种产品价格经常变动,客户会通过互联网认识到这种价格差异,因而产生不满,所以互联网先进的网络浏览会使变化不定的且存在差异的价格趋于一致。

(3) 对广告策略的冲击

网络打破了时间和空间的限制。对广告而言,网络广告较少地受到空间的局限,传播速度也更快,随着大数据的应用,精准度也更高。

(4) 对标准化产品的冲击

网络技术迅速向智能化、个人化发展,用户可以在更多的领域实现信息共享和人机互动。电子商务的发展使个性化的实现变得简单,这种发展是传统营销中的大众化产品向个性化产品的市场转变。

(5) 对客户关系的冲击

在传统市场中,客户和企业的信息不对等,形成企业主动、客户被动的关系。在网络时代,互联网提供内容广泛的产品和服务,创造了一个客户主动的市场,帮助客户得到更多的价值。(节选自 https://www.163.com/dy/article/)

资料 3

网络营销与传统营销之比较

网络营销与传统营销比较,无论是理论还是方法都有很大的变化,具体表现在以下四个方面。

(1) 营销理念的转变

传统营销的理念是针对大众消费者的营销策略,而网络营销的理念则是针对个人消费者的。

(2) 沟通方式的转变

传统营销中,企业传递信息代价高昂,而且受篇幅时间的限制。在网络营销里,企业可以在互联网上利用各种不同类型的方式给客户提供丰富翔实的产品信息,即使一个简短的广告标语,也可以通过链接的方式很容易地将客户带到他所感兴趣的宣传或者服务页面上。

(3) 营销策略的改变

传统营销中企业往往只能得到消费者对已经完成的产品的反馈,但是在网络营销中,消费者从产品设计之初就可以参与到企业的设计之中,例如小米的营销就是如此。

(4) 营销便捷性的改变

由于网络剔除了时空的限制,使得 7×24 小时无地域差异的营销成为可能。

既然网络营销有那么多的优势,那么它可以替代传统营销吗?答案显然是否定的。

网络营销对传统营销产生巨大的冲击,但是却不可能完全替代传统营销,而是与传统营销进行了有机的整合,形成互补关系,具体表现在以下几个方面。

(1) 市场覆盖面的互补

从消费者的角度而言,网络销售虽然有诸多的优势,但是人们不可能在任何时候都在网上购物,特别是缺少线下购物体验的心理满足感。所以网络销售可以有效补充传统销售时空限制的不足,但是却不能完全替代。近年来,出现的新零售就是有力的体现。

(2) 购买方式的补充

虽然网络是一种有效沟通和交易的渠道,但是每个人都有自己独特的习惯偏好,网络营销和传统营销可以从不同的方面迎合消费者的喜好。

(3) 渠道互补

传统营销的物流渠道可以作为网络营销的物流节点和物流渠道,网络渠道和真实世界的渠道互补。

综上所述,网络营销与传统营销是相辅相成的关系。虽然网络营销对传统营销产生了巨大的冲击,但是网络营销必须以传统营销为基础,传统营销必须以网络营销为新的手段进行整合。只有这样做,企业才能适应不断发展的社会并且不断满足消费者日益个性化的需求。

任务 3.4　网络营销工具

请同学们根据给出的资料和网络资源,分析官网、搜索引擎、第三方电子商务平台、网络广告、电子邮件这几种营销工具的优劣势,填写表 3-7。提交电子版给任课老师。

表 3-7　不同营销工具的优劣性

营销工具	优　势	劣　势
企业官方网站		
搜索引擎		
第三方电子商务平台		
网络广告		
电子邮件		

资料 1

企业官方网站

企业官方网站可以实现网络品牌、信息发布、产品展示、客户关系、资源合作、网络调研和网络销售八项功能,是企业最重要的网络营销工具之一,是综合性网络营销工具,在企业官方网络营销信息源构建、网络品牌建设等方面有其他网络营销工具无法替代的作用。

企业网站是最基本、最重要的网络营销工具。

图 3-10、图 3-11 所示是阿里巴巴集团官方网站和阿里巴巴集团 1688 网站的官方网站,同学们可以看出它们的区别吗?

图 3-10　阿里巴巴集团官方网站

图 3-11　阿里巴巴集团 1688 网站的官方网站

资料 2

搜 索 引 擎

搜索引擎是网络营销工具中占据非常重要位置的工具之一。除了熟知的百度以外,在整个互联网上还有许多著名的搜索引擎工具,如谷歌、搜狗等。

搜索引擎可以带来更多的点击和关注,树立企业品牌,提升品牌知名度、增加网站曝光度,也可以为竞争对手制造网络推广壁垒。

图 3-12 所示是百度搜索引擎的营销漏斗,展示了通过百度搜索引擎进行营销推广的路径和阶段划分。

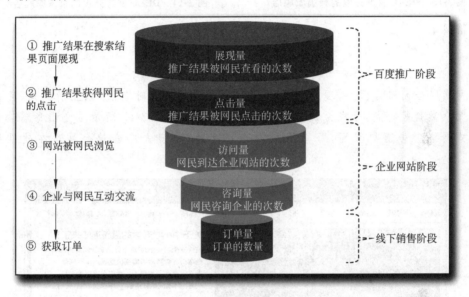

图 3-12 百度搜索的营销漏斗

百度营销漏斗分为展现量、点击量、访问量、咨询量和订单量 5 个部分,每一个部分以关键字的形式出现在百度搜索上,这 5 部分衔接紧密,相辅相成。

从该漏斗模型的角度对网站自身的各部分进行优化,可以达到较好的营销效果。

资料 3

第三方电子商务平台

第三方电子商务平台不仅是企业建立网上店铺的渠道,也是实现信息发布、产品展示、客户服务的渠道。利用第三方电子商务平台,企业可以大大简化其开展电子商务的流程,也不需要建设功能较为复杂的官方平台。

图 3-13、图 3-14 所示分别是 DELL 官方开设的天猫旗舰店和京东旗舰店。这说明企业官方网站和第三方电商平台是彼此互为补充的。

图3-13 DELL官方开设的天猫旗舰店

图3-14 DELL官方开设的京东旗舰店

资料4

网 络 广 告

网络广告因覆盖面广、观众基数大、传播范围广、不受时空限制、互动性强、可准确统计受众数量等特点，已成为目前一种主流广告形式。图3-15所示是金山毒霸软件的弹出式网络广告窗口界面，每当用户打开软件时，弹窗式广告就会展现在软件用户面前。

图3-15 金山毒霸新闻弹窗

资料5

电 子 邮 件

电子邮件是一种用电子手段提供信息交换的通信方式，是互联网应用最广的服务。企业可以通过电子邮件实现客户服务、网站推广、信息发布、市场调研等职能。

图3-16所示是电子邮箱中的邮件广告。

图 3-16 某用户电子邮箱中的邮件广告

任务 3.5 新媒体营销

3.5.1 分析新媒体运营的岗位能力

在很多人的认识中,新媒体运营的工作内容主要是给企业发微博,准备微信公众号的文章,弄一些抽奖活动,然后转发扩散朋友圈、微信群。

请同学们查找资料,思考新媒体运营岗位的员工需要具有哪些方面的能力呢?新媒体运营到底有没有前途?

同学们可以列表格,或者用思维导图、流程图来说明,电子版提交给任课教师。

提示:可以查找招聘网站的要求。

资料 1

新媒体营销概述

当社会信息化进入移动智能时代,每个人都可以成为信息的传播者,信息的发布越来越简易化、平民化、自由化。各种新媒体平台将内容创业带入高潮,加上移动社交平台的发展,为新媒体带来了全新的粉丝经济模式。互联网思维促进了企业新媒体营销策略的开展,更新了企业的营销理念,同时可以使营销方式更加与时俱进。

新媒体是相对于传统媒体而言的,是报刊、广播、电视等传统媒体以后发展起来的新型媒体形态,利用数字技术、网络技术、移动技术,通过互联网、无线通信网、有线网络等渠道以及计算机、手机、数字电视机等终端设备向用户提供信息和娱乐的传播形式和媒体形态。新媒体营销是指利用新媒体平台,如门户、搜索引擎、微博、微信、博客、播客、论坛、手机、App 等基于特定产品诉求,对消费者进行针对性心理引导的一种营销模式。

简而言之,新媒体就是以数字技术为基础,以网络为载体进行信息传播的媒介,具有交互、即时、海量和共享的特征;新媒体营销就是利用新媒体对消费者进行有针对性的产品或品牌、服务的营销。

新媒体营销策略中,所有企业均在同一起点,具有相应的公平性竞争;不同于传统媒体,互联网技术使信息的非对称性大大降低,消费者可以更早了解关于品牌的相关知识,减少选择时间,而对于企业而言可以更迅速地掌握消费者的刚需,从而做出快速响应。

新媒体营销的渠道,或称新媒体营销的平台,主要包括但不限于门户、搜索引擎、微博、微信、SNS、博客、播客、BBS、RSS、WIKI、手机、移动设备、App等。新媒体营销并不是单一通过上面的渠道中的一种进行营销,而是需要多种渠道整合营销,甚至在营销资金充裕的情况下,可以与传统媒介营销相结合,形成全方位立体式营销。

企业着眼于对新媒体技术的应用,那么就需要知道企业针对的客户群更适应哪一种或哪几种新媒体?哪种新媒体更适合本企业的品牌、商品、服务的传播?

要了解上面2个问题,需要知道以下几个方面。

(1) 不同媒体覆盖的人群对象

每一类媒体,都有它针对的人群覆盖上的特征,例如报纸媒体对政府人员、国企或事业单位更有影响,电视媒体对中老年人更有影响力,网络直播和短视频媒体对年轻人更有吸引力,而广播电台越来越受私家车和专车司机关注,每类媒体都有其人群到达的有效半径。只有了解了每种媒体对应的覆盖群体,企业才能知道应该在哪类媒体上投放广告才更有针对性,从而达到精准营销的目的。

(2) 不同媒体覆盖的场景

即使是相同的目标客户群,不同的场景下使用同样的新媒体技术达到的效果也是不同的。要选择新媒体,先要分析影响目标客户群的场景,这样才能设计合适的新媒体传播策划方案。比如,目标客户群是城市上班族,企业想要判断是报纸达到的效果好,还是调频电台、地铁广告更好,就必须了解上班族采用何种通勤工具。如果是地铁、公交车,手机 App 或者流量广告效果就比较好,如果是开车、骑车、跑步上班,看手机显然是不合适的。

(3) 不同媒体的风格调性不同

选择一个媒体,不仅要考虑这个媒体覆盖的人群和场景,还要考虑这个媒体本身的内涵和气质是否和人群的价值观、生活习惯相契合。

例如有些新媒体虽然流量非常可观,但是却不适合目标客户群的调性,就会造成转化率不高。

最后,需要说明的是,企业在考虑媒体投放时,并不需要刻意区分新媒体和传统媒体,而是需要更多考虑媒体传播的有效到达率。

资料2

新媒体营销的场景

伴随人工智能、VR、AR等技术的持续进步,新媒体技术层出不穷,营销工具和模式发生了巨大的变化。人们生活方式的转变和新技术的发展,相辅相成,促成了新媒体今天的发展形式。

目前的新媒体营销主要集中于以下三个场景。

(1) 移动智能终端场景

随着智能手机的普及,很多人现在已经习惯了用手机取代原来很多必须依赖计算机完成的工作,如工作交流、邮件交流,甚至文件的编辑等,人们已经习惯于用智能手机在碎片化的时间里处理任务。在公交、地铁、餐厅、会议、课堂等场合,只要有一点点碎片化时间,人们就会选择阅读手机上的信息。

虽然手机屏幕越做越大,但移动手机阅读相对计算机阅读而言,屏幕依然减少了一个数量级。在屏幕变小的情况下,一页屏幕上可以显示的内容会越来越少,因此能展现在屏幕上的内容会得到更多人的关注,反之则会很容易被海量信息淹没。

由于上面的原因,对客户手机显示屏幕空间的争夺就成为企业网络营销的热点。

图 3-17 所示是知乎 App 的页面,聚焦了当前热点信息;图 3-18 所示是微信订阅号的页面,它会将账号常用的订阅号展示在最前端。

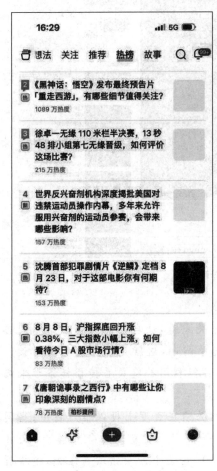

图 3-17　知乎 App 的页面

图 3-18　微信订阅号的页面

(2)参与、互动的场景

在没有互联网之前,媒体的一大变化趋势就是信息量越来越大,产生信息的周期越来越短。例如报纸从最初的月报到后来的日报、早报、晚报等,电视节目也是从录播节目到后来加入了直播节目等。

互联网时代,越来越多的人喜欢参与到互联网直播节目中,因为可以在线评论、分享、点赞,发表自己的看法。弹幕这一技术更是让观众在第一时间参与到节目中,甚至观看弹幕成为节目的一部分看点,这种形式使普通观众的参与感意识大大增强。

弹幕为用户带来了独特的观影体验,而且它基于互联网因素可以超越时空限制,使在不同的地点、不同的时间观看视频的用户之间形成一种奇妙的"共时性"关系,构成一种虚拟的社群式观看氛围。

图 3-19 所示是哔哩哔哩二次元视频创作平台,内容创作者可以借助这种高关注度、抢话题的热门弹幕内容形式来抢占粉丝,可以为电商带来较强的宣传效果。

图 3-19　哔哩哔哩弹幕

(3) 社会化传播场景

企业通过优质信息流,影响所能覆盖的用户关系链,让自己的内容借助喜欢自己的用户的社交关系链条传播扩散到更大的互联关系网中,这就是社会化传播场景。内容有足够的话题性或专业性,或者两者兼具,就有可能利用社交关系传播链条带来爆发性传播。

当网络分发流量的渠道是百度的时候,大家必须在百度上投入推广费用;当网络流量渠道转移到微信时,大家又想通过微信公众号推广。在新媒体上做推广,又被称为"导流"。有些人在社交圈里流量高(如美妆博主),在某个专业领域有眼光,他推荐的产品或服务大家都很信任,便会直接选用。如果能影响到足够多的人,就可以在某个领域形成个人品牌,成为更多人的"信任代理"。当成为足够多人的"信任代理"时,便可以有意识加强个人品牌的标签识别度,不断曝光自己在某个领域的影响力,鼓励对这个领域感兴趣的人直接通过社交媒体和自己互动,积累粉丝订阅数,这样的人被称为"自媒体""网红"。

目前非常火热的短视频和直播就是社会化传播场景的典型代表。图 3-20、图 3-21 所示分别展示了淘宝直播的首页和抖音的首页。

图3-20 淘宝直播的首页

图3-21 抖音的首页

资料3

新媒体运营岗位

互联网高速发展,自媒体已经深度融入了人们的生活中。新媒体技术应用到电子商务运营活动中,产生了多样化的引流效果,新的岗位——新媒体运营应运而生。

新媒体运营岗位需要从业者与目标客户产生交互,要无时无刻关注行业前沿、最新的动态走势,还必须与各种新媒体平台打交道,如微博、微信、抖音等(生活中所能接触到的所有新媒体都可能会成为运营的工具),然后分析客户心理,迎合客户,了解客户所思所想并与产品(服务)联系起来。

1. 新媒体运营岗位任职人员的素养

(1) 具备新媒体平台(微博、微信、抖音等)运营的专业知识、新媒体各平台的运营数据及活动数据的分析能力。

(2) 能够熟练掌握并应用Photoshop、Dreamweaver、办公软件、视频编辑软件等辅助工具。

(3) 具备基本的沟通能力,如跨部门、跨平台沟通协作能力、语言表达能力和执行力等。

(4) 善于捕捉社会热点并及时运用,具有文案策划功底,策划简单的借势营销方案。

(5) 能够熟练掌握并应用主流自媒体平台运营方式,对账号有实战操作经验。

新媒体运营从业者还需要具有对网络趋势和网络发展的敏感度、对资源的整合能力以及对场景的把控和文字的驾驭能力,所以,新媒体运营的人才需要具有多元化的素养。

2. 新媒体运营岗位职责

(1) 运营推广

完成各类新媒体平台的所有日常运营和推广工作,包括及时和粉丝互动、定时定量地推送相关内容,微博、微信公众号的发文,短信营销,其他新媒体合作,平台互动,EDM营销,软文投入,热点营销及事件营销等。

(2) 活动策划

策划好比指挥打仗的参谋、军师,是为实际作战出谋划策的那个人。新媒体人应具备策划活动的能力,对品牌推广、产品促销、新品上市、成立周年、节日等活动进行策划,包括专题策划、推广执行、效果追踪、优化调整、数据分析等。

(3) 提活、拉新、留存

新媒体运营从业者需要负责新媒体平台线上、线下、站内、站外的推广工作,提升新媒体平台用户的活跃度,增加有效的粉丝数量,从而提升品牌的黏性。

(4) 资源整合与商务合作

负责整合公司现有的各类线上、线下推广资源及对外可利用合作推广的资源,积极拓展新媒体平台资源,主要针对对外媒体合作资源、官方平台资源(如置换广告资源等)及账号互推。

(5) 运营方法和平台拓新

能及时挖掘最新媒体平台和新媒体运营方法与技巧,及时更新、学习当下最新媒体运营成果文案,以提升公司整体新媒体运营水平。

(6) 舆情监控和危机公关

新媒体运营在传播过程中需要进行及时的舆情监控和危机公关,可通过监测与企业名称、企业品牌、企业产品或服务的相关关键词,实现舆情的监控和危机的处理。

3.5.2 拍摄第一个短视频

短视频的制作工具和发布平台有很多,抖音、快手、美拍、爱拍视频等,请同学们自选工具和平台,制作短视频,并将制作步骤写成说明文档,提交给任课教师。

资料

短视频营销

短视频是指在各种新媒体平台上播放的、适合在移动状态和短时休闲状态下观看的、高频推送的视频内容。内容包括技能分享、幽默搞怪、时尚潮流、社会热点、街头采访、公益教育、广告创意、商业定制等主题。由于内容较短,可以单独成片,也可以成为系列栏目。

随着视频经济的发展,崛起一批优质 UGC(user generated content,用户原创内容)制作者,微博、秒拍、快手、今日头条纷纷进入短视频行业。近年来,短视频的内容越来越偏向 PGC(professional generated content,专家创作内容)的专业化运作。

短视频有以下几个显著的特点。

(1) 视频时长短,传播速度快

短视频形式短小精练,用几分钟的时间即可拍摄发布一部短视频。

(2) 生产流程简单,制作门槛较低

短视频拍摄简单,制作时间短,门槛相对较低。仅需要一部智能手机就能够完成短视频的拍摄、制作和上传,随着技术的发展其在功能上也更加丰富与专业。

(3) 广泛参与性,社交媒体属性强

短视频的视频形态为用户提供了一个创意和分享平台,同时用户参与热门话题,突破了多种限制,如时间、空间、人群的限制等,提高了用户的参与感和互动感。短视频这种新型社交方式给客户带来了新的社交体验,使其建立了新的朋友圈。

短视频经济近年来发展迅速,它的盈利方式主要是通过原创的内容营销广告。随着电商、网红从短视频的获利越来越丰厚,短视频营销获利的模式将更加多样化。例如,当今层出不穷的"网红"纷纷加入电商平台,要么自己经营销售产品,要么与品牌商、平台合作,把产品广告植入代言,或者直接把流量引入平台。

图 3-22 所示是抖音视频广告,图 3-23 所示是抖音 App 开展的云饭局活动页面,App 公司通过组织用户参与各式各样的互动活动,获取流量。

图 3-22　抖音视频广告　　　　图 3-23　抖音 App 开展的云饭局活动页面

3.5.3　开通新浪微博

如果已有新浪账号,如新浪博客、新浪邮箱(×××@sina.com、×××@sina.cn),可直接登录微博使用,无须单独开通。如果还没有新浪账号,请搜索微博账号开通步骤,进行微博账号的注册。

资料

微 博 营 销

微博是指一种基于用户关系信息分享、传播以及获取的通过关注机制分享简短实时信息的广播式的社交媒体、网络平台,允许用户通过 Web、Mail、App、IM、SMS 以及 PC、手机等多种移动终端接入,以文字、图片、视频等多媒体形式,实现信息的即时分享、传播互动。

微博营销通常指企业以微博为平台,利用更新微博内容跟网友互动、发布大家感兴趣的话题,让网友主动关注传播企业的产品信息,从而达到树立良好企业形象的目的。

通过微博平台,企业、商家或个人用很短的文字就能反映自己的心情或者达到发布信息的目的。微博每一位用户,又称为粉丝,都是企业或商家进行营销的潜在营销对象。企业可以通过更新消息内容向网友传播企业信息、产品信息,以此树立良好的企业形象和产品形象,同时还可以通过与用户进行交流互动,发布用户感兴趣的话题,来进一步达到营销目的。

图 3-24 所示是 Sina 微博个人首页,包括博主的微博信息、关注过的账号以及所发布的信息,都可以被打开此首页的网友看到。所以只要被关注,信息就会被展示和传播,而且还可以与粉丝进行交流互动。

图 3-24　Sina 微博个人首页

微博带来的营销价值是不可估量的,可以帮助企业有针对性地对客户进行管理,进行精准营销;也可以帮助企业发现、处理公关危机(例如,在与粉丝的日常交流互动中,企业一旦发现了公关危机的苗头,就可以立刻采取措施将危机扼杀在萌芽状态;如果危机事件已经发生,企业也可以利用微博大众对危机事件的态度,迅速采取适当的处理措施,防止事态恶化)。通过粉丝转载、传播的信息,企业可以侧面了解到客户真实的需求,从而做出符合客户期望的产品和服务。

微博除了上述价值之外,它还可以通过互动与客户进行交流,把握客户的基本信息,了解客户。

微博作为一种新型的网络媒介形态,在具备网络传播特征的同时,又具有特色鲜明的传播模式与特征。它虽然仅能发送140个字的信息,但具有实时性、互动性、社会性、便捷性等特点,其一句话围观的神奇力量可以创造神奇的效果。微博的特征主要表现在以下三点。

(1) 传播主体:平民化、个性化。
(2) 传播内容:碎片化、去中心化。
(3) 传播方式:交互化、病毒化。

微博的主要营销模式有:明星模式、网红模式、商界领袖模式、媒体模式、微商模式。

综上所述,微博既是品牌宣传的营销利器,也是市场调研、产品开发的创新工具。

3.5.4 开通微信订阅号

微信公众平台主张让人们发出自己的声音,通过文字、图片、语音等方式与世界进行全方位的沟通、互动。

微信公众号的注册流程并不复杂,所需的成本也并不高。作为个人而言,如果没有企业证明文件,只能开通普通微信订阅号,所以请同学们开通微信订阅号,提前准备好申请的相关资料,查找开通订阅号的具体流程,进行开通。请将开通的主要步骤、结果、实践感想做成电子版文件,交给任课教师。

资料

微信公众号营销

微信在人们的生活中越发重要,很多人开始把碎片时间用于微信。每天在微信上视频通话、语音传信、刷朋友圈已经成为许多人的生活习惯。

微信公众号是开发者或商家在微信平台上申请的应用账号,通过公众号,商家可在微信平台上实现与特定客户群全方位的沟通、互动。形成了线上线下微信互动的营销方式。

图3-25所示是微信公众平台,当微信客户量级不断攀升,企业开通微信公众号服务越来越成为比较普遍的营销方式。

1. 微信公众平台类型

"再小的个体,也有自己的品牌"。微信公众平台的宗旨就是为每一个人提供创建自己品牌的机会。因为微信公众号的主体众多,而他们所需要的公众号功能各有差异,因此微信公众平台为用户提供了4种账号类型:服务号、订阅号、小程序、企业微信。它们的注册要求与功能都有所差别,用户可以根据自己的实际情况进行选择。

图 3-25 微信公众平台

（1）服务号

服务号主要为企业和组织提供更强大的业务服务与用户管理能力，偏向服务类交互（功能类似 12315、114、银行），相当于企业在微信上建立的"客服平台"，适用于媒体、企业、政府或其他组织。

图 3-26、图 3-27 所示分别是海底捞集团和中国南方航空公司的服务号，相比于另外一种公众号——订阅号而言，它增加了很多服务的功能，例如预约排队订餐、订票，积分查询、会员服务等。

图 3-26 海底捞集团服务号

图 3-27 中国南方航空公司服务号

服务号更加注重为用户提供服务,例如海底捞的服务号可以预约就餐,查阅积分等,中国南方航空公司的服务号可以订机票、查会员服务等。

服务号分为普通服务号和认证服务号两类:普通服务号一个月只能发4条消息,消息直接呈现在微信界面中,普通服务号同时能够进行自定义菜单设置、接收回复消息等基本操作;认证服务号包含了普通服务号的所有功能,并且可以有更高级的接口,例如开通微信支付、获取粉丝的信息等。

(2) 订阅号

订阅号是媒体和个人传递信息的一种新的传播方式,主要功能是在微信给用户传达资讯,提供新闻信息或娱乐趣事,功能类似报纸杂志。订阅号也分为两种类:普通订阅号和认证订阅号。

普通订阅号的功能,主要是推送微信文章,每天可以群发1条消息,所发送的消息会显示在微信聊天记录界面的"订阅号消息"文件夹中。点开"订阅号消息"就能看到所关注的所有订阅号的列表,如果订阅号有新发送的消息,会在头像右上方出现一个小红点。除了每日发送消息,我们还可以在订阅号的底部添加一个自定义菜单。通过点击自定义菜单,可以在公众号中找到有价值的信息。

认证订阅号,除了普通订阅号的功能以外,它还能在底部菜单中添加外部新链接、卡券、功能、客服、分享等功能,但是这些高级接口必须通过微信认证。

总体而言,普通订阅号可以满足运营者的基本要求,即向用户传达信息;认证订阅号相当于普通订阅号的升级版,为运营者提供更广阔的发展空间。

图3-28、图3-29所示是微信订阅号消息界面和普通订阅号的首页界面。

图3-28 微信订阅号消息界面

图3-29 普通订阅号的首页界面

(3) 小程序

小程序是微信内提供的一种不用下载就能使用的应用程序,在微信内可以直接获取和传播,客户使用体验极佳。小程序经过近些年的发展,已经形成了良好的程序开发环境和开发者生态,普通程序员作为个人即可开发小程序。现在已经有超过150万的开发者加入了小程序的开发,小程序应用数量超过了一百万,覆盖200多个细分的行业,日活跃用户达到两个亿。小程序在许多城市还支持地铁、公交服务,其发展带动了近百万人的就业,社会效应不断提升。

微信内嵌了很多容量小、功能多样的程序,形成了微信内部生态圈。图3-30、图3-31所示是微信小程序首页界面和顺丰速运的小程序界面。

图3-30 微信小程序首页界面

图3-31 顺丰速运的小程序界面

（4）企业微信

企业微信是企业的专业办公管理工具,它可以添加客户微信,帮助企业统一管理客户关系,并与微信消息、小程序、微信支付等互通。除此之外,它还添加了公费电话和邮件功能。在OA功能方面,结合了公告、考勤、请假、报销、回执、休息一下等办公场景功能。

2. 公共平台类型的选择

微信公众号的四种类型介绍之后,下面介绍客户选择不同类型的公众号的一些规则。

个人只能注册订阅号,企业、媒体等可以自主选择公众号类型。

运营者选择微信公众号类型时,需要全面地分析运营的目的、功能和差异等问题。

（1）从公众号开通目的来选择类型

以信息发布和营销活动为主的运营,适宜选取每天都能发送消息的订阅号。例如：新闻媒体的选择多是订阅号,因为它们的定位就是为大众提供新闻资讯。

为客户、会员提供一对一深度服务的运营,适宜选取功能更为强大的服务号,以便今后配合技术手段将微信与CRM(客户关系管理)系统打通、结合多客服功能,为用户提供良好的服务体验。例如,银行、电子商务企业、航空企业等需要向客户提供客服的行业和企业,就应该优先选用服务号,在用户消费过程中不断给予服务性的提示,提供订单、行程、路线、航班等信息的及时提醒和查询,并提供实时在线客服。

（2）从文章打开率的角度来选择公众号类型

软文的打开率是判断一个微信公众号价值的重要因素,打开率较高意味着粉丝对公众号的关注度高,公众号做宣传营销的效果自然也就更好。由于订阅号会被折叠在"订阅号消息"文件夹中,所以订阅号的打开率普遍较低,据不完全统计,打开率一般在10%～20%就算比较高的;而服务号所推送的信息是直接显示在消息列表中,所以打开率一般在50%～60%,相对较高。

(3) 从认证难易程度来选择公众号类型

微信认证要求企业必须有营业执照、组织机构代码证等权威文件,所以有些企业无法得到微信认证。有这种情况的公司一般会选择普通订阅号,等到证件符合认证要求后,再将普通订阅号升级为认证订阅号,或者重新注册服务号。例如,某些企业只有英文名称或英文缩写,所有权较难证明,或者对某一品牌只有代理权或部分使用权,这些企业就很难通过微信认证。

同微博营销一样,微信公众号营销的主要运营模式也分为四种:自媒体模式(吸粉+内容)、卖货模式(吸粉+卖货)、品牌模式(宣传窗口+舆论通道)、后勤模式(维护老客户)。

3.5.5 开通今日头条

今日头条是目前广为流行的自媒体平台之一,请同学们开通属于自己的今日头条账号,在今日头条发表自己的文章和视频,把自己的想法、自己的知识经验发布出来,让和你有同样价值观和理念的人看到愿意成为你的粉丝。

请同学们将开通的过程写成说明文档,要求图文并茂,电子版交给任课教师。

资料1

今日头条媒体平台

今日头条是一款基于用户数据行为的推荐引擎产品,是由今日头条推出的一个媒体/自媒体平台。企业、个人、机构均可通过今日头条为用户提供较为精准的信息内容,从而扩大自身影响力和曝光度,同时还能获得一定的收益。今日头条的主要内容不仅包括狭义的新闻,而且涵盖了音乐、电影、游戏、购物等方面,既有图文,也有视频。

图3-32所示是今日头条的官方网站。

今日头条的商业模式主要是通过软文形式打广告引流,例如自营广告、头条广告、千人万元等模式。无论是企业还是个人,只要找到与自己粉丝相匹配的内容方向,并输出足够吸引人的内容,就可以通过自媒体平台盈利。

(1) 自营广告

今日头条账号创建时间大于10天,审核通过的文章篇数大于10篇,最近1个月内无违禁和处罚的记录就可以申请自营广告。添加的广告需要审核,广告内容除健康、医疗、财经、彩票、保健、两性、教育之类外,其余都可以。

自媒体人往往自己开辟广告渠道,广告可以选用文本或图文的方式。通过今日头条平台,自己做广告商,在自己的文章中加入自营广告,既轻松又获益。

(2) 官方广告

官方广告和广告联盟相似,主要看点击量,用户点击了文章页面中的广告,就可以产

图 3-32　今日头条的官方网站

生收益。

(3) 软文合作

自媒体人有合作的项目,撰写软文引流到微信公众号、微信群等,为合作方带来精准的粉丝,引导粉丝购买产品,最终和项目合作方进行收益分红。

(4) 千人万元

今日头条扶植原创,倡导"让作者有尊严地创作",给优质内容以对等回报,宣布扶持一千个头条号个体创作者,让每个人每个月至少获得一万元保底收入。这对原创作者来说是很好的福利。

资料 2

运营今日头条的小技巧

运营头条账号首先需要关注头条号指数,来掌握自己被读者的接受程度,只有得到读者的认可,自媒体运营才算成功。

头条号指数是指发布的信息内容被推荐的程度,是算法通过对作者创作的内容和读者阅读行为的记录分析得出的账号价值评分,包括健康度、原创度、活跃度、垂直度、互动度等 5 个维度。

头条号指数越高,能够获得的推荐量就越多。实时关注头条号指数的变化趋势,更易于了解读者的喜好。因为头条号指数反映的是读者的态度,指数增高,那就说明读者的喜好程度在提高。作者要实时观察头条号指数的变化趋势,及时总结经验,指数增高时再接再厉,指数走低时及时做出调整,这样才能使自己创作的内容更易受到读者的欢迎。

健康度和互动度评分源自算法对读者阅读行为的分析,体现的是读者的意志。读者的每一次点击、停留点赞、评论、收藏等都是在为账号加分,机器只是忠实地反映读者的态度。

原创度、活跃度、垂直度三项评分则与作者生产的内容有关,是算法对作者的发文质量、勤奋度、内容垂直度的客观评价,是对作者努力程度的客观衡量。

另外，需要注意的是文章发布之前要再三检查是否有错别字、排版是否合理等问题。一经发布，不要多次修改，否则会被延迟推送，影响文章阅读量。也不要随便删除已发表的文章、视频、图集，否则会影响头条号指数。

发表文章时，要注意在充分尊重读者的基础上发挥个人人格魅力，表达自己的观点，最好独特犀利，不人云亦云。作为创作的作者，一定要多考虑读者的感受，尊重读者、关心读者、体谅读者。有人情味的头条号最受欢迎。

3.5.6 分析一篇软文

请同学们分享一篇自己认为比较好的软文，提炼总结出这篇软文的优缺点并加以说明，以电子版的形式交给任课教师。

必须包含所选软文的原文、地址链接、优缺点说明。

资料

新媒体软文营销

新媒体软文营销作为贯穿整个网络营销的营销方法和推广手段，已经成为连接整个网络营销的桥梁，在当今媒体碎片化的时代，新媒体软文营销在各种营销手段中占据着重要的位置。

狭义的软文指企业在报纸、杂志等宣传载体上刊登的文字性的广告，即付费文字广告。广义的软文是指企业通过策划在报纸、杂志或网络等宣传载体上刊登的可以提升企业品牌形象知名度，或可以促进企业销售的一些宣传性、阐释性的文章，包括特定的新闻报道、深度文章、付费短文广告、案例分析等。

新媒体软文营销中的软文，更多的是指结合特定的要求（产品、服务推广等）用描述或者说明的方式，使消费者走入企业设定的思维模式，最终促成交易的文字。它常表现为向消费者传达详尽的信息并迅速实现产品消费的具有强有力的针对性、心理攻击性的文字或者图片，一般由市场策划人员或广告公司的文案人员来负责撰写。相比硬广告，软文传播是更有力的营销手段。软文的奥妙之处在于将所要宣传的内容于无形中使消费者走入精心设计过的"软文广告"里。

软文的宣传载体多种多样，如报纸、杂志、网络等。由于网络的共享性和免费性，通过网络发布软文，受到越来越多企业，尤其是中小企业的青睐。

3.5.7 开通直播营销

请同学自选一个直播平台，尝试体验开通直播。

技术的跨越发展和商业的转型升级带来的是行业的骤变。2020年的新冠肺炎疫情和当下的新零售危机，对整个商业零售市场尤其是依赖线下渠道的实体零售来说，无疑都是重大的考验。

2016年电商直播一出现就引起了商家和消费者的广泛关注。相比传统的图片和文字，直播呈现的内容信息维度更为丰富，试错成本更低，表现更好、体验性更强，而且不受地域限制,受众可以划分。直播的连年快速增长带给我们很多的惊喜。中国的直播电商刚刚走过了四个年头,从默默无声到资本热捧,再到成为营销的标配,已经成为一个新的风口。

资料 1

我国直播电商的发展起源

中国电商直播起始于 2016 年,从最初以内容建设与流量变现为目的起步尝试,至今产业链已逐步完整化多元化。2017 年国内直播电商的市场规模为 190 亿元,仅仅用了两年时间,2019 年行业市场规模达到了 4 338 亿,直播电商飞速发展。2020 年,直播电商在疫情、政策等多重因素的刺激下爆发式发展,头部平台持续向直播倾斜资源,直播带货几乎成为各大平台的标配,当年国内直播电商的市场规模为 1.2 万亿元,同比增长 276.62%,直播电商继续向着平台化的方向发展,产业进程不断加快。图 3-33 所示是中国直播电商行业市场规模统计及增长情况预测。

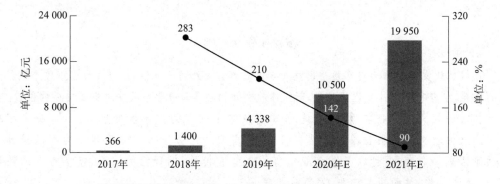

图 3-33 中国直播电商行业市场规模统计及增长情况预测

资料来源:毕马威阿里研究院、前瞻产业研究院整理。

直播行业从诞生到发展为"全民直播",仅用了 4 年多的时间。它表现出了巨大的发展潜力和经济价值。随着直播与电子商务的相结合,直播电商必将掀起一场互联网商业的巨大变革。

时至今日,直播电商经历了以下四个阶段。

阶段一:2016 年,直播电商初始

2016 年,随着直播行业发展,直播电商初露头角。

在这之前,直播平台主营业务就是直播,而电商平台也依然只是线上卖货,平台属性比较单一。直播的开端来源于电商导购平台的转型。

2013 年电商导购平台蓬勃发展,订单佣金日益庞大,威胁到电商平台的利益,例如当时中国最火的两个电商导购网站"蘑菇街"和"美丽说",已经占据了淘宝 10% 的订单来源,一年就从淘宝手中拿走了 6 亿元的佣金。随着导购平台得不到电商平台的支持,导购平台不得不依靠多年积累的流量开始转型。2016 年 1 月,蘑菇街和美丽说走向合并,自建电商,开始孕育电商直播。

2016 年被公认为直播元年,那一年,国内接连涌现出了 300 多家网络直播平台,直播用户数也快速增长。当绝大多数玩家都专注于游戏直播、娱乐直播的时候，蘑菇街第一个吃螃蟹，把直播引入了电商带货。2016年3月，蘑菇街直播功能上线。由此，蘑菇街逐渐成了一个"直播+内容+电商"平台。图3-34所示为蘑菇街首页。

图3-34　蘑菇街首页

阶段二：2016—2017年，淘宝京东先后开展直播

蘑菇街开通直播功能两个月后，淘宝直播正式上线。

随后的两年是淘宝直播飞速发展的两年。最早入局的主播团队，目前有些已经成为有体量的头部主播团队。

2016年5月，淘宝开通直播功能的第一个月，某主播上线，第一场直播，只有200个观众，但是四个月后，某主播用一场直播引导了1个亿的成交额。

当月，京东直播功能上线。随后，淘宝京东接连发布直播达人扶持计划，投入资源以10亿元计。作为淘宝直播一姐，某主播也早在2017年就拿到了2 500万元的年佣金。

京东和淘宝相比，淘宝的体量和女性消费群体，都让淘宝在直播领域稳居首位。

阶段三：2018年，抖音快手添柴加火

2018年，抖音、快手这样的短视频平台开始加入直播带货功能。与电商平台不同，抖音和快手平台是另外一套运营逻辑和方法。作为短视频平台，流量可观，主播众多，但是缺乏优质电商带货生态链和相应的平台配套功能。

2016年年底，快手涌现出一大批直播带货的主播，其模式以"打赏+带货"为主。2018年，快手和有赞合作，发布了"短视频电商导购"解决方案，正式上线快手电商，主播可以在快手开店，全部交易在快手平台完成。

抖音短视频在吸引新用户，提高用户活跃度和打造热点话题方面非常擅长，通过最大限度地发挥这些优势,可以将一些原本很普通的东西打造成"网红商品",还可将某些景点甚至城市打造成"网红打卡胜地"。2017年11月,抖音上线直播功能,2019年2月,发布主播招募计划。2020年,抖音斥资6 000万签约罗永浩,成功打造了属于自己的头部主播。

抖音、快手的短视频拉新、快速聚拢流量和直播带货的三方面结合,在很大程度上实现了流量变现。

在这个阶段,直播电商行业内部开始了精细化的分工,MCN(multi-channel network,多频道网络)机构,供应链等功能各异的企业应运而生。

MCN机构是以多频道网络路径为基础,以内容的持续输出为保障,以流量的商业变现为目的的"网红经济"运作模式。MCN机构在整个产业链中承担着多项任务,如"主播培养变现""供应链打造""内容生产"等。因此,它具有一定的规模效应,在渠道分发,内容创作与运营,"网红"资源获取与管理等方面都有专业的运营能力,可以保证优质内容有效变现。国内具有代表性的MCN机构如表3-8所示。

表3-8 国内具有代表性的MCN机构

企业	运营模式
宸帆	孵化"网红主播"个人品牌,一般"网红"负责商品选品设计及内容产出,机构负责供应链管理与店铺运营
美one	与商家、品牌合作获得货源,利用社交平台与电商平台进行直播带货
谦寻	
微念	凭借优质内容,产生运营,积累流量,转化为内容电商,实现变现

MCN机构不仅要时刻关注KOL(key opinion leader,关键性意见领袖)的动向,还要形成KOL资源的规模储备。在此基础上,结合专业的内容运营团队,完成供应链打造、与电商直播平台合作,提高选品能力与实际变现能力。图3-35所示是直播电商产业链。

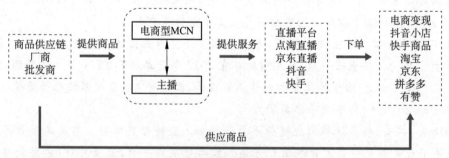

图3-35 直播电商产业链

阶段四:2019—2020年,直播电商全面开花

2019年直播电商开始进入普通大众的视野。当时,一大批有实力的主播崛起,许多直播流量成功变现。这个时期,MCN机构打造了大批的KOL,主播加盟MCN机构成为行业的常态运作模式,MCN机构的渠道、选品、运营能力得到了有力的证明。

2020年新冠疫情使得人们不得不居家办公,直播电商成为各行业的救命稻草,线下商场、实体店的柜姐、店员统统变身成为专业主播,企业老板、CEO亲自下场带货,明星、县长、市长走进了直播间,直播电商进入了百花齐放的阶段。

"云购物""云学习""云演出"等各种各样的直播创新层出不穷,2020年新冠疫情的暴发助推了直播电商的发展,使实体经济向互联网转型。

阶段五:未来,直播电商产业重塑

目前,直播电商发展的迅猛势头已经开始逐渐减弱。虽然直播电商发展速度有所减弱,但是依然在发展之中。我们可以预测,经历了迅速崛起的直播电商即将进入产业重塑阶段。

直播电商产业链上的各种资源亟须统一的、标准的整合和规范,直播行业分工有待进一步明确,直播电商产业的整体品质和运作效率有待进一步提升。

直播电商野蛮生长发展的阶段产生的一些不良机构或者是一些违法违规机构,在重塑期势必将被淘汰。未来直播电商的体系会变得更加垂直,类型会变得更加丰富,各大电商平台都会根据自身的特色和实际情况,将直播带货的营销方式整合出自身特有的模式。

资料2

我国直播电商主流平台对比

直播电商在2019年迅速崛起,产生了巨大的流量,直播电商变现是最高效、最具规模的模式之一;2020年年初迎来了直播电商行业如沐春雨般的快速生长,相对于专业垂直直播平台,短视频、社交、电商、综合视频平台等也纷纷布局直播业务。

直播电商平台按照不同的分类规则,可以有以下几种分类。

1. 按商业类型分类

按照平台的商业类型,大体可以分为三类。

一是传统电商平台引入直播模块,例如淘宝网、京东、拼多多等电商平台的直播平台。

二是由短视频等社交内容平台开通直播带货功能,例如抖音、快手、西瓜视频、小红书等自建直播电商平台,在平台内部形成了"推荐——种草——购买"的消费闭环。

三是各种信息游戏社交类平台,如微博、腾讯、网易等平台。

表3-9所示是一些直播平台商业类型。

表3-9 直播平台商业类型

分 类	直播平台	核 心 特 征	平 台 调 性
传统电商类平台	点淘直播(淘宝)	用户量大,日活高,影响大	商家主播带货直播
	京东直播	基于原有电商平台转化,未来潜力大	商家店铺联合明星KOL直播带货
	拼多多直播		商家店铺直播带货
	蘑菇街直播	从原有垂直类电商平台发展而来	女性电商买手直播带货

续表

分类	直播平台	核心特征	平台调性
社交内容类平台	抖音直播	用户量大,日活高,影响大	网红主播、娱乐、带货
	快手直播	用户量大,日活高,影响大	
	视频号直播(微信)	基于原有社交平台发展而来,未来潜力大	私域流量为主
	微博直播	基于原有社交平台发展而来,未来潜历大	微博KOL网红主播,娱乐
	小红书直播	基于原有社交平台发展而来,未来潜力大	分领域KOL,明星直播带货,种草
	哔哩哔哩	基于原有社交平台发展而来,未来潜力大	Up主带货(传视频音频文件的人叫Up主)
	花椒直播	从原有垂直类电商平台发展而来	重生活内容直播分享
游戏类平台	微博直播	从原有垂直类电商平台发展而来	全民游戏直播
	腾讯直播		游戏直播互动为主
	网易直播		

2. 按平台月活跃度规模分类

按照平台月活规模,可以将平台分为三大梯队。

第一梯队,用户量大,起步早,日活高,影响力大。主流代表是点淘(淘宝)、抖音、快手等。

第二梯队,基于原有电商平台或内容电商转化而来,有一定的影响力,未来潜力大。主流代表是京东、拼多多、哔哩哔哩、有赞等。

第三梯队,以原垂直类平台,比如游戏、家电、电商等发展而来。主流代表有蘑菇街等。

目前,直播已经成为新零售电商的标配。对于想开展线上直播营销的企业和品牌来说,在哪一类或哪一个平台直播成为一道选择题。需要注意平台调性、用户画像、流量推荐、内容制作、主播人设等各方面与品牌和企业是否相匹配。

3. 按平台主打内容分类

按平台主打内容分类,可以分为综合类直播平台、电商类直播平台、短视频类直播平台和教育类直播平台。

(1) 综合类直播平台

综合类直播平台是指包括户外、生活、娱乐等多种直播类目的平台。用户在这类平台上可以观看的内容比较多,例如,脱口秀、舞蹈、音乐、户外、购物等。目前具有代表性的综合类直播平台有蘑菇街直播和小红书直播等,如图3-36、图3-37所示。

这种类型的直播平台在直播行业具有较大优势,因为其涵盖的直播内容比较丰富,受众群体也比较大。

(2) 电商类直播平台

电商类直播平台主要是指点淘(淘宝)、京东、拼多多等。传统电商平台开通直播营销

图 3-36　蘑菇街直播主页

图 3-37　小红书直播主页

的业务，主要目的是为用户提供商品的营销渠道。

电商类直播平台拥有庞大的流量基础和高质量的供应链，营销性比较强，商家可以通过直播的形式与用户互动，以较低的成本吸引用户关注自己的商品并产生交易，用户在这些平台上观看直播的主要目的也是购买商品。图 3-38、图 3-39 所示是京东直播和淘宝直播。

图 3-38　京东直播

图 3-39　淘宝直播

（3）短视频类直播平台

短视频类直播平台主要以短视频吸粉引流，直播的方式进行变现。用户在这些平台上不仅可以发布自己创作的短视频内容，还能通过直播展示才艺，带货。比较典型的短视频平台有快手、抖音、美拍、西瓜视频等，如图 3-40、图 3-41 所示。

图 3-40　快手页面

图 3-41　抖音页面

（4）教育类直播平台

传统的在线教育平台多以视频录播、语音、图文等形式与用户分享知识，虽然知识呈现形式丰富多样，但是都缺乏有效的互动，讲师与用户也无法进行实时互动，不能及时为用户进行答疑和讲解。

教育类直播平台应运而生，如网易云课堂、千聊、小鹅通、荔枝微课等，如图3-42、图3-43所示。

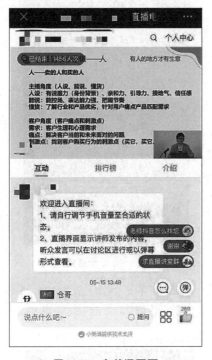

图3-42　小鹅通页面

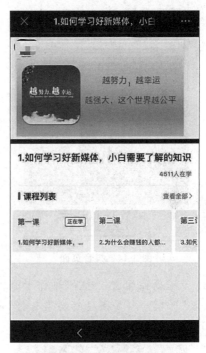

图3-43　荔枝微课页面

资料3

开通抖音直播的步骤

抖音是由字节跳动孵化的一款音乐创意短视频社交软件。在抖音平台开播分为内容直播和带货直播两类，要求的开播权限不同。

抖音内容直播的开通要求较为简单，只要完成实名认证就可以直播，主播在直播间可以分享内容，如唱歌、跳舞、知识干货等。

抖音带货直播的个人账号开通需要达到两个条件：一是个人主页的视频数（公开且审核通过）不得少于10条；二是账号粉丝数不得低于1 000个。如果是企业账号，需要认证蓝V企业号，即可开启带货直播。

个人账号开播步骤如下。

（1）先将抖音升级至最新版，进入抖音App，点击首页下方的"＋"按钮，如图3-44所示。

（2）选择"开直播"，还可以设置镜头翻转、美化、道具等功能，如图3-45所示。

图 3-44 抖音页面

图 3-45 抖音开直播页面

（3）开通商品橱窗。选择"创作者服务中心"——点击"商品橱窗"按钮——选择"商品分享权限"选项——如果没有实名认证，需要开启"实名认证"，点击"立即申请"按钮，如图 3-46～图 3-49 所示。

图 3-46 抖音"我"页面

图 3-47 创作者服务中心页面

图 3-48　商品橱窗页面

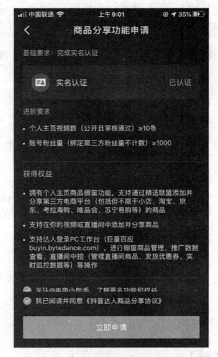
图 3-49　商品分享功能申请

任务 3.6　电子商务客户关系管理

根据下面案例思考电子商务环境下如何掌握客户的心理特征？

案例

当某一客户进入企业网站时，网站后台就会及时"认出"该客户，并对其表示问候。通过搜索数据库，了解到该客户最近购买了一条蓝色牛仔裤以及一些有关意大利旅游的书籍。网上商店就会及时推荐给客户一些类似风格的裤子或与之搭配的上衣。当旅游方面的新书出版时，商店会推荐给客户。

美国网上销售鲜花的公司（1~800-Flowers.com）就是因为提供特殊服务而赢得了越来越多的客户关注。公司会及时提醒客户一些特别的日子，包括生日、周年纪念日等，而且会通过网络将业务推广到国际客户群。许多在海外工作的美国人通过该网站给生活在美国的亲友送鲜花，这部分客户的消费量占到公司网上生意的 15%~20%。

资料 1

电子商务客户关系管理的概念

电子商务客户关系管理是指借助数据库和其他信息技术来获取客户数据，分析客户的需求特征和行为偏好，积累和共享客户知识，有针对性地为客户提供产品和服务。同时，通过观察和分析客户的行为，企业的收益情况，找出其中的联系，优化企业和客户的关系，发展与管理客户关系，提高客户的满意度和忠诚度，提高企业的核心竞争力，使企业和客户实现共赢。

电商客户关系管理是指在电子商务环境中，企业所处的竞争环境发生了结构性变化：企业经营从以产品为核心变为以客户为核心，企业不仅要对客户信息进行管理，更要注重客户本身的体验。电子商务客户关系管理集合了管理理念，商务模式和CRM技术系统，充分利用电子商务便利的客户数据资源，通过与客户进行交流，建立客户档案、与客户形成合作关系等，从而获取更多的、具体的、具有较强针对性的涉及产品特征和性能、销售渠道、需求变动、潜在用户等方面的市场信息，以指导企业做出正确的经营决策。

客户关系管理是为适应企业经营模式"以产品为中心"到"以客户为中心"的战略转移而迅猛发展起来的新的管理理念。它把追求客户满意和客户忠诚作为最终目标。CRM系统是在以客户为中心的销售、营销、服务的基础上，提高客户的满意度和忠诚度，从而给企业带来长久利益的一种应用和理念。

资料 2

电子商务环境特点及客户心理特征

2020年4月28日，中国互联网络信息中心（CNNIC）发布第45次《中国互联网络发展状况统计报告》（以下简称《报告》），综合反映了2019年及2020年年初我国互联网的发展状况。《报告》显示，截至2020年3月，我国网民规模为9.04亿，互联网普及率达64.5%。网络购物用户规模达7.10亿，较2018年底增长16.4%，占网民整体的78.6%。2019年全国网上零售额达10.63万亿元，其中实物商品网上零售额达8.52亿，占社会消费品零售总额的20.7%。2019年，通过海关跨境电子商务管理平台零售进出口商品总额达1 862.1亿元，增长了38.3%。2020年1—2月，全国实物商品网上零售额同比增长3.0%，实现逆势增长，占社会消费品零售总额的比重为21.5%，比上年同期提高5个百分点。网络消费作为数字经济的重要组成部分，在促进消费市场蓬勃发展方面发挥着日趋重要的作用。

电子商务经营环境的特点主要是以下几个方面。

(1) 无实体店铺营销。

(2) 零库存订制。

(3) 低成本运营。

(4) 增加销售机会。

(5) 为客户提供更有效的服务。

(6) 电子商务网站成为企业网络贸易的平台。

电子商务环境下客户心理特征有以下几种。

(1) 客户需求积极主动。
(2) 消费行为理性化。
(3) 对购买方便性的需求与对购物乐趣的追求并存。
(4) 注重个性消费。
(5) 客户忠诚度下降。

资料3

电子商务客户关系管理的意义

电子商务客户关系管理是一种管理理念,其核心是将企业的客户作为最重要的企业资源,通过完善的客户服务和深入的客户分析来满足客户的需求,保证实现客户的终生价值。

电子商务客户关系管理的意义具体体现在下面5个方面。

(1) 是一种新型管理机制,它实施于企业的市场营销、销售、服务与技术支持等与客户相关的领域。

(2) 是一种管理技术,为企业的销售、客户服务和决策支持等领域提供一个业务自动化的解决方案。

(3) 是一种企业商务战略,目的是使企业根据客户分段进行重组,强化使客户满意的行为,优化企业的可营利性,提高利润并改善客户的满意程度。

(4) 帮助企业降低维系客户的管理成本、交易成本;制订市场应对策略以及人员的绩效评估;增强客户服务的准确性,提高客户满意度和忠诚度。

(5) 可降低企业的经营风险,提高企业的竞争优势,实现企业利润最大化。

资料拓展1

搜索引擎营销

搜索引擎是网民获取信息的重要工具,其使用率在所有互联网工具中稳居前列。在网络营销中,搜索引擎营销也占据了重要的地位,它利用人们对搜索引擎的依赖和使用习惯,在人们检索信息时将信息传递给目标用户。

下面我们将对搜索引擎、搜索引擎营销进行全面而详尽的介绍。

一、搜索引擎营销认知

随着互联网的普及,搜索引擎成为人们获取信息的重要入口,人们想要快捷地从中获取所需信息,必须通过搜索引擎这个互联网"挖宝"工具。

(一) 搜索引擎概述

搜索引擎是指根据一定的策略,运用特定的计算机程序从互联网上收集信息,对信息进行理解、提取、组织与处理后,为用户提供检索服务,将用户提交检索的相关信息展示出来的系统。

搜索引擎的概念主要涵盖两方面内容:其一,搜索引擎是由一系列技术支持构建的网络信息在线查询系统,它具有相对稳定的检索功能,如关键词检索、分类浏览式检索等;其二,这种查询系统借助不同网站的服务器,协助网络用户查询信息,该服务是搜索引擎的核心服务项目。

1. 搜索引擎的基本工作流程

搜索引擎的基本工作流程大致可以分为以下4个步骤。

(1) 抓取。搜索引擎使用自动化程序(称为"爬虫"或"蜘蛛")来浏览互联网上的网页,收集信息,并将这些信息存储在服务器上。

(2) 索引。收集到的信息会被分析和处理,以便快速检索。这个过程涉及将网页内容分解成可被搜索的单元,如单词和短语等,并将它们存储在索引数据库中。

(3) 排名。当用户输入查询时,搜索引擎会使用复杂的算法来确定哪些网页与查询最相关,并按照相关性对结果进行排序。这个过程称为排名。

(4) 显示结果。最终,搜索引擎会向用户显示一个结果列表,列表中的每个结果都包含与查询相关的网页的标题、描述和链接。

2. 搜索引擎的类型

目前搜索引擎为数众多,按照不同的分类标准,可以将它们分为不同的类型。目前较为常用的分类方法是从工作原理的角度对搜索引擎进行分类。

(1) 分类目录式搜索引擎(directory search engine)。分类目录式搜索引擎又称目录索引,通过人工整理,将网络信息资源按照主题分类,并以层次树状形式进行组织,形成分类目录。用户可以根据分类目录一层层进入,最终找到所需的信息。

这种搜索引擎的优点在于能够提供更加精确和专业的搜索结果,但缺点在于更新速度较慢,可能无法及时反映互联网上最新的信息。

代表网站:国内早期的搜狐、新浪,国外的Yahoo(雅虎)都是分类目录式搜索引擎的典型代表。

(2) 全文检索式搜索引擎(full-text search engine)。全文检索式搜索引擎又称全文搜索引擎,是从互联网上提取各个网站的信息(以网页文字为主),建立起庞大的索引数据库,并能检索与用户查询条件相匹配的信息记录,按照一定的排列顺序返回结果。

这种搜索引擎通过抓取互联网上的网页内容,建立索引库,然后根据用户的查询关键词,从索引库中找到与之相关的所有网页,并按照一定的排序规则返回给用户。

代表网站:百度、Google(谷歌)等,是目前实施搜索引擎营销的主流工具。

(3) 元搜索引擎(meta search engine)。元搜索引擎是一种调用其他独立搜索引擎的引擎,也被称为"搜索引擎之母"或"多搜索引擎"。它通过一个统一的用户界面帮助用户在多个搜索引擎中选择和利用合适的(甚至是同时利用若干个)搜索引擎来实现检索操作。

元搜索引擎依赖其他独立搜索引擎而存在,集成了不同性能和风格的搜索引擎,并发展了一些新的查询功能。使用元搜索引擎可以同时查询多个搜索引擎,获得更全面和准确的搜索结果。

代表网站:搜星搜索引擎、InfoSpace、Dogpile、Vivisimo等。

(4) 集成搜索引擎(integrated search engine)。集成搜索引擎是指在一个搜索界面上同时链接多个独立的搜索引擎,用户进行检索时可以选择其中的部分搜索引擎,输入检索词后可以获得多个搜索引擎返回的结果。

代表网站:"搜索之家"就是典型的集成搜索引擎。

3. 搜索引擎的作用

由于搜索引擎的商业价值极高,越来越多的企业将搜索引擎作为主要的网络营销手段,并且取得了很好的宣传效果。搜索引擎不但对企业市场营销提供有力支持,对个人的工作和学习也给予了极大的帮助。它的作用主要体现在以下几个方面。

(1) 信息检索与获取。搜索引擎的核心功能是帮助用户快速、准确地从互联网海量信息中检索到所需内容。它通过特定的计算机程序,根据一定的策略在互联网上收集信息,并对这些信息进行组织和处理,最终将用户检索到的相关信息展示给用户。这一过程极大地提高了信息检索的效率,使用户能够更快地找到他们需要的信息。

(2) 辅助决策与满足需求。搜索引擎在用户的决策过程中起着重要的辅助作用。当用户拥有强愿意去了解与某个关键词相关的信息时,搜索引擎能够提供相关的搜索结果,帮助用户充分了解相关信息,从而辅助用户作出决策。此外,搜索引擎还能通过优化搜索结果的自然排名,增加信息的可信度,使用户更容易找到可靠的信息来源。

(3) 品牌推广与营销。对于企业而言,搜索引擎是一个重要的营销渠道。企业可以通过搜索引擎优化(SEO)等技术手段,使自己的网站或相关页面在搜索结果中排名靠前,从而增加网站的曝光率和浏览量。这不仅有助于提升企业的品牌知名度,还能带来更多的潜在客户和销售机会。此外,当企业发生公关危机时,搜索引擎也能成为一个重要的沟通平台,企业可以通过及时发布相关回应信息来引导舆论走向,避免负面信息对企业造成过大的影响。

(4) 节约时间与成本。搜索引擎的出现极大地节约了用户的时间成本。在传统的信息检索方式中,用户可能需要花费大量时间在图书馆、档案馆等地方查找资料,而现在只需要在搜索引擎中输入关键词即可快速找到所需信息。同时,对于企业而言,搜索引擎营销相比传统的广告营销方式具有更高的性价比,能够在节约营销成本的同时获得更好的营销效果。

(5) 促进知识传播与学习。搜索引擎还为那些不懂网络或对网络知之甚少的人提供了获取网络知识的便捷途径。他们可以通过搜索引擎查找各种学习资料、教程等,从而不断地提升自己的知识水平。此外,搜索引擎还能促进知识的传播和共享,使得人们能够更加方便地获取和分享各种有价值的信息。

综上所述,搜索引擎在信息检索与获取、辅助决策与满足需求、品牌推广与营销、节约时间与成本以及促进知识传播与学习等方面都发挥着重要作用。随着互联网的不断发展,搜索引擎的功能和作用也将不断地拓展和完善。

(二) 搜索引擎营销概述

搜索引擎作为重要的信息传播工具,作用日益凸显,而人们对搜索引擎的依赖和使用习惯,使搜索引擎的商业价值极高,越来越多的企业将搜索引擎作为主要的网络营销手段,并取得了很好的效果。

1. 搜索引擎营销的含义

搜索引擎营销(search engine marketing,SEM)是一种基于搜索引擎平台的网络营销方式,它是指根据用户使用搜索引擎的方式和检索的信息,将营销信息精准地传递给目标用户的一种网络营销手段。企业可以利用搜索引擎的付费推广或优化排名等方式,提高网站的曝光度和访问量,进而实现商业目标。图3-50所示为用户搜索行为示意图。

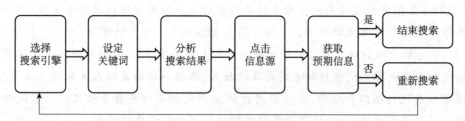

图3-50 用户搜索行为示意图

2. 搜索引擎营销的基本原理

搜索引擎营销的基本原理包括用户搜索、查看结果、点击内容、浏览信息、产生咨询并最终获得销售线索。在这个过程中,企业通过优化网站内容、关键词广告、竞价排名等手段,提高网站在搜索引擎结果页面的排名和曝光度,吸引潜在客户的访问。图3-51所示为搜索引擎营销的基本原理。

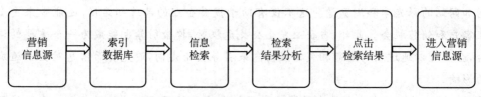

图3-51 搜索引擎营销的基本原理

3. 搜索引擎营销的主要方法

搜索引擎营销的主要方法可以归纳为五种,即竞价排名、搜索引擎优化、分类目录登录、关键词广告、网站链接策略。

(1)竞价排名。企业购买搜索引擎的关键词广告位,当用户搜索相关关键词时,企业的广告将出现在搜索结果页面的显眼位置,按点击付费。

(2)搜索引擎优化。通过优化网站内容、结构、链接等,提高网站在搜索引擎中的自然排名,从而增加网站的曝光度和访问量。

(3)分类目录登录。将网站提交到各大搜索引擎的分类目录中,以便用户通过分类目录找到网站。

(4)关键词广告。在搜索引擎结果页面或相关网站上展示与特定关键词相关的广告。

(5)网站链接策略。通过与其他网站建立链接关系,提高网站的权重和知名度,进而提升在搜索引擎中的排名。

4. 搜索引擎营销的目标

搜索引擎营销的终极目标是将浏览者转化为实际的客户或用户,并实现商业价值的最大化。具体来说,这意味着通过搜索引擎营销的各种手段,如优化网站排名、投放关键词广告、提供有价值的内容等,吸引潜在的客户或用户访问网站,并进一步引导他们进行购买、注册、咨询等转化行为,从而为企业带来实际的收益和增长。在这个过程中,需要关注用户体验、网站设计、内容质量等多个方面,以确保浏览者能够顺利地转化为实际的客户或用户,并实现商业价值的最大化。

这一目标只能逐层来实现,于是形成了搜索引擎营销的层级目标,可以划分为四个层次,从基础到高级依次为存在层、表现层、关注层和转化层。图 3-52 是对这四个层次的详细解释。

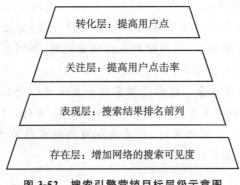

图 3-52 搜索引擎营销目标层级示意图

(1) 存在层。

目标:在主要的搜索引擎/分类目录中获得被收录的机会。

解释:这是搜索引擎营销的基础层次。网站需要通过各种方式(如免费登录、付费登录、搜索引擎关键词广告等)确保自己的网站被搜索引擎收录,从而有机会出现在用户的搜索结果中。存在层的含义是让网站中尽可能多的网页获得被搜索引擎收录,而不仅仅是网站首页,以增加网页的搜索引擎可见性。

(2) 表现层。

目标:在被搜索引擎收录的基础上尽可能获得好的排名,即在搜索结果中有良好的表现。

解释:由于用户通常只关注搜索结果中靠前的少量内容,因此网站需要努力提升在搜索引擎中的排名。这可以通过优化网站内容、结构、链接等因素来实现,也可以利用关键词广告、竞价广告等形式作为补充手段。在分类目录中的位置同样重要,如果位置不理想,则需要考虑利用付费等方式获得排名靠前。

(3) 关注层。

目标:通过搜索结果点击率的增加来达到提高网站访问量的目的。

解释:仅仅被搜索引擎收录并获得好的排名是不够的,还需要确保用户能够点击并访问网站。这要求网站在搜索结果中的展示内容具有吸引力,能够引起用户的兴趣。同时,网站的整体设计、内容质量、用户体验等因素也会影响用户行为。因此,需要从整体上进行网站优化设计,并充分利用关键词广告等有价值的搜索引擎营销专业服务。

(4) 转化层。

目标:通过访问量的增加转化为企业最终实现收益的提高。

解释：转化层是前面三个目标层次的进一步提升，是各种搜索引擎方法所实现效果的集中体现。然而，它并不是搜索引擎营销的直接效果，而是由多种因素共同作用的结果。网站的收益是由访问量转化所形成的，而访问量转化为收益则取决于网站的功能、服务、产品等多种因素。因此，要实现转化层的目标，企业需要全面提升网站的整体素质和服务水平，以满足用户的需求并促进转化。

综上所述，搜索引擎营销的目标层次从存在层到转化层逐步递进，每个层次都有其特定的目标和实现方式。企业需要根据自身实际情况和市场需求，制定合适的营销策略和目标，以实现最佳的营销效果。

5. 搜索引擎营销的特征

搜索引擎营销利用人们对搜索引擎的依赖和使用习惯，通过一系列技术手段和策略来提升网站在搜索引擎中的排名，从而增加网站的曝光度、访问量和潜在客户。搜索引擎营销的特征主要包括以下几个方面。

（1）用户主动创造营销机会。搜索引擎营销和其他网络营销方法最主要的不同点在于，这种方法是用户主动创造了营销机会。以关键字广告为例，它平时在搜索引擎工具上并不存在，只有当用户输入了关键字时，它才在相关的搜索结果中出现，这样就使得用户主动创造了"被营销"的机会。

（2）操作方法简单。

① 登录简单。如果搜索引擎是分类目录，企业想在此搜索引擎上登录，那么只需要工作人员按照相应说明填写相关表格即可。

② 计费简单。以关键字广告为例，它采用的计费方式是 CPC(cost of per click)，根据点击次数来收费。

③ 分析统计简单。企业在和搜索引擎建立业务联系后，可以很方便地从后台看到每天的点击量、点击率。

（3）搜索引擎营销的成本效率高。欧洲市场营销人员指出付费搜索产生的每次点击付出约为 2 欧元，对此，大部分人认为比较便宜，实际上，在所有营销手段中，搜索引擎营销产生有效反馈的成本最低。

二、搜索引擎优化（SEO）

搜索引擎优化(search engine optimization,SEO)是一种通过改善网站内容和结构，以提高其在搜索引擎结果页面(SERP)中的排名和可见性的数字营销策略。

搜索引擎优化是搜索引擎营销的主要方式，用途非常广泛。下面从搜索引擎优化的内涵、意义、内容、效果四个方面进行详细介绍。

（一）搜索引擎优化的内涵

在实际应用中，每一个搜索引擎都有一套编辑、处理其所采集来的信息的技术，也就是算法。算法是工程师涉及的一套程序，用来模拟人们的思想，决定收录或者展示网站、信息等方面的内容。

在搜索引擎中，收录什么网站、什么内容以及排名展示的规则属于商业机密，但是通过搜索引擎优化指南和人们的经验总结，企业依然可以在很多方面做出努力。当企业掌握了这些优化方法和经验，就有可能尽可能多地被搜索引擎收录以及优先排序。

搜索引擎优化是一种利用搜索引擎的规则提高网站在有关搜索引擎内的自然排名的方式。它的目的是使网站在特定关键词或短语的搜索结果中排名靠前,从而增加有机流量并吸引更多潜在客户,提升网站的品牌效应和销售能力。

(二)搜索引擎优化的意义

搜索引擎优化是一种明确的营销思路,为网站提供了生态式自我营销解决方案,让网站在行业内占据领先地位,从而获得品牌收益。对于任何一家企业来说,要想在网站推广中取得成功,搜索引擎优化是最为关键的一项任务。同时,随着搜索引擎不断变换它们的排名算法规则,每次算法上的改变都可能会让一些排名很好的网站在一夜之间名落孙山,而失去排名的直接后果就是失去了网站固有的客观访问量。

所以,搜索引擎优化也成了一个越来越复杂的任务。例如,宝马(BMW)公司在美国本土的搜索引擎营销策略是激进的投放策略,即让旗下所有产品名称都置于搜索结果的第一位,并在此基础上详细研究用户查询时可能出现的关键词组合方式,将有关产品名称的各种排列组合的关键词一并购买,并使相关的搜索结果排名也处于首位。

此外,BMW与搜索运营商精诚合作,利用搜索引擎分IP显示关键词广告的功能,联合分散在全美各城市的经销商,进行当地市场的品牌精准传播。用户输入BMW产品的名称后,在结果列表首位展示的是BMW美国的官方网站,结果列表次位展示的是当地经销商的网站。如果用户的IP来自西雅图,第二位结果则是西雅图的经销商网站。首先,BMW的这一创举达成了品牌的大面积覆盖,有关BMW的一切产品都排在搜索结果首位,此举在用户心目中树立了良好的品牌形象。其次,这一创举达成了品牌的细分覆盖,能够根据用户所属地区提供有针对性的结果,为经销商的销售带来线索。最后,BMW与经销商联合进行搜索营销,使得BMW的整体品牌形象得到高度统一,同时节省了各经销商各自为战带来的高额广告预算。

(三)搜索引擎优化的内容

搜索引擎优化的主要内容包括以下5个方面。

1. 关键词优化

确定适当的关键词是SEO的第一步,也是必不可少的一步。确定关键词决定了网站内容规划、链接结构、外部链接建设等重要后续步骤。

确定关键词应注意的策略如下。

(1)确保目标关键词有人搜索,确认用户搜索次数达到一定数量级。

(2)降低优化难度。在确定关键词时考虑被搜索次数较多,同时竞争不是很激烈的关键词。

(3)寻找有效流量。对搜索引擎营销来说,排名和流量都不是最终目的,有效流量带来的转化才是最终目标。

(4)搜索多样性。无论从用户意图和商业价值来看,还是从搜索词长度来看,更为具体的、比较长的搜索词都有非常重要的意义。

(5)发现新机会。通过关键词工具的推荐,挖掘相关关键词,找到有共性的或者明显趋势的词,或增加新栏目,都是发现新机会、扩展内容来源的最好方式之一。

(6)将选定的关键词合理地应用于网站的标题、描述、正文、图片标签等位置,但避免过度使用,以免被搜索引擎视为垃圾信息。

(7) 关键词选择时要注意与内容的相关度高、搜索次数多、转化率高以及地域匹配等方面。

(8) 关键词优化时可以选择百度指数平台、百度推广平台等关键词工具进行辅助。

2. 网站结构优化

合理的网站栏目结构能正确表达网站的基本内容及其内容之间的层次关系,它能站在用户的角度考虑,使用户在网站中浏览时可以方便地获取信息,不至于迷失。优化网站结构有两方面的意思,一是物理结构,二是逻辑结构。

(1) 导航优化:确保网站具有简单明了的导航栏,方便用户快速找到所需信息。网站导航优化包括网站主导航、多级导航、底部导航和面包屑导航优化,清晰的导航系统是网站设计的重要目标,对网站信息构架、用户体验影响重大。

(2) 网站结构扁平化:搜索引擎的爬虫不像人一样可以感受网页,但是一个有逻辑、构造合理的网站架构却是非常必要的。搜索引擎能够很好地将高质量、高可用性的网站排列在搜索结果的前面。

网站结构有两种形式:树形和扁平化。树形结构也称纵深式结构,这种形式的网站的层级较多,需要点击多次才可以到达最终页面;扁平化网站的层级较少,用户和搜索引擎只需要进行少量的点击就能找到大部分内容。

扁平化的网站结构对 SEO 有很大好处,它不仅使搜索引擎更容易爬行,而且减少了用户到达目标页面的层级,降低了放弃率。

3. 页面优化

网站的页面一般都分为首页、列表页、专题页和内容页,不同的页面权重不同,在进行页面优化的时候,要有针对性地进行。

(1) 页面标题优化:网页标题是搜索引擎非常看重的一个元素,它常常被用来判断一个网页的主题是什么。在做页面标题优化时,需要注意将关键字包含在页面标题中,并且控制好标题长度,英文标题在 40~60 个字母,中文可以适当长点,但是如果超过了搜索引擎限制的字数,标题的后半部分是不会被读取的。

(2) 描述标签优化:描述标签是头部的另一个标签,用来描述页面的主题内容。描述标签在 SEO 中的重要程度比页面标题低很多,而且它不会显示在页面中,只有查看源文件时才会被看到,但搜索结果中的摘要说明就是来自描述标签。一段好的摘要文字可以吸引顾客点击并进入网站。

(3) 关键词标签优化:关键词标签用来指明页面的主题关键字,它位于源文件头部,主要用来放置主关键词、长尾关键词和相关关键词,具有很高的权重,但很多网站都滥用这一标签,使访客进入网站后发现内容不一致,严重影响顾客体验,所以很多搜索引擎现在都将该标签排除在算法之外。

(4) H 标签优化:H 标签主要用来告诉搜索引擎这是一段文字的标题,是关键词优化的另外一个元素。

(5) 精简代码:精简代码是一个综合性的过程,需要从多个方面入手进行优化。通过清理垃圾代码、优化 CSS 和 JavaScript 文件、改进表格布局、优化图片以及使用 Gzip 压缩等措施,可以有效降低页面体积、提高加载速度、提升用户体验并增强搜索引擎友好性。这些优化措施将有助于提升网站在搜索引擎中的排名和曝光度。

(6) ALT 属性。搜索引擎目前对于图片内容的识别不是非常准确,所以当网页放置了图片时,可以利用 ALT 属性设置文字,告诉搜索引擎这张图片的内容。

(7) 链接和锚文字优化:网页之间的链接可以让爬虫在不同的页面之间进行跳转,这有利于收录更多的页面;同时在设置链接时,网站也要根据要跳转过去的网页设置锚文字。

4. 内容优化

内容优化需要从关键词研究、内容规划、内容创作、关键词密度与布局、内部链接与外部链接以及定期更新与审查等多个方面入手进行优化。

(1) 依据关键词组织内容:首先要根据目标确定关键词,然后适当加入长尾关键词和相关关键词来组织文字内容,这样更容易引起搜索引擎的注意。

(2) 文章的长度应从用户的角度出发,考虑用户体验。普通文章应该在 400~800 字比较合适,文章最短应在 200 字左右。

(3) 关键词密度:关键词密度是指在一个特定页面或文本中,关键词或短语出现的频率与总词数的比例,搜索引擎会利用关键词密度来判断页面或文本的主题和内容,从而影响其在搜索结果中的排名。关键词的占比正常范围在 2%~8%。

(4) 更新频率:更新频率是指网站内容更新的速度和次数。合理的更新频率对于提升网站权重、吸引用户访问和保持搜索引擎友好性具有重要意义。更新频率的设定要考虑行业特点、网站阶段、内容质量、用户反馈等因素。

5. 网站外链优化

外链优化即优化网站的外部链接,通过在其他网站上建立指向自己网站的链接,以提高网站在搜索引擎中的权威性和知名度。

外部链接可以提升网站的权重与排名,为网站带来直接的访问流量,特别是当链接来自高流量网站时,可以证明网站的价值和权威性,增加用户对网站的信任度,由此在搜索引擎中获得更高的排名。

网站外链的建设方法如下。

(1) 合作伙伴。合作伙伴的网站一般和企业的网站存在一定的相关性,企业网站可以与他们交换链接。

(2) 外链引导爬虫爬取。当一个网站新建时,搜索引擎爬虫并不知道它的存在,此时可以通过论坛、分类信息网站、博客和行业网站等建设链接来引导爬虫对新网站进行爬取,加快收录的速度,避免网站存在于被遗忘的角落。

(3) 高权重外链提升站点权重。对于已经被收录的网站,可以到问答、百科、论坛等行业相关的高权重网站中留下链接,提升站点排名及流量,此时应以高质量内容为主,如到论坛分享软文并附上网址,吸引爬虫和访客。

三、付费搜索引擎营销

随着搜索引擎算法和服务方式(专业图片、视频搜索引擎出现)的升级,搜索引擎搜索的内容不断增加,针对搜索引擎所做的营销活动也相应增加了许多内容。

付费搜索引擎营销(search engine marketing,SEM)是一种通过付费方式在搜索引擎上展示广告,以提高网站曝光度、流量和营销效果的网络营销策略。

(一)付费搜索引擎营销的内涵

付费搜索引擎营销是指利用搜索引擎平台,通过付费广告形式来推广产品或服务,吸引潜在用户点击并转化为实际客户的过程。其主要目的是增加网站的可见性、提高流量和转化率,进而实现营销目标。

付费搜索引擎营销的主要形式包括关键词广告、展示广告等,其中关键词广告是最常见且有效的方式。广告主通过选择与目标受众搜索意图相关的关键词,将广告展示在搜索结果页面(SERP)的显眼位置,如顶部、底部或侧边栏,从而吸引用户点击。

(二)付费搜索引擎营销的分类

付费搜索引擎营销的分类可以从多个维度进行划分,但主要可以归纳为以下几种形式。

1. 关键词广告(search engine advertising,SEA)

关键词广告是付费搜索引擎营销中最直接和常见的方式。广告主通过购买与产品或服务相关的关键词,当用户在搜索引擎中输入这些关键词进行搜索时,广告主的广告就会出现在搜索结果页面的显著位置。这种广告形式通常按照点击次数(CPC)收费,因此也被称为点击付费广告(pay-per-click,PPC)。

2. 展示广告(display advertising)

展示广告是另一种付费搜索引擎营销形式,但它不仅仅局限于搜索结果页面。展示广告可以出现在搜索引擎的网络合作伙伴网站上,以图片、视频、富媒体等形式展示,吸引用户的注意并引导他们点击。与关键词广告不同,展示广告更注重品牌形象展示和广泛覆盖潜在用户群体。

3. 竞价排名(pay-per-rank)

虽然"竞价排名"这一术语在某些上下文中可能特指某些搜索引擎的特定广告形式,但从广义上讲,它可以被视为一种付费搜索引擎营销策略,其中广告主通过竞价获得在搜索结果页面中的更高排名位置。需要注意的是,并非所有搜索引擎都直接提供竞价排名服务,且这种服务的具体实现方式可能因搜索引擎而异。

4. 固定排名(fixed ranking)

固定排名服务在某些情况下作为付费搜索引擎营销的一种形式存在,但相对于竞价排名来说较为少见。在这种模式下,广告主支付固定费用以获得在搜索结果页面中的特定排名位置。然而,由于搜索引擎算法的不断更新和优化,固定排名的效果可能不如竞价排名灵活和有效。

5. 搜索引擎优化(SEO)的付费辅助

虽然 SEO 本身是一种通过优化网站结构和内容来提高自然排名的免费策略,但企业也可以通过付费购买 SEO 工具、参加 SEO 培训或雇佣 SEO 顾问来辅助其 SEO 工作。这些付费服务可以帮助企业更有效地实施 SEO 策略,提高网站在搜索引擎中的排名和可见性。然而,需要注意的是,这些付费服务并不直接等同于付费搜索引擎营销(SEM),而是作为 SEO 策略的辅助手段存在。

百度营销

百度营销是指广告客户通过支付费用,在百度平台上投放广告的一种营销方式。这种方式允许广告商根据自己的产品特点或推广服务目的,选择合适的广告类型进行展示,以吸引潜在客户并提升品牌知名度或销售额。

百度营销是付费搜索引擎营销的典型代表,百度营销首页如图3-53所示。

图3-53 百度营销首页

百度营销的主要特点包含以下3点。

(1)精准性。百度拥有庞大的用户数据和先进的算法技术,能够根据用户的兴趣、行为习惯、地域位置等信息进行精准投放,提高广告的转化率。

(2)效果可衡量。通过数据分析和跟踪系统,广告主可以实时了解广告的展示量、点击量、转化率等关键指标,评估广告效果。

(3)多样化渠道。百度营销涵盖搜索推广、信息流推广、品牌专区、知识营销等多种渠道,满足不同广告主的推广需求。

百度营销的主要营销方式包括百度搜索推广、百度信息流广告、百度品牌营销。

一、百度搜索推广

百度搜索推广(search engine marketing,SEM)是百度推出的一种付费广告服务,旨在通过在百度搜索引擎上投放广告,帮助企业或个人实现网站流量增长、品牌知名度提升和产品销售目标。

百度搜索推广是一种通过在百度搜索引擎结果页面上展示广告,以吸引潜在客户点击访问的网络营销方式,百度搜索推广的展现形式如图3-54所示。

企业加入百度搜索推广,需要建立一个网站或在其他平台建立网页,以及通过百度的企业客户资质审核,然后就可以申请百度搜索推广服务了。

在注册完百度搜索推广账户后,只需完成上线流程,就可以正常推广了。具体投放流程如下。

图 3-54 百度搜索推广的展现形式

（1）注册账号。在百度推广官网注册一个企业账户，填写相关信息并提交审核。

（2）设定推广计划。在账户中创建推广计划，设置推广目标、预算、时间等信息。

（3）选择关键词。根据企业的产品和服务特点，选择合适的关键词进行投放。广告主可以选择系统推荐的关键词，也可以自定义关键词。

（4）设定出价。为每个关键词设定一个合理的出价，出价越高，广告在搜索结果中的排名越靠前。

（5）编写广告创意。为每个关键词编写吸引人的广告标题和描述，提高广告的点击率。

（6）投放与优化。将广告投放到百度搜索引擎上，并通过百度推广后台实时查看广告的展示情况和数据，根据数据分析结果调整关键词、出价、预算等参数，优化广告效果。

首次开户企业仅需要缴纳基本的预存推广费和服务费，开通服务后，企业客户自主选择关键词、设置投放计划。

百度搜索推广是一种精准、高效、灵活的网络营销方式，通过合理的投放策略和优化手段可以帮助企业实现营销目标。广告主也需要注意到竞争激烈和广告创意要求高等挑战，不断提升自身的网络营销能力以应对这些挑战。

二、百度信息流广告

百度营销信息流广告是以信息流的方式，在百度首页、百度App、百度贴吧、百度浏览器等平台展示的广告形式。它与用户的浏览内容相融合，以原生广告的形式呈现，提高广告的关注度和点击率。图3-55所示为百度信息流广告网站界面。

它区别于百度搜索推广营销的主要特点如下。

（1）原生体验。信息流广告以与周围内容相似的样式和风格呈现，更容易被用户接受，保留了固有的用户体验。

图 3-55 百度信息流广告网站界面

（2）精准投放。基于百度强大的定向技术，包括用户属性、搜索环境、长期和短期搜索兴趣等，实现广告的精准投放。

（3）多样展现。支持多种展现样式，包括图文广告、视频广告、原生广告等，满足不同广告主的投放需求。

（4）高曝光率。依托百度庞大的用户基数和月度人均使用时长，为广告提供广泛的曝光机会。

百度信息流广告的投放流程如下。

（1）注册开户。广告主需要在百度推广平台注册账户，并提交相关资质进行审核。

（2）设定推广计划。创建推广计划，设定推广目标、预算、时间等信息。

（3）选择展现形式。根据产品或服务的特点选择合适的广告展现形式。

（4）编写广告创意。编写吸引人的广告标题和描述，制作高质量的广告素材。

（5）投放与优化。将广告投放到百度信息流中，并通过数据分析工具实时查看广告效果，根据数据调整投放策略以优化广告效果。

百度信息流广告以其精准定向、用户体验友好、投放效果显著、实时数据监控与优化以及广泛应用场景等优势，成为广告主进行网络营销的重要选择之一。通过合理的投放策略和优化手段，广告主可以实现品牌推广和销售业绩的双重提升。

三、品牌营销

百度品牌营销依托于百度强大的搜索引擎、信息流、知识图谱等产品矩阵，通过精准投放、内容营销、IP 合作等多种方式为企业量身定制营销解决方案。

百度品牌营销在百度搜索结果首位，以文字、图片、视频等多种广告形式全方位推广展示企业品牌信息，客户也可以以更便捷的方式了解品牌官网信息，更方便地获取所需企业资讯，它是提升企业品牌推广效能的推广模式。百度品牌营销的展现形式如图 3-56 所示。

百度品牌营销的投放流程是一个系统而精细的过程，旨在通过百度平台及其技术资

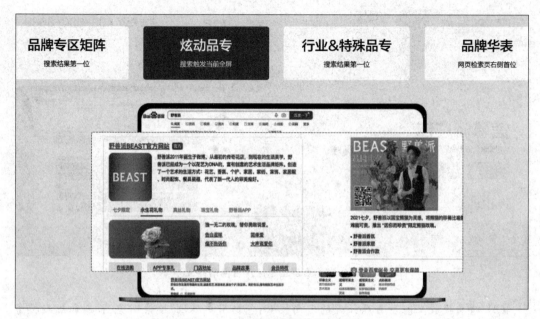

图 3-56 百度品牌营销的展现形式

源,帮助企业实现品牌形象的提升和商业目标的实现。它的主要投放流程如下。

(1) 确定营销目标。企业需要首先明确自身的营销目标,如提升品牌知名度、促进产品销售、增加网站流量等,同时明确营销目标也有助于制定后续的营销策略和投放计划。

(2) 制定营销策略。通过市场调研和数据分析,了解目标受众的特征、需求和偏好,进而规划适合目标受众的营销内容,包括文字、图片、视频等多种形式。

根据营销目标和受众特征,选择合适的百度营销渠道,如百度搜索、百度信息流、百家号等。

(3) 注册百度推广账号。访问百度推广官网,在浏览器中输入百度推广的官方网站地址注册账号、验证企业营业资质。

(4) 创建推广计划。登录推广账号,创建推广计划,在推广账号中创建新的推广计划,设置计划名称、推广目标、预算等关键参数。

(5) 设置推广组与关键词。首先在推广计划下创建推广组,用于管理具有相似特征的关键词和广告创意,然后根据营销目标和受众特征,选择合适的关键词。可以使用百度提供的关键词工具进行搜索和筛选。

要注意营销推广企业需要为关键词设置合理的出价,以控制广告的展示位置和成本。

(6) 编写广告创意。根据关键词和营销内容,编写吸引人的广告标题和描述。如果需要,可以设计相关的图片或视频广告素材,以提升广告的吸引力和转化率。

(7) 提交审核与投放。将编写好的广告创意提交给百度进行审核。审核通过后,广告即可开始投放。

在广告投放过程中,密切关注广告效果数据,如曝光量、点击率、转化率等。根据数据反馈及时调整关键词、出价和广告创意等策略,以优化投放效果。

(8) 效果评估与总结。定期评估广告投放的效果,包括品牌知名度提升、产品销售增长、网站流量增加等方面,同时根据评估结果撰写总结报告,分析投放过程中的成功经验和不足之处,为未来的营销活动提供参考。

项目 3 综合评价

项目 3 综合评价见表 3-10。

表 3-10　项目 3 综合评价

评价项目	技　能　点	评　价　方　式		
		达到	未到达	教师评价
知识目标	掌握电子商务运营的概念			
	掌握电子商务运营的起源和发展			
	理解电子商务运营的核心技能			
	掌握网店的日常运营与管理			
	掌握电子商务营销的概念			
	掌握电子商务网络营销工具			
	掌握电子商务新媒体营销			
能力目标	具有撰写文案的能力			
	具有网店上下架商品、网店装修的能力			
	具有网店日常运营与管理的能力			
	具有电商活动策划的能力			
	具有利用多媒体网络营销工具开展运营和营销的能力			
	具有根据店铺数据进行日常运营、营销分析的能力			
思政目标	具有合作意识,在合作解决问题的过程中,能与团队共享信息,实现信息的更大价值			
	具有创新意识,能自主学习			
	提高个人修养,热爱祖国,爱岗敬业,诚实守信			
	遵规守纪,不迟到早退,按时完成布置任务			
	注重学思合一、知行统一,勇于实践,打造工匠精神			
	了解电子商务行业领域的国家战略,法律法规和相关政策			
创新能力	学习过程中提出具有创新性、可行性的建议			
学生姓名		综合评价		
指导教师		日期		

项目 3 组内任务完成记录表及评价

项目 3 组内任务完成记录表及评价见表 3-11。

表 3-11 项目 3 组内任务完成记录表及评价

评价项目	评价内容	评价标准	评价方式		
			自我评价	小组评价	教师评价
职业素养	安全意识 责任意识	A. 作风严谨,自觉遵守纪律,出色完成任务 B. 能够遵守纪律,较好完成任务 C. 遵守纪律,没完成任务,或虽完成任务但未严格遵守纪律 D. 不遵守纪律,没有完成任务			
	学习态度	A. 积极参与教学活动,全勤 B. 缺勤达本任务总学时的 10% C. 缺勤达本任务总学时的 20% D. 缺勤达本任务总学时的 30%			
	团队合作意识	A. 与同学协作融合,团队意识强 B. 与同学能沟通,协调工作能力较强 C. 与同学能沟通,协调工作能力一般 D. 与同学沟通困难,协调工作能力较差			
专业能力	3.1.1 描述对电子商务运营的理解	A. 学习活动评价为 90~100 分 B. 学习活动评价为 75~89 分 C. 学习活动评价为 60~74 分 D. 学习活动评价为 0~59 分			
	思维拓展:4 道思考题	A. 学习活动评价为 90~100 分 B. 学习活动评价为 75~89 分 C. 学习活动评价为 60~74 分 D. 学习活动评价为 0~59 分			
	3.1.2 体验电子商务网店开店流程	A. 学习活动评价为 90~100 分 B. 学习活动评价为 75~89 分 C. 学习活动评价为 60~74 分 D. 学习活动评价为 0~59 分			
	能力拓展:电子商务平台调研	A. 学习活动评价为 90~100 分 B. 学习活动评价为 75~89 分 C. 学习活动评价为 60~74 分 D. 学习活动评价为 0~59 分			
	任务 3.2 电子商务营销概述	A. 学习活动评价为 90~100 分 B. 学习活动评价为 75~89 分 C. 学习活动评价为 60~74 分 D. 学习活动评价为 0~59 分			

续表

评价项目	评价内容	评价标准	评价方式		
			自我评价	小组评价	教师评价
专业能力	任务3.3 网络营销与传统营销	A. 学习活动评价为 90~100 分 B. 学习活动评价为 75~89 分 C. 学习活动评价为 60~74 分 D. 学习活动评价为 0~59 分			
	任务3.4 网络营销工具	A. 学习活动评价为 90~100 分 B. 学习活动评价为 75~89 分 C. 学习活动评价为 60~74 分 D. 学习活动评价为 0~59 分			
	3.5.1 分析新媒体运营的岗位能力	A. 学习活动评价为 90~100 分 B. 学习活动评价为 75~89 分 C. 学习活动评价为 60~74 分 D. 学习活动评价为 0~59 分			
	3.5.2 拍摄第一个短视频	A. 学习活动评价为 90~100 分 B. 学习活动评价为 75~89 分 C. 学习活动评价为 60~74 分 D. 学习活动评价为 0~59 分			
	3.5.3 开通新浪微博	A. 学习活动评价为 90~100 分 B. 学习活动评价为 75~89 分 C. 学习活动评价为 60~74 分 D. 学习活动评价为 0~59 分			
	3.5.4 开通微信订阅号	A. 学习活动评价为 90~100 分 B. 学习活动评价为 75~89 分 C. 学习活动评价为 60~74 分 D. 学习活动评价为 0~59 分			
	3.5.5 开通今日头条	A. 学习活动评价为 90~100 分 B. 学习活动评价为 75~89 分 C. 学习活动评价为 60~74 分 D. 学习活动评价为 0~59 分			
	3.5.6 分析一篇软文	A. 学习活动评价为 90~100 分 B. 学习活动评价为 75~89 分 C. 学习活动评价为 60~74 分 D. 学习活动评价为 0~59 分			
	3.5.7 开通直播营销	A. 学习活动评价为 90~100 分 B. 学习活动评价为 75~89 分 C. 学习活动评价为 60~74 分 D. 学习活动评价为 0~59 分			

续表

评价项目	评价内容	评 价 标 准	评 价 方 式		
			自我评价	小组评价	教师评价
专业能力	任务 3.6 电子商务客户关系管理	A. 学习活动评价为 90~100 分 B. 学习活动评价为 75~89 分 C. 学习活动评价为 60~74 分 D. 学习活动评价为 0~59 分			
创新能力		学习过程中提出具有创新性、可行性的建议	加分奖励(满分 10 分)		
学生姓名			综合评价		
指导教师			日期		

项目 4

电子商务物流管理

知识目标

1. 掌握物流的概念。
2. 掌握物流管理的概念。
3. 掌握电子商务与物流的关系。
4. 了解电子商务物流企业。
5. 了解电子商务物流配送方案。
6. 了解跨境电子商务物流。

能力目标

1. 能利用互联网找到所需资料。
2. 能根据提供资料和自学查找资料进行分析和总结。
3. 能与相关企业礼貌交流。
4. 能看懂电子商务物流配送方案。

素质目标

1. 具有创新意识,能自主学习。
2. 提高个人修养,热爱祖国,爱岗敬业,诚实守信。
3. 遵规守纪,能够遵守信息和电子商务方面的道德规范。
4. 注重学思合一、知行统一,勇于实践,打造工匠精神。
5. 了解电子商务行业领域的国家战略,法律法规和相关政策。

建议课时:4 课时

> **开篇导读**
>
> 电子商务和物流一直以来都是唇齿相依的关系,与国外电子商务在完备的物流业基础上建立的模式不同,中国的电子商务在开始之初,国家的物流并不够完善,特别是送货上门这方面,问题频出。中国电子商务的飞速发展促进了中国物流的发展,反过来物流业的不断完善也支持了电子商务的高效运行。
>
> 在电子商务活动中,物流是其中的一个环节,也就是卖家将商品递交到买家手中的过程,我们称为电子商务物流。依托电子商务交易而发展起来的电子商务物流是电商和物流共同的产物,也是电子商务的重要组成部分。
>
> 在电子商务物流管理项目中,我们将详细阐述电商与物流的关系、电商物流是如何运行的、跨境电商中的物流模式等内容,帮助学习者将电子商务的知识、技能开拓到物流领域。

本项目学习结构图如图 4-1 所示。

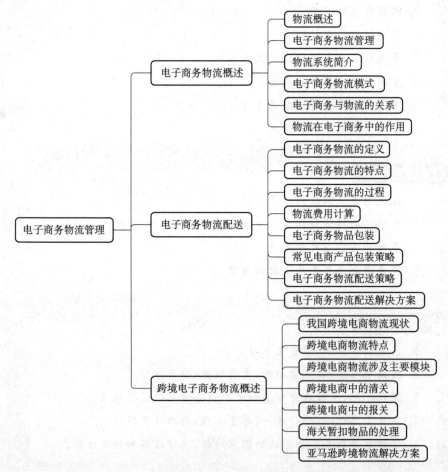

图 4-1 项目 4 学习结构图

任务 4.1 电子商务物流概述

(1) 熟悉了解国内外第三方物流企业。
联邦快递:http://www.fedex.com.cn。
中国邮政:http://www.ems.com.cn。
顺丰速运:http://www.sf-express.com。
圆通快递:http://www.yto.net.cn。
(2) 国内外主流第三方物流企业业务。
请以上述四家物流企业为调查对象,填写表 4-1。

表 4-1 物流企业调查表

企业名称	成立时间	主要服务区域	主营业务	特色

回答下面问题。
① 如果你公司有一批儿童服装,从韩国运到中国,需要以最快的速度,你会采用上述四家公司中的哪一家公司进行托运?为什么?
② 详细分析上述四家公司的业务,在表 4-1 中填写各自特色,并给出具体依据。
③ 如果你有国内快递业务,你会选择哪一家快递公司?
(3) 利用网络找出十家物流企业的基本信息,填写表 4-2。

表 4-2 物流企业的基本信息

序号	企业名称	企业网站网址	企业总部所在地	联系方式

资料 1

物 流 概 述

"distribution"一词最早出现在美国。1915年阿奇·萧在《市场流通中的若干问题》一书中提出"物流是创造不同需求的一个问题",并提到"物资经过时间或空间的转移,会产生附加价值"。这是物流一词最早的雏形。

20世纪50年代,物流概念的形成对日本物流领域也产生了一定的影响。当时日本经济已基本恢复到第二次世界大战前的水平,生产力大幅度提升。为了改进流通领域的生产效率,日本考察并学习了当时美国的物流,并加以大力推广。历经数年的努力,日本政府开始重视并推动物流业的发展,并成立了关于物流的许多团体,使物流的概念一时间在日本家喻户晓。因为当时物流一词的英文是"physical distribution",所以当时对物流的理解普遍为"物的流通"。

同一时期在美国,随着第二次世界大战的结束,"logistics"一词被引入商业部门,其管理方法被人称为商业后勤(business logistics)。

20世纪80年代,我国开始普遍应用"物流"一词,逐步使用"logistics"替代了原先的"distribution"。

物流随商品生产的出现而出现,随商品生产的发展而发展,所以物流是一种古老的传统经济活动。在不同的经济时代,运输与仓储的方式是不一样的。

物流的概念目前主流的主要是美国物流管理协会的定义和我国国家市场监督管理总局的定义。

美国物流管理协会关于物流定义的大致意思是:物流是供应链流程的一部分,它通过有效率地计划、执行实施和控制商品的储存和流动(通)、服务和相关信息,来满足从原产地到消费地的过程中消费者的需要。

我国2001年8月1日起正式实施的《中华人民共和国国家标准物流术语》对物流的定义是:物品从供应地向接受地的实体物流过程中,根据实际需要,将运输、储存、装卸、搬运、包装、流通加工、配送、信息处理等基本功能实施有机结合。这个定义中给出了三层含义:①物流的实质是发生时间和空间上的位移;②给出了物流的基本功能和物流的基本流程;③有机的结合,往往为效率和效益的体现。

物流按照不同的方向可以有以下6种分类方式。

1. 按照物流系统性质分类

(1) 社会物流:它是物流的主要研究对象,是指以全社会为范畴、面向广大用户的超越一家一户的物流。社会物流涉及在商品的流通领域所发生的所有物流活动,因此社会物流带有宏观性和广泛性,所以也称为大物流或宏观物流。伴随商业活动的发生、物流过程通过商品的转移,实现商品的所有权转移这是社会物流的标志。

(2) 行业物流:行业内部经济活动所发生的物流活动。同一行业的不同企业,虽然在产品市场上是竞争对手,但在物流领域内却常常相互协作,共同促进行业物流的发展,实现所有参与企业的共赢。

(3) 企业物流:企业内部的物品实体流动。它是从企业角度上研究与之有关的物流活动,是具体的、微观的物流活动的典型领域。企业物流又可区分为以下几种不同典型的具体物流活动:企业供应物流、企业生产物流、企业销售物流、企业回收物流、企业废弃物流等。

2. 按照物流活动在企业中的地位或作用分类

(1) 供应物流:为生产企业、流通企业或消费者购入原材料、零部件或商品时,物品在提供者与需求者之间的实体流动过程称为供应物流。

(2) 生产物流:在生产过程中,原材料、在制品、半成品、成品等在企业内部的实体流动。

(3) 销售物流:生产企业、流通企业出售产品或商品时,物品在供方与需方之间的实体流动称为销售物流。

(4) 回收物流:不合格物品的返修、退货以及周转使用的包装容器从需方返回到供方所形成的物品实体流动。

(5) 废弃物物流:将经济活动中失去原有使用价值的物品,根据实际需要进行收集、分类、加工、包装、搬运、储存,并分送到专门处理场所时所形成的物品实体流动。

3. 按照物流作业执行者分类

(1) 自营物流:企业自身提供物流服务的业务模式。需方物流即第一方物流,供方物流即第二方物流。

(2) 第三方物流:由供方和需方以外的物流企业提供物流服务的业务模式。物流渠道中的专业化物流中间人,以签订合同的方式,在一定期间内,为其他公司提供所有或某些方面的物流业务服务。

(3) 第四方物流:是指一个供应链的集成商,它对公司内部和具有互补性的服务供应商所拥有的不同资源、能力和技术进行整合和管理,提供一整套供应链解决方案,又称为"总承包商"或"领衔物流服务商",并提供物流方面的咨询。

(4) 第五方物流:是指从事物流业务培训的一方。随着现代综合物流的开展,人们对物流的认知需要有一个过程。在大量的有关建立新的物流体系的介绍中,一开始人们不知所措,因此,提供现代综合物流的新理念以及实际运作方式便成为物流业中的一项重要的行业,即物流人才的培养。

4. 按照物流活动地域范围分类

(1) 地区物流:在一定疆域内,根据行政区或地理位置划分的一定区域内的物流。相对于国际物流、国内物流而言,地区物流的范围比较小。

(2) 国内物流:为了国家的整体利益,在国家自己的领地范围内开展的物流活动。

(3) 国际物流:又称全球物流,指生产和消费分别在两个或两个以上的国家独立进行时,为克服生产和消费之间的空间距离和时间距离,对物资进行物理性移动的一项国际商品交易或交流活动,从而完成国际商品交易的最终目的,即实现卖方交付单证、货物和收取货款;而买方接受单证、支付货款和收取货物的贸易对流条件。

5. 按照物流活动所属产业分类

(1) 第一产业物流,即农业物流。

(2) 第二产业物流,即工业物流、建筑业物流。

(3) 第三产业物流,即商业物流、服务业物流、军事物流。

6. 按照运输工具分类
(1) 海运物流。
(2) 空运物流。
(3) 公路物流。
(4) 铁路物流。
(5) 管道运输物流。

资料 2

电子商务物流管理

物流管理是指为了以最低的物流成本达到用户所满意的服务水平,对物流活动进行的计划、组织、协调与控制。

物流管理是针对物流活动展开的,它的内容包括:对物流活动诸要素的管理,即对其中的人、财、物、设备、方法和信息六大要素的管理;对物流活动中具体职能的管理,即对物流中计划、质量、技术、经济等职能的管理。

物流管理的内容表现为 7R(right):将适当数量(right quantity)的适当产品(right product),在适当的时间(right time)和适当的地点(right place),以适当的条件(right condition)、适当的质量(right quality)和适当的成本(right cost)交付给客户。

电子商务物流管理,简单地说就是对电子商务物流活动所进行的计划、组织、指挥、协调、控制和决策等。

电子商务物流管理的特点有以下几点。
(1) 电子商务物流管理信息化是电子商务的必然要求。
(2) 电子商务物流管理自动化。
(3) 电子商务物流管理网络化,包括物流配送系统的网络化和组织内部网络化。
(4) 电子商务物流管理智能化。
(5) 电子商务物流管理柔性化。物流配送可根据消费者需求"多品种、小批量、多批次、短周期"的特色,灵活组织和实施物流作业。

资料 3

物流系统简介

1. 物流系统的基本概念

物流系统就是指在供应链管理活动中各种物流功能,随着采购、生产、销售活动而发生,并使物的流通效率提高的系统。

物流系统强调系统是由物流各要素组成,受内部环境以及外部环境的要素影响,是物流各要素之间存在有机联系的综合体。这些要素包括包装、运输、仓储、装卸搬运、流通加工、配送、信息服务等。

物流系统的目的是使物流系统整体优化以及合理化,并服从或改善社会大系统的环境。

2. 物流系统的目标

服务(service)目标：无缺货、无损伤和丢失现象，且费用便宜。

快捷(speed)目标：按用户指定的时间和地点迅速送达。

节约(space saving)目标：即有效地利用面积和空间的目标，发展立体设施和有关的物流机械，以充分利用空间和面积。

规模优化(scale optimization)目标：物流网点的优化布局，合理的物流设施规模，合理的自动化和机械化程度。

库存(stock control)目标：制订正确的库存方式、库存数量、库存结构、库存分布。

3. 物流系统的功能

(1) 信息服务功能

现代物流需要信息技术来保证物流体系的正常运作。

物流系统的信息服务功能包括：计划、预测、动态(运量、收、发、存)的信息及有关的费用信息、生产信息、市场信息活动。

信息服务是物流活动的中枢神经。它的主要作用表现为：缩短从接受订货到发货的时间；库存适量化；提高搬运作业效率；提高运输效率；使接受订货和发出货物更为省力；提高订单处理的精度；防止发货、配送出现差错；调整需求和供给；提供信息咨询，信息追踪等。

(2) 配送功能

配送是物流中一种特殊的、综合的活动形式，是商流与物流的紧密结合。从物流来讲，配送几乎包括了所有的物流功能要素，是物流的一个缩影或在某小范围中物流全部活动的体现。一般的配送包括装卸、拣选、包装、保管、运输等，可达到将货物送达的目的。特殊的配送还包括加工活动。

不过，配送与一般物流的主体活动不同，一般的物流是运输及保管，而配送是运输及分拣配货。

配送功能的设置，可以采取物流中心集中库存，共同配货的形式，可使用户或服务对象实现零库存。依靠物流中心的准时配送，用户无须保持自己的库存或只需保持少量的保险储备，从而减少物流成本的投入。

配送是现代物流的一个重要特征。

(3) 流通加工功能

流通加工功能是在物品从生产领域向消费领域流动的过程中，为了促进产品销售、维护产品质量和实现物流效率化，对物品进行加工处理，使物品产生物理或者化学的变化的功能。这种在流通过程中，对商品进一步的辅助加工，可以弥补企业、物资部门、商业部门在生产过程中，加工程度的不足，能更有效地满足用户的需求，更好地衔接生产和需求环节，使流通过程更加合理化，既是物流活动中的一项重要增值服务，也是现代物流发展的一个重要趋势。

流通加工的内容有装袋、定量化小包装、拴牌子、贴标签、挑选、混装、刷标记等。流通加工功能的主要作用表现在：进行初级加工，方便用户；提高原材料利用率；提高加工效率及设备利用率；充分发挥各种运输手段的最高效率；提升品质，提高收益。

(4) 装卸搬运功能

装卸搬运是随运输和保管而产生的必要物流活动，也是对运输、保管、包装、流通加工等物流活动进行衔接的中间环节,是在保管等活动中为检验、维护、保养所进行的装卸活动,如货物的装上卸下、移送、拣选和分类等。

装卸作业的代表形式是集装箱化和托盘化,使用的装卸机械设备有吊车、叉车、传送带和各种台车等。

对装卸搬运的管理,主要是对装卸搬运方式、装卸搬运机械设备的选择和合理配置与使用,以及装卸搬运合理化的管理,从而达到尽可能减少装卸搬运次数,节约物流费用,获得较好的经济效益的目的。

（5）包装功能

为使物流过程中的货物完好地运送到用户手中,并满足用户和服务对象的要求,需要对大多数商品进行不同方式、不同程度的包装。包装分为工业包装和商品包装两种。工业包装的作用是按单位分开产品,以便于运输,并保护在途货物。商品包装的目的是便于最后的销售。因此,包装的功能体现在保护商品、单位化、便利化和商品广告等几个方面。

（6）仓储功能

仓储功能包括对进入物流系统的货物进行堆存、管理、保管、保养和维护等一系列活动。仓储的作用主要表现在两个方面:一是完好地保证货物的价值;二是为将货物配送给用户,在物流中心进行必要的加工活动而进行的保存。

（7）运输功能

运输是物流的核心业务之一,也是物流系统的一个重要功能。运输手段的选择对于物流效率具有十分重要的意义。在决定运输手段时,必须权衡运输系统要求的运输服务和运输成本,可以以运输机具的服务特性作为判断的基准;同时也要考虑运费、运输时间、频度、运输能力、货物的安全性、时间的准确性、适用性、伸缩性、网络性和信息性等。

资料 4

电子商务物流模式

电子商务物流模式主要指以市场为导向、以满足顾客要求为宗旨、获取系统总效益最优化的适应现代社会经济发展的模式。

电子商务企业采取的物流模式一般有自营物流、第三方物流及物流联盟等运作模式。此外,第四方物流模式和物流一体化也是目前研究的两类新生模式。

1. 自营物流

自营物流是指企业自身投资建设物流的运输工具、储存仓库等基础硬件,以及经营管理企业的整个物流运作过程的模式。图 4-2 所示是电子商务企业自建物流体系。

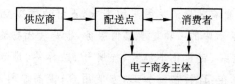

图 4-2　电子商务企业自建物流体系

采用自营物流的电子商务企业主要是资金雄厚且业务规模较大的电商企业或者经营电子商务网站的传统大型制造企业或批发企业。

自营物流的优点是能灵活、快速地对企业物流需求做出反应且企业拥有对物流系统运作的控制权;缺点是一次性投入大、成本高,要求企业具有较强的物流管理能力。

比较知名的电商公司自营物流有京东和中粮我买网。

2. 第三方物流

第三方物流(third-party logistics,3PL 或 TPL)是指独立于买卖之外的专业化物流公司。这类公司长期以合同或契约的形式承接供应链上相邻组织委托的部分或全部物流功能,因地制宜地为特定企业提供个性化的全方位物流解决方案,实现特定企业的产品或劳务快捷地向市场移动,并在信息共享的基础上,实现优势互补,从而降低物流成本,提高经济效益。

第三方物流是相对于"第一方"发货人和"第二方"收货人而言的第三方专业企业来承担企业物流活动的一种物流形态。第三方物流公司通过与第一方或第二方的合作来提供其专业化的物流服务,它不拥有商品,不参与商品买卖,而是为顾客提供以合同约束、以结盟为基础的系列化、个性化、信息化的物流代理服务。服务内容包括设计物流系统、提高 EDI 能力、报表管理、货物集运、选择承运人及货代人、海关代理、信息管理、仓储、咨询、运费支付和谈判等。

第三方物流企业一般都是具有一定规模的物流设施设备(库房、站台、车辆等)以及专业的批发、储运或其他物流业务的企业。第三方物流是物流专业化的重要形式,它的发展体现了一个国家物流产业发展的整体水平。企业采用第三方物流模式对于提高企业经营效率具有重要作用。首先,企业将自己的非核心业务外包给从事该业务的专业公司去做;其次,第三方物流企业作为专门从事物流工作的企业,有丰富的专门从事物流运作的专家,有利于确保企业的专业化生产,降低费用,提高企业的物流水平。图 4-3 所示是第三方物流管理模式。

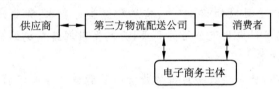

图 4-3 第三方物流管理模式

3. 物流联盟

物流联盟是制造业、销售企业、物流企业基于正式的相互协议而建立的一种物流合作关系。参加联盟的企业汇集、交换或统一物流资源以谋取共同利益,同时,合作企业仍保持各自的独立性。

物流联盟为了达到比单独从事物流活动取得更好的效果,在企业间形成了相互信任、共担风险、共享收益的物流伙伴关系。企业间既不完全采取导致自身利益最大化的行为,也不完全采取导致共同利益最大化的行为,只是在物流方面通过契约形成优势互补、要素双向或多向流动的中间组织。物流联盟是动态的,只要合同结束,双方又变成追求自身利益最大化的单独个体。图 4-4 所示是物流联盟运营系统架构。

选择物流联盟合作伙伴的依据是物流服务提供商的种类和其经营策略。可根据物流企业服务的范围大小和物流功能的整合程度两个标准来确定物流企业的类型。

物流企业服务范围主要指业务服务区域的广度、运送方式的多样性、保管和流通加工

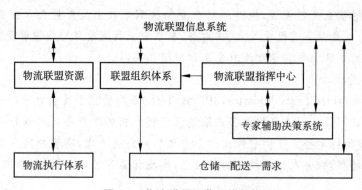

图 4-4　物流联盟运营系统架构

等附加服务的广度。

物流功能的整合程度指企业自身拥有的提供物流服务所必要的物流功能的多少。必要的物流功能指包括基本的运输功能在内的经营管理、集配、配送、流通加工、信息、企划、战术、战略等各种功能。

一般来说,组成物流联盟的企业之间具有很强的依赖性。物流联盟的各个组成企业应当明确自身在整个物流联盟中的优势及担当的角色,使内部的对抗和冲突减少、分工明晰,使供应商把注意力集中在提供客户指定的服务上,最终提高企业的竞争能力和竞争效率,满足企业跨地区、全方位物流服务的要求。

比较知名的电商物流联盟企业有菜鸟物流。

4. 第四方物流

第四方物流主要是指由咨询公司提供的物流咨询服务,但咨询公司并不等于第四方物流公司。第四方物流公司以知识、智力、信息和经验为资本,为物流客户提供一整套的物流系统咨询服务,它可以应物流公司的要求,为其提供网络系统的分析诊断或提供物流系统的优化和设计方案等。

从事物流咨询服务,就必须具备良好的物流行业背景和相关经验,但并不需要从事具体的物流活动,更不用建设物流基础设施,只是对整个供应链提供整合方案。第四方物流的关键在于为顾客提供最佳的增值服务,即迅速、有效、低成本、个性化的服务。图 4-5 所示是第四方物流的架构。

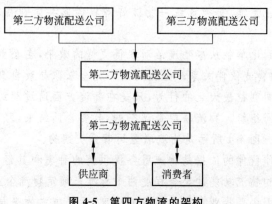

图 4-5　第四方物流的架构

第四方物流的优势有以下几点。

第一,第四方物流对整个供应链及物流系统进行整合规划。第三方物流的优势在于运输、储存、包装、装卸、配送、流通加工等实际的物流业务操作能力,但在综合技能、集成技术、战略规划、区域及全球拓展能力等方面存在明显的局限性,特别是缺乏对整个供应链及物流系统进行整合规划的能力。而第四方物流的核心竞争力就在于对整个供应链及物流系统进行整合规划的能力,这也是降低客户企业物流成本的根本所在。

第二,第四方物流具有对供应链服务商进行资源整合的优势。它作为有领导力量的物流服务提供商,可以通过其影响整个供应链的能力,整合最优秀的第三方物流服务商、管理咨询服务商、信息技术服务商和电子商务服务商等,为客户企业提供个性化、多样化的供应链解决方案,为其创造更高价值。

第三,第四方物流具有信息及服务网络优势。它的运作主要依靠信息与网络,其强大的信息技术支持能力和广泛的服务网络覆盖支持能力是企业拓展国内外市场、降低物流成本极为看重的,也是取得客户的信赖,获得大额长期订单的优势所在。

第四,第四方物流公司具有人才优势。首先第四方物流公司拥有大量高素质国际化的物流和供应链管理专业人才团队,可以为客户企业提供全面的、卓越的供应链管理与运作,提供个性化、多样化的供应链解决方案,在解决物流实际业务的同时实施与公司战略相适应的物流发展战略。其次,发展第四方物流可以减少物流资本投入、降低资金占用,通过第四方物流,企业可以减少在物流设施上的投入,降低资金占用,提高资金周转速度,减少投资风险。再次,第四方物流公司可以降低库存管理及仓储成本。第四方物流公司通过其卓越的供应链管理和运作能力可以实现供应链"零库存"的目标,为供应链上的所有企业降低仓储成本。最后,第四方物流提高了客户企业的库存管理水平,从而使企业降低库存管理成本。发展第四方物流,还可以改善物流服务质量,提升企业形象。

5. 物流一体化

物流一体化是指以物流系统为核心,使生产企业、物流企业、销售企业直至消费者的供应链整体化和系统化。它是在第三方物流的基础上发展起来的新的物流模式。20世纪90年代,西方发达国家如美、法、德等国提出了物流一体化现代理论,并将其应用于指导物流发展,取得了明显效果。在这种模式下,物流企业通过与生产企业建立广泛的代理或买断关系,使产品在有效的供应链内迅速移动,使参与各方的企业都能获益,使整个社会获得明显的经济效益。

物流一体化还表现为用户之间广泛交流供应信息,从而起到调剂余缺、合理利用、共享资源的作用。在电商时代,这是一种完整意义上的物流配送模式,它是物流业发展的高级和成熟的阶段。

物流一体化的发展可分为三个层次,即物流自身一体化、微观物流一体化和宏观物流一体化。

在物流一体化过程中,物流系统的观念逐渐确立,运输、仓储和其他物流要素趋向完备,子系统协调运作,系统化发展。

在微观物流一体化过程中，市场主体企业将物流提高到企业战略的地位，并且出现了以物流战略作为纽带的企业联盟。

宏观物流一体化是指物流业发展到这样的水平：物流业占到国民生产总产值的一定比例，处于社会经济生活的主导地位，它使跨国公司从内部职能专业化和国际分工程度的提高中获得规模经济效益。

物流一体化是物流产业化的发展形式，它必须以第三方物流的充分发育和完善为基础。物流一体化的实质是一个物流管理的问题，即专业化物流管理人员和技术人员，充分利用专业化物流设备、设施，发挥专业化物流运作的管理经验，以求取得整体最优化的效果。同时，物流一体化的趋势为第三方物流的发展提供了良好的发展环境和巨大的市场需求。

资料5

电子商务与物流的关系

电子商务和物流作为现代商品流通的两大手段，相互之间有着密切的联系。物流是电子商务系统的重要组成部分，电子商务的快速发展同样依赖于高效的物流体系。在电子商务时代，商品生产和交换的全过程都需要物流活动的支持，没有现代化的物流运作模式的支持，没有一个高效的、合理的、畅通的物流系统，电子商务所具有的优势就难以发挥。因此现代物流是实现电子商务的基本保证。

一个完整的商务活动是涉及信息流、商流、资金流、物流的流动过程。物流是电子商务的重要组成部分，是信息流和资金流的基础，可以从以下两个方面来理解。

一方面，电子商务的商品生产和交换的全过程都需要物流活动的支持，高效、合理、畅通的物流系统是电子商务发展的保障。随着电子商务不断扩大，对物流的要求越来越高，我国的物流业被倒逼着迅速发展起来。

另一方面，在电子商务状态下，物流的各项职能及功能都可以通过虚拟化的方式表现出来。人们利用各种组合形式寻求物流的最优化，使商品实体在实际运动过程中达到效率最高、费用最省、距离最短、时间最少的目的。电子商务可以对物流信息实施实时监控，控制物流的运动方向和运作方式，实现物流的最优化。

由此，电子商务促使的现代化物流，脱离了传统条件下由某个企业进行组织管理的模式，进入社会化、系统化的组织管理模式。电子商务的发展是全球的商务活动，信息流、商流、资金流、物流也是全球流动的过程，所有电子商务的物流系统必须是全球性的物流体系才能有效保证实体商品的合理流动。在电子商务时代，物流企业为了顺应时代的特征，势必会彼此联合起来，在竞争中形成协同合作的关系，实现物流高效化、合理化和系统化。

资料6

物流在电子商务中的作用

电子商务的核心是以网络信息流的畅通，带动物流和资金流的高度统一。

物流环节是电子商务实现商务目的的最终保障，缺少了能与电子商务模式下相适应的现代物流技术和体系，电子商务所带来的一切变革都等于零。物流在电子商务的运作过程中，可起到以下作用。

1. 实现基于电子商务的供应链集成

电子商务的销售范围，是全球性的，销售时段也没有限制。那么，如何才能保证电子商务的供应链能够满足客户的需求呢？物流是解决这个问题最有效的手段。现在物流综合集成了运输、储存、包装、装卸、搬运、流通加工和信息管理等，成功的物流体系可以保证电子商务过程廉价、快捷和高效地完成。

2. 提高了电子商务的效益和效率

电子商务为客户带来的是便捷的购买方式，减少了众多中间环节，提供了价廉物美的商品和舒适安全的付款手段。电子商务涉及的交易成本中，信息流和资金流在技术成熟后可以通过网络本身完成解决，而物流却无法通过网络手段进行处理。只有完善而高效的现代物流体系，才能使电子商务的效益和效率得到完美实现。

3. 扩大了电子商务的市场范围

电子商务的销售对象是全球性的，商务活动的最终成功与否，还涉及商品的最终交付和贸易额的交割。因此，如果电子商务的物流体系无法满足商务本身所涉及的地理位置，则其市场范围也还是有限的。

4. 集成电子商务中的信息流和资金流

电子商务的任何一笔交易都包含着几种最基本的"流"，即信息流、资金流和物流。其中，信息流既包括商品信息的提供、网络营销、技术支持、售后服务等内容，也包括寻价单、报价单、付款通知单、转账通知单等商业活动凭证，还包括交易方的支付能力、商业信誉等。资金流主要是指资金的转移过程，包括付款、转账等过程。在电子商务系统里，上述二流的处理都可以通过计算机和网络本身实现，但是物流作为三流中最为特殊的一流，是商品本身的流动过程，计算机网络无法完全解决这个环节。对于大多数商品来说，物流仍要通过物理方式进行传输。只有物流环节得到完整解决，电子商务的所有环节才能完全实现。

5. 支持电子商务的快速发展

通过现代物流的快速发展和物流网络的建立，使电子商务在未来的发展中能够深入世界的各个角落，拓展电子商务涉及的领域。

资料拓展1

菜鸟网络实为"第四方物流"的载体

2013年5月，菜鸟网络科技有限公司在深圳成立。在这个规模庞大的计划中，阿里巴巴携手联合银泰、复星、富春、顺丰、"三通一达"启动中国智能物流骨干网项目，致力于让全国任何一个地区24小时内收到包裹。

菜鸟网络计划首期投资人民币1 000亿元，希望用5～8年的时间，努力打造遍布全国的开放式、社会化物流基础设施,建立一张能支撑日均300亿元(年度约10万亿元)网络零售额的智能骨干网络。

菜鸟网络的模式属于新瓶装旧酒,被称为"第四方物流"。

美国埃森哲咨询公司在1998年提出第四方物流的概念,其为物流企业提供规划、咨询、物流信息系统、供应链管理等服务。第四方物流实际并不承担具体的物流运作活动。

资料拓展2

UPS的物流服务案例

美国UPS(联合包裹速递服务公司)由美国人吉米·凯西始建于1907年,从事信函、文件及包裹快速传递业务。历经百年的发展,目前UPS的固定资产达126亿美元,在全球拥有18个空运中转中心,每天1 600个航班,使用机场610个,每日上门取件的固定客户超过130万家。UPS业务量巨大,经济效益可观,在快递业中独占鳌头。

UPS的经营之所以取得巨大成功,是与其富有特色的物流服务密切相关的。它的物流服务特色,主要可以概括为以下几个方面。

1. 货物传递快捷

UPS规定:国际快件3个工作日内送达目的地;国内快件保证在次日上午8点以前送达。在美国国内接到客户电话后,UPS可以在1小时内上门取件,并当场用微型计算机办理好托运手续。

20世纪90年代,UPS开设的24小时服务的"下一航班送达",获得了"物有所值的最佳服务"的口碑信誉。

2. 报关代理和信息服务

UPS从20世纪80年代末起投资数亿美元建立了全球网络和技术基础设施,为客户提供报关代理。UPS建立的"报关代理自动化系统",使其承运的国际包裹所有资料能进入这个系统,保证了货物到达海关之前就把清关手续办理完成。UPS的电子化清关为企业节省了时间,提高了效率。

3. 货物及时追踪服务

UPS的及时追踪系统是目前世界快递业中最大、最先进的信息追踪系统。所有经过UPS的货物都能获得一个追踪条码,货物走到哪里,系统就跟踪到哪里。每天都有1.4万人次通过网络查询包裹的行踪。

同时,路易斯维尔的客户服务中心昼夜服务,200多名员工每天用11种语言回答世界各地客户的大约2万次电话询问,非常方便。

4. 先进的包裹管理服务

在UPS建立的亚特兰大"服务中心"数据库中有各种包装方案,如抗震的、抗挤压的、防止泄漏的等,应有尽有。这类服务为企业节省了材料和运费,被誉为"超值服务"。

任务4.2 电子商务物流配送

4.2.1 调研我国电子商务物流企业

1. 常见电子商务物流企业

请同学们以小组为单位,对常见的物流企业情况进行对比,完成表4-3内容的填写。

表4-3 物流企业对比

快递公司名称	服务态度	发货速度	网站查件	邮费情况	网点分布	服务优势	区域配送速度

备注:表格仅为示例,同学们可以自行添加项目,请另外附纸画表格。

2. 电子商务物流模式

请同学们以小组为单位,对电子商务物流模式进行分析总结,完成表4-4内容的填写。

表4-4 电子商务物流模式分析

模　式	特　　点
自营物流	
物流联盟	
第三方物流	
第四方物流	
物流一体化	

备注:表格仅为示例,同学们可以自行添加项目,请另外附纸画表格。

3. 电子商务物流技术

请同学们以小组为单位,对电子商务物流技术进行分析,明确其在物流中的应用表现,完成表4-5内容的填写。

表4-5 电子商务物流技术分析

电商物流技术名称	物流中的应用表现

续表

电商物流技术名称	物流中的应用表现

备注:表格仅为示例,同学们可以自行添加项目,请另外附纸画表格。

资料1

电子商务物流的定义

电子商务是完整的商务活动,包括一系列的活动链条,而电子商务物流就是该链条上的一个活动。电子商务物流的概念是伴随电子商务技术和社会需求的发展而出现的,是实现电子商务真正的经济价值不可或缺的重要组成部分。图4-6所示是电子商务物流运作关系图。

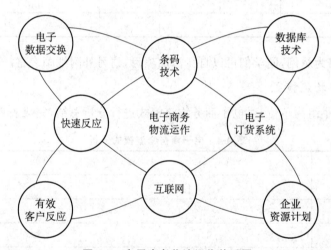

图4-6 电子商务物流运作关系图

电子商务的整个运作是包含信息流、商流、资金流和物流在内的一系列流动过程。只有通过物流配送,将实物真正转移到消费者手中,商务活动才算结束。

电子商务物流实际上是信息化、现代化、社会化和多层次的物流系统。该系统主要是针对电子商务企业的需要,采用网络化的计算机技术和现代化的硬件设备、软件系统及先进的管理手段,严格地进行一系列分类、编配、整理、分工和配货等理货工作,定时、定点、定量地交给没有范围限制的各类用户,满足其商品需求。当前的网络经济环境下,用户对商品的需求已不仅是只满足于其使用价值本身,优质的服务也已经成为必然的要求。

通过新型的电子商务物流,可以使传统的商品流通环节中的物流和配送方式更容易信息化、自动化、社会化、智能化、合理化和简单化,在降低库存成本的同时提高了物流效率,加速了资金的周转,可以让企业在更低成本的运作中完成高效的商品营销。

总之,电子商务物流是指在电子商务交易活动中,为实现商品转移而进行的接收、存储、包装、搬运、配送等实物处理与流动过程。

资料 2

电子商务物流的特点

电商时代的到来,给全球物流带来了新的发展,使其具备了一系列新特点,这些特点主要包括以下 5 个方面。

1. 物流信息化

物流信息化表现为物流信息的商品化、物流信息收集的数据化、物流信息的条码化。因此,条码技术、数据库技术、电子订货系统、电子数据交换、快速反应、有效客户反映、企业资源计划等技术都得到了普遍的应用。

2. 物流自动化

自动化的基础是信息化,自动化的核心是机电一体化,自动化的外在表现是无人化,自动化的效果是省力,提高劳动效率、减少物流作业差错、扩大物流作业能力等。物流自动化的设施非常多,如 RFID 系统、自动分拣系统、自动存取系统、自动导向车、货物自动跟踪系统等。自动化设施在物流业的普遍应用,使物流自动化成为电商物流的显著特点。

3. 物流网络化

物流领域的网络化有两个含义:一是物流配送系统的计算机通信网络,包括物流配送中心、供应商与制造商的联系、下游客户之间的联系都要通过计算机网络;二是组织的网络化,即组织内部网(Intranet),例如计算机行业的"全球运筹式产销模式"。这种模式按照客户订单组织生产,生产采取分散式,即将全世界的计算机生产资源加以利用,采取外包的形式将一台计算机的所有零部件、元器件、芯片外包给世界各地的制造商去生产,然后通过全球的物流网络将这些零部件发往同一物流配送中心进行组装,由该物流配送中心将组装的计算机迅速发给订户。

电子商务物流网络化是电商物流的重要特点。

4. 物流智能化

物流智能化是物流自动化、信息化的一种高层次应用。物流作业过程中大量的运筹和决策,如库存水平的确定、运输(搬运)路径的选择、自动导向车的运行轨迹和作业控制、自动分拣机的运行、物流配送中心经营管理的决策支持等问题都需要借助于大量的知识才能解决。在物流自动化的进程中,物流智能化是不可回避的技术难题,好在专家系统、机器人等相关技术在国际上已经有比较成熟的研究成果。为了提高物流现代化的水平,物流智能化已成为电子商务下物流发展的一个新趋势。

5. 物流柔性化

柔性化本来是为实现"以顾客为中心"理念而在生产领域提出的,即真正地根据消费者需求的变化来灵活调节生产工艺。

20 世纪 90 年代,国际生产领域纷纷推出弹性制造系统(FMS)、计算机集成制造系统(CIMS)、制造资源系统(MRP-Ⅱ)、企业资源计划(ERP)以及供应链管理的概念和技术。这些概念和技术的实质是要将生产、流通进行集成,根据需求组织生产,安排物流活动。因此,柔性化的物流正是适应生产流通与消费者的需求而发展起来的一种新型物流模式。

现代物流系统会根据消费者需求提供"多品种、小批量、多批次、短周期"的特色物流服务,灵活组织实施物流作业。柔性化特点逐渐显现,这是电子商务的新型化特点。

资料3

<h2 style="text-align:center">电子商务物流的过程</h2>

在电子商务环境下,供应商通过网络接受客户订单,与客户进行交易谈判,双方达成一致后,供应商从采购原材料开始按照客户的要求生产出相应的产品,最后通过物流配送网络将货物送到用户手中,这就是电商物流的一般过程。

电商环境下的物流作业流程与传统商务环境下的物流作业流程基本一致,包括备货、储存、分拣及配货、包装、加工、配装、运输等物流基本功能要素,目的都是将用户所订货物送到用户手中。图4-7所示是电子商务物流业务流程。

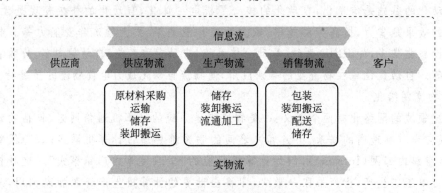

图4-7 电子商务物流业务流程

电子商务物流在物流环节中不只有实物流转的过程,还伴随信息流的传递。电子商务物流采用各种现代化的传递媒介来实现信息交流,并采用网络化的计算机技术和现代化的硬件设备,软件系统及先进的管理手段,以及多种电子商务物流技术改善物流配送各环节的信息管理,从而提高货物配送效率。

资料4

<h2 style="text-align:center">物流费用计算</h2>

了解了电商物流的理论和技术,我们了解一下常见的物流费用的计算。

1. 计算的基本约定

(1) 计费的重量单位:一般以每0.5kg为一个计费重量单位。

(2) 首重和续重:第一个0.5kg为首重或者起重,每增加0.5kg为一个续重。通常首重费用比续重费用要高。

(3) 实重、材积和轻泡物:实重指要运输的一批物品包括包装在内的实际总重量。

材积又称体积重量,是指当需要寄递的物品体积较大而实重较轻时,需要采取量取物品体积折算成重量作为计算运费重量的方法。这是因为运输工具,如飞机的承载能力及能装载物品的体积所限导致的。

轻泡物是指体积重量大于实际重量的物品。

(4) 计费重量:参照实重、材积两者的定义和国际航空运输协会的规定,货物运输过程中计收运费的重量是按照整批货物的实际重量和体积重量两者中较高的一方计算的。

(5) 包装费:一般情况下,快递公司是免费包装的,提供纸箱、气泡膜等包装材料。特殊情况下,当需要包装一些贵重的、易碎的物品时,快递公司需要收取一定的包装费用,且此项收费一般不计入折扣。

2. 通用运费计算公式

(1) 当需寄递物品实重大于材积时,运费的计算方法如下。

$$首重运费+(重量\times 2-1)\times 续重运费$$

(2) 当需要寄递物品实际重量小而体积较大时,运费的计算方法为先求取材积。

规则物品:

$$长(cm)\times 宽(cm)\times 高(cm)\div 6\,000 = 重量(kg)$$

不规则物品:

$$最长(cm)\times 最宽(cm)\times 最高(cm)\div 6\,000 = 重量(kg)$$

注:部分地区也有除以 12 000 的。体积重量是一种反映包裹密度的计算方法。低密度的包裹,占用的空间较大,计算出来的体积重量,与其实际重量比较,取较重者为计费重量,用以计算运费。

计算出体积重量后,需要将体积重量代入(1)的公式中。

(3) 当涉及国际快件时,运费的计算需加上燃油附加费。

$$总费用=(运费+燃油附加费)\times 折扣+包装费用+其他费用$$

以上是计算物流费用的基本方法,需要强调的是:因为电子商务业务的开展离不开物流,所以需要对大多数快递公司的收费标准有一定的了解。

4.2.2 电子商务物流配送方案

请同学们通过完成下面的任务,分析我国主流快递企业的服务和价格。

小李是一名大学二年级学生,他利用课余时间在网上开了一家店铺,主要面向在校学生销售箱包和小型饰品。网上客户大多选择快递送货,他想选择一家服务和信誉较好的快递公司。请通过网络调研 5 家快递公司,对比分析后给小李一个切实可行的建议。调查完毕填写表 4-6。

表 4-6 主要快递公司服务和价格对比分析表

调研时间:_____ 学号/姓名:_____

快递公司名称	服务优势	价格特点	联系方式	分析评价

随着电子商务的迅猛发展,我国电商企业和个人网络商户的数量已超过 3 000 万,交易范围覆盖全国。与此同时,物流过程中货物丢失、理赔困难、配送不及时、代收货款回收

周期长等问题也日趋凸显,成为制约电子商务企业进一步发展的主要障碍。

一些有实力的大电商商家选择了自建物流,而大量中小网商无法自建物流,需要寻求第三方的服务。

电子商务的发展离不开电子商务物流,如何选择物流配送方案我们可以从包装和配送两个方面进行展开。

资料1

电子商务物品包装

包装是指物品在运输、保管、交易、使用时,为保持物品的价值、形状,使用适当的材料、容器进行保管的技术和被保护的状态,包装可分为逐个包装、内部包装和外部包装三种。

(1)逐个包装是指交到使用者手里的最小包装,是一种把物品的全部或一部分装进袋子或其他容器并予以密封的状态或技术。

(2)内部包装是指将逐个包装的物品归并为1个或2个以上的较大单位放进中间容器里的状态和技术,包括为保护里边的物品在容器里放入其他材料的状态和技术。

(3)外部包装是指从运输作业的角度考虑,为了加以保护并为搬运方便,将物品放入箱子、袋子等容器里的状态和技术,其中包括缓冲、固定、防湿、防水等措施。

合理的包装不仅能保证货物的安全,还能节约运输成本。

包装产品时要注意以下两点。

(1)完整性:是指经过包装的产品,在送至顾客手中后要和商家描述的一样,如重量、规格、颜色、质量、保修卡等,这是包装的主要目的和重要功能。要注意包装物应足够结实,因为产品在从出厂到用户的整个流通过程中,都必须进行运输。产品在运输中会遇到震动、挤压、碰撞、冲击及风吹、日晒、雨淋等损害,合理的包装应能保护产品在流通过程中不受自然环境和外力的影响,从而保护产品的使用价值,使产品实体不致损坏、散失、变质和变形。

(2)超值性:是指产品的包装不仅符合产品的特点,甚至可以超乎顾客的意料。如商家在包装时,可以选择该产品的辅助用品。例如有的卖家卖手机附赠手机链、手机贴膜,卖水果附赠削皮刀等。

资料2

常见电商产品包装策略

常用的包装材料有纸及纸制品,包括牛皮纸、玻璃纸、植物羊皮纸、沥青纸、板纸、瓦楞纸板;塑料及塑料制品,包括聚乙烯、聚丙烯、聚苯乙烯、聚氯乙烯、钙塑材料;木材及木制品;金属,包括镀锡薄板、涂料铁、铝合金;玻璃、陶瓷、复合材料等。

下面介绍网络商品常用的包装方法。

1. 容易脏污商品的包装

容易脏污商品主要有服装、皮包、鞋子等。包装这类商品时,可以用不同种类的纸张单独包裹商品,防止脏污,像牛皮纸、白纸等。并且可以使用塑料袋或者多层纸进行包裹和固定,防止磨损。比如皮包的带子需要先用纸包裹然后用胶带固定,再用纸包住皮包并贴胶带固定,这样既防止污垢也防止运输过程中的磨损。

2. 香水(液体)类商品的包装

化妆品大部分是霜状、乳状、水质,多为玻璃瓶包装,这是因为玻璃的稳定性比塑料好,使化妆品不易变质。但这类商品也是邮局查的最严的,因为它是物流运输途中货物泄漏事故的"高发对象"。所以包装这类商品除了包装结实,确保不易破碎,防止渗漏也是很重要的。快递公司有对液体物品专门的邮寄方法,以确保不泄漏,如果万一泄漏也会被周围包裹物吸收,不会污染其他包裹。

3. 易碎商品的包装

瓷瓶、玻璃饰品、CD、茶具、字画、工艺品等都是易碎品。对于这类商品,包装时要用报纸、泡沫塑料或带泡泡的气泡膜进行填充或包裹。这些材料不占重量,而且可以缓冲撞击。例如,邮寄字画等不能折叠的商品时,可利用保鲜膜中间的圆筒,将其卷起来放在圆筒内。

4. 贵重、精密电子产品的包装

对于手机、计算机屏幕等这类易碎、易消磁的产品,包装时可以用泡棉、气泡膜、防静电袋等包装材料把物品包装好,并利用瓦楞纸在商品边角或容易磨损处加强包装保护;还应该在纸箱缝隙放入有弹性的填充物防止磨损、碰撞。

资料3

电子商务物流配送策略

准确、快速地进行商品配送,是企业在经营方面必须解决的重要问题。企业的配送方案,主要是解决送货方式和选择哪家快递公司两个问题。

1. 送货方式的选择

(1) 邮局配送

邮局配送主要有 EMS、平邮、EMS 经济快递、国内小包。

EMS(全球邮政特快专递)是由各国邮政联合创办,由万国邮政联盟统一指定名称和标志,是当今世界最安全的传递各类紧急信函、文件资料、货物样品等实物的邮政业务。由于各国邮政均为国家经营,受国家法律保护,客户交寄的特快邮件无论寄往何处,只要标有 EMS 专用标志,在民航、海关及邮政内部各环节均享受优先待遇,即优先运输、优先保管、优先处理,这使 EMS 邮件的传递时限得到了充分的保证。图 4-8 所示是 EMS 文件包装示例。

平邮是中国邮政中寄送信以及包裹业务的总称。平邮包括了普通的寄信和普通的包裹,价格比较优惠,但是寄送时间比较慢。平邮可以说是所有邮政递送业务中速度最慢的业务。如果不是很着急的包裹可以使用平邮的方式。

EMS 经济快递是相对于标准型快递来说的,它主要针对非紧急货物。因为经济快递价格比标准型快递便宜,所以到达的时间也会比一般标准型快递晚 1~5 天不等。以前经济快递被称为 E 邮宝。

图 4-8　EMS 文件包装示例

国内小包又被叫作电子商务小包,是中国邮政集团公司针对国内轻小件寄递市场推出的。它的重点是关注电子商务行业的各类寄递需求;特点就是提供个性化服务,包括预约投递、上门签收、投递过程短信通知等服务。

图 4-9 所示是邮政小包示例。

图 4-9　邮政小包示例

(2) 快递配送

快递是指快递公司通过铁路、公路和空运等交通工具,对客户货物进行快速投递的配送方式。快递的特点是点到点、速度快,通常是指小件物品的快速投递。

我国快递行业起步于 20 世纪 80 年代,至今仅经历短暂的 30 多年。然而就在这短短的 30 多年,快递已经成了中国配送行业一股崭新的力量。我国快递市场分为国际快递、国内异地快递和同城快递三种。这三种业务要求的技术和资本的密集程度不同,因而对从业者的要求也不相同,例如,国际快递属于技术密集、资本密集和管理密集型产业,相应对从业者的素质要求较高。

(3) 货运公司配送

配送大件商品或某些特殊物品,如大件家具、保险柜等,一般的快递公司难以胜任,需要提供货运服务的物流公司支持。选择货运公司配送的物品,一般体积较大,送达时限要求不高,或者是一般快递公司不配送的偏远地区。快递配送、货运配送的差别如下。

派送范围:快递公司派送的货物或信件一般都可以派送到家门口或者居民楼下,一般的市区都可以派送到,而货运只到所在地的货运公司分部,需要收件人自己去取,如需送到家还要另外加收费用。

配送费用:快递公司一般情况下,首重1kg,8～20元,续重每千克2～8元不等,远距离的省市,如西藏、新疆价格更高。货运公司一般起价30元,包含15kg,续重的话每公斤1～2元不等。

配送时间:快递公司一般情况下是航空或火车运件,2～4天到,远一些的地方时间更久。而货运公司要7～15天才能到货。

配送安全:快递公司运输的条件要相对好些,寄送物品不易损坏,而货运公司由于运输的物品多为大件或比较重的物品,容易挤压损坏物品。

2. 快递公司的选择

大部分电商公司都是委托一家快递公司或快递联盟负责本公司的配送业务,这样省时省钱,按月结算,账目清晰。这种方式适合每天都要发送很多快件的公司,在选择快递公司的时候,需要注意以下几个方面。

(1) 尽量选择通过总公司开设分公司方式拓展网络的快递公司

快递公司拓展网络的方式主要有通过总公司开设分公司、通过加盟方式拓展和两种方式混合拓展三种。通过总公司拓展分公司的方式虽然较慢,但是无论是行业规范性还是服务稳定性都略胜一筹。

(2) 尽量选本地注册且规模较大的快递公司

本地注册的公司索赔较为容易,公司注重本地信誉,同时易于实地考察,一般这类公司取件效率高、服务也好。

(3) 尽量选择口碑较好的快递公司

与快递公司业务往来密切的有三类。第一类是供应商,包括印刷品供应商、交通工具供应商等。如果公司口碑不好,拖欠供应商款项,证明其财务和运营是不太稳妥的。第二类是同行,快递公司之间经常有合作关系,如果从其他快递公司得知这个快递公司经常拖欠同行的货款,则信誉过低。第三类是客户,可以通过各种渠道从使用过某些快递公司服务的公司或个人了解快递公司的口碑。

(4) 尽量选择网点比较多的快递公司

在网络上做生意的卖家,其买家遍布五湖四海,如果选择的快递公司网点不够多,很多偏一点的地方都无法送达或要转到EMS或其他快递公司,那就会造成成本增加、送件时间长、延误或丢失等问题的出现。一些大公司的网站都可以查到公司的网点数目和分布情况。

(5) 尽量选择开着货车取件的快递公司

快递公司的业务员主要利用货车、摩托车、自行车这三种交通工具取件。开货车意味着公司实力雄厚、管理规范。一方面,货车容量大,不容易丢件或变形;另一方面,货车减少了货物淋湿、污损的情况,特别是在雨季。摩托车的好处在于成本低,机动性强,取件速度普遍比货车快。

(6) 尽量选择快递单上条形码的印刷质量比较好的快递公司

条形码的印刷质量不专业,可能会出现条码扫描难、错码、重码等情况,从而导致产生物流效率降低、货物丢失或货物发错地方等差错。

(7) 尽量选择快递单据纸质比较好的快递公司

快递单所用的纸是一种特殊的纸,专业名称为无碳复写纸,因为纸上加了用以显色的微胶囊从而带有复写功能。纸张的质量较差,意味着纸张的白度、光滑度和最重要的复写功能都较差。很多快递公司所用的快递单有五联或六联,如果复写功能较差,则很有可能寄件人在第一联上写的字到了第五联、第六联就显示得不清楚或显示不出来了。这样,就会给快递公司的管理造成很大的阻碍,而且有可能造成货物寄错或丢失情况;如果只有四联,用纸略差还勉为其难。例如,顺丰和申通公司,指定使用国内无碳纸生产质量最好的纸厂——湛江冠豪(上市公司)生产的无碳纸,质量非常好但是售价也高昂。

(8) 尽量选择赔偿金额倍数高而且保价率低的快递公司

寄送快递,有时涉及赔偿问题,所以要谨慎选择快递公司,尽量选择赔偿金额倍数高而且保价率低的快递公司。

资料4

电子商务物流配送解决方案

根据公司现状和电子商务物流发展趋势,制定出符合公司电子商务业务发展的物流配送规划。

方案一:自建物流结合第三方物流共同完成电子商务配送任务。

1. 自建物流目前主要负责北京地区五环内配送任务

可根据订单量调整自建物流规模,初期可以先不建立配送站,由公司总部直接配送。随着订单量的增加在北京市内建立配送站,以满足电子商务对配送效率的要求,具体配送站如下。

一期建立的配送站如下。

西北:海淀黄庄附近(中关村学区负责西北地区,海淀西城,一号线以北,中轴线以西)。

东北:芍药居附近(东北地区,朝阳北边,一号线以北地区,中轴线以东,东城)。

西南:丰台北路或西南三环住宅集中区域(西南地区,丰台西部,西城区南部,中轴线以西,一号线以南)。

东南:公司总部或宋家庄(西南地区,朝阳区南部,一号线以南地区包括国贸CBD,丰台区东部,西城区东部)。

如订单量增加到四个配送站无法满足配送速度要求时,可根据订单量和客户地址分布情况再行增加配送站。

二期建立的配送站如下。

国贸(CBD 白领居多,是主要消费群体)。

复兴门(金融街、政务区附近,白领、公务员居多,是主要消费群体)。

通州(由于 CBD 东迁,北京市政府已搬迁至通州,业务量增加)。

亦庄(开发南城重点区域,经济技术开发区的发展)。

大兴(开发南城重点区域)。

以上配送站地址仅供前期规划参考,具体建立配送站地址可由电子商务业务运行一段时间后,统计客户及潜在客户地址后得出。

2. 第三方物流负责北京地区五环以外及外埠区域

使用快递公司、EMS 等第三方物流配送北京五环以外及外埠区域。由于国内第三方物流服务供应商普遍规模较小,业务量覆盖有限,服务质量良莠不齐,公司需与多家第三方物流公司建立合作关系,并从中加以选择优秀者建立长期合作关系。

方案二:物流配送外包,全部使用第三方物流。

由于电子商务对物流配送的效率要求较高,前期建立自建物流系统投入较大,加之公司电子商务属于起步阶段,对日后订单量没有十足的把握,对电子商务配送没有经验,前期建立自建物流有一定的风险,所以方案二是模仿当当网采用将物流配送全部外包的方案。

总结如下。

由于第三方物流在国内发展时间较短,目前第三方物流公司在二次包装、配送流程、配送时间、优先配送、服务态度、送货速度、代收款返还等方面表现无法跟上电子商务的快速发展。在经历第三方物流之痛后,许多电子商务公司,如卓越网,凡客诚品、京东商城等不惜投入上千万元自建物流系统。

自建物流的优势如下。

(1) 配送效率高:卓越网配货中心每天定点可以向配货站发两次货,模拟卓越网配送方案的凡客诚品可以保证客户网上下单后 24 小时内货品送达客户手中,可以实现一天两次送货并且当场试穿。

(2) 配送时间可控:使用第三方物流在遇到天气原因或者在春节等大型节日期间,货物往往容易积压,无法按时配送,电子商务公司自然要损失一笔收入。如果使用自建物流,配送时间基本不受外界环境的影响,可以保证准时发货准时到货。

(3) 服务态度可控:第三方物流在服务态度方面良莠不齐,如使用自建物流,在服务态度方面比第三方物流提升不少。

(4) 返还款及时:第三方物流返还代收款是许多公司头疼的问题,如果第三方物流返还代收款拖延势必占用电子商务公司现金流。如果使用自建物流返还款可以做到当日结清。

自建物流的缺点如下。

(1) 投入较大:自建物流投入较大,尤其在电子商务公司起步阶段,订单量还是未知数的时候,自建物流相当于一个砸钱的项目。如使用第三方物流,配送费用和订单量绑定,订单量小配送费用自然低,但是自建物流即使没有订单也会有一笔不小的开支。当当网之所以一直没有发展自建物流的主要原因就是资金量不充足,缺少有实力的风投做后盾。

(2)用度率前期不可控:使用第三方物流、配送费用可以直接计算出来,便于核算成本利润,如使用自建物流,由于公司起步阶段对订单量把握不大,无法准确估算配送费用,自建物流前期对成本核算及经营管理决策带来不便。加之目前电子商务基本实行低价位运营,利润本来就低,如果没有一定的订单作为保证,自建物流用度率过高可能会导致电子商务公司陷入财务危机。E国物流就因为盲目发展自建物流,最终的结果是昙花一现后从此消失了。

成本对比:第三方物流以价格相对便宜的申通和圆通来说,一单收费5~6元,宅急送、顺丰等物流公司都在7元以上。当当网在北京的第三方物流公司金安达报价是4元。凡客诚品自建物流一个盒子的配送费用至少在5元。使用第三方物流可以根据订单量的增加与物流供应商谈判降低每单配送费用,费用的降低是阶梯式的,但是降到接近物流公司利润零点时便不能再降。使用自建物流可以随着订单量增加实现用度率下降,费用的降低呈持续的线性特征。二者都会随着订单量的增加而降低配送费用,但是理论上讲,长期来看自建物流可以将成本控制在使用第三方物流费用以下。

订单量与配送费用曲线图如图4-10所示。(数据可靠性待验证,曲线走向可靠)

曲线图内横轴代表订单量,纵轴代表配送费用,红色代表自建物流曲线,蓝色线代表第三方物流曲线。当订单量未达到Q点时,第三方物流的成本低于自建物流;当订单量达到Q点时,双方成本相同为C,当订单量超过Q点时,自建物流成本低于第三方物流。

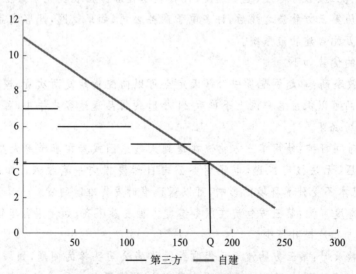

图4-10 订单量与配送费用曲线图

从图4-10不难看出电子商务公司采取哪种配送方式主要取决于自身可获得订单量的大小。

(转载自百度文库:https://wenku.baidu.com/view/b0546f6359fafab069dc5022aaea998fcc224006.html?from=search)

任务 4.3　跨境电子商务物流概述

(1) 请同学们对提供跨境物流的第三方物流公司配送要求进行调查,并填写表 4-7。

表 4-7　第三方物流公司配送要求

第三方物流公司	包裹要求	偏远附加费	通关时效	超标附加	跟踪服务及网店分布
中国邮政物流	小包：				
	大包：				
联邦快递					
联合包裹服务公司					
敦豪国际快递公司					
TNT 快递					

(2) 请同学们思考国内电子商务物流和国外电子商务物流的异同。

资料 1

我国跨境电商物流现状

在世界经济全球化发展背景下,我国对跨境电商发展越来越重视。在这种状态下,为了提升跨境电商运行质量,应该按照跨境电子商务运行管理中的要求,将物流管理及其运作模式加以完善,以此提升我国跨境电子商务物流管理质量。

目前我国跨境电商物流的现状有以下几点。

(1) 难以满足电子商务物流管理需求

在我国当前的跨境电商物流运作管理中,由于对跨境物流管理工作规划存在一定的差异,使得整个规划效果得不到保障,使很多电商在开展跨境业务时,对应的物流运作很难得到满足,这就造成了跨境电商物流管理工作规划在实施时存在质量差异。

(2) 物流管理运营成本居高不下

跨境电商物流管理工作实施中,由于其整个管理工作实施中的成本运营管理费用较高,因此,在一定程度上影响和阻碍了跨境电子商务发展建设效果。当前我国电子商务物流管理采用的是传统的跨境电子商务物流管理运作模式,在整个管理工作实施中,需要建立专门的管理体系,以满足跨境电子商务物流管理工作规划的需求。但是这种跨境电子商务物流管理工作实施与规划会出现成本运营费用增加的现象,从而影响跨境电子商务物流管理工作。

(3) 我国跨境电商物流政策支持不足

跨境电商在我国虽然起步较晚,但是发展速度惊人。2013年商务部出台《关于实施支持跨境电子商务零售出口有关政策意见的通知》,对零售出口企业在海关、检验检疫、税收等方面遇到的问题提出了具有针对性的措施,对跨境的零售企业是积极利好。但是和发达国家相比,我国的政策支持仍显不足。

(4) 我国物流基础设施不足

由于跨境电商涉及跨境仓储、配送、运输、报关、核税等一系列问题,为了使运输过程耗损减少,并且达到高效、低成本的目的,就需要建立合理的物流体系以及完备的物流设施。目前我国国际快递的运输时间过长、手续繁复、成本居高不下等,这些问题都不利于跨境电商物流的发展。

(5) 缺乏第三方物流提供专业化服务

我国第三方物流企业数量较多,但是大型的、专业化程度高的物流企业相对于行业的大发展而言还是不足。目前高标准的第三方物流企业有宝供物流、德邦物流等。大多数物流企业提供的是国内物流服务,即使是服务于电商的物流企业很多,也都是服务于国内电商的。

我国跨境电商的快递服务,集中于普通快递的形式,缺乏专门为跨境电商企业提供全方面服务的专业物流。

资料2

跨境电商物流特点

跨境电商物流和国内电商物流相比具有以下几个显著的特点。

(1) 跨境物流的广泛性

跨境电商物流不仅具有物流本身的复杂功能,例如运输、存储、包装、配送等,还要面对不同国家、不同地域会遇到的各种不同的因素,具有广泛性。国际物流涉及广阔的地域和内外因素,例如报关报税、成本等,所以需要的时间长、操作难度大,面临风险也大。

(2) 跨境物流的复杂性

由于各国之间的经济、技术、政策、自然环境、管理方法、文化差异等,造成了跨境物流非常复杂。不同国家受到经济和技术水平参差不齐的限制,使不同国家物流标准不同,国际"接轨"困难,因而使全球化的跨境物流体系建立困难。

(3) 跨境物流的风险性

跨境物流的运作离不开统一的物流标准,跨境物流所涉及的内外因素非常多,所需要的时间长,这就造成了跨境物流的风险性增加。

跨境物流的风险性主要包括政治风险、经济风险、自然风险。政治风险主要指由国家政治影响造成的货物可能受到的损害或损失;经济风险又可以分为汇率风险和利率风险;自然风险指货物流动过程中,可能遇到的自然因素引起的风险,例如海啸、暴风雨等。

资料3

跨境电商物流涉及主要模块

跨境电商物流配送,指配送企业利用当前最为先进的互联网技术、计算机技术和相关硬件、软件设备,根据社会需求和广大客户的要求,对货物进行分类、编配、整理、分拣等工作,在规定时间内,将货物送到指定地点。

(1) 提供跨境物流服务的物流公司

目前在我国,为跨境电商提供国际快递服务的有联合包裹服务公司(UPS)、联邦快递(Fed EX)、敦豪速度(DHL)、中国邮政速递(EMS)、顺丰速运(SF)等。专业化的快递物流十分必要,有利于推动我国跨境电商的发展。图4-11所示是物流公司分拣台。

图 4-11 物流公司分拣台

中国邮政物流:根据运营主体的不同分为:中国邮政邮局航空小包和大包、中国邮政速递物流分公司的 EMS 和 ePacket 等业务方式。目前我国的跨境电商出口业务中,70%的包裹提供邮政系统投递,其中包括中国邮政、中国香港邮政、新加坡邮政等。邮政小包包括平邮、挂号两种,提供网上跟踪查询服务,有质量和体积限制,运费相对商业快递价格优势明显,可以送达全球各个邮政网点;通过邮政包裹渠道,还可以最大限度避免关税;邮政大包除了空运还包括水路大包,可以寄往全球 200 多个国家,价格低廉,清关能力强,但是妥投速度慢,查询信息更新慢,对时效要求不高且超重的物品适合于此。

Fed EX:联邦快递是全球最具规模的快递运输公司,隶属美国联邦集团。Fed EX

适合走21kg以上的大件，到南美洲的价格竞争力强，时效快，一般3~7个工作日可以到达，网站信息跟踪及时。缺点是整体价格偏高，需要考虑货物体积和质量，收取偏远附加费。

UPS：联合包裹服务公司成立于1907年美国华盛顿西雅图，全球总部在美国亚特兰大市。UPS对国际包裹要求不超过规定的质量和体积，超标包裹需要收取附加费。速度快，一般2~4个工作日可以送达，查询信息更新快，遇到问题解决及时，收取偏远附加费和进口关税，运费较贵，计算体积和质量。

DHL：敦豪国际快递公司是德国邮政全资子公司，总部在布鲁塞尔。DHL对大部分国家的包裹有质量、体积要求。对于西欧、北美价格有优势，适合小件，送达国家网点多，时效快，一般2~4个工作日可到达，查询信息快，遇到问题解决迅速。缺点为费用高，适合发5.5kg以上或21~100kg的货物，对托运货物的限制严格。

TNT：TNT快递总部位于荷兰，是四大商业快递之一。包裹重量要求不超过70kg，时效一般为3~7个工作日，通关能力强，价格高昂，计算体积和质量。

(2) 物流专线

专线物流是指针对某个特定的国家专线递送的方式，一般通过航空包舱的形式将货物送到国外，再通过合作公司进行目的地国国内的派送。它的优点是集中大批量货物发往目的地，通过规模效应降低成本。专线物流价格比商业快递低，速度比中邮小包快，到欧洲英法德要5~6个工作日，到俄罗斯要15~20个工作日，丢包率较低，清关便利；缺点是成本比中邮小包高，国内揽收范围比较窄。例如速卖通平台物流专线，俄罗斯的专线有速优宝芬兰邮政小包、中俄航空。

专线物流是性价比较高的物流选择，如果有到目的地国家的专线，可以首选专线物流。图4-12所示是专线物流。

图4-12　专线物流

(3) 海外仓模式

海外仓是指跨境电商买家所在国家建设存储仓库，利用跨境电商销售平台的大数据，分析未来一段时间的销售预测，将可能销售的商品用普通国际贸易的海运或空运送至仓库,待到客户下单后直接从本国存储仓库寄送到买家地址的模式。这种模式可以确保货物安全、准确、及时、低成本地到达终端买家手中。目前,海外仓模式包括跨境电商平台自建的海外仓、专业物流公司建设的海外仓、跨境电商卖家探索建立的海外仓三种类型。图4-13所示是海外货舱示意图。

图4-13 海外货舱示意图

海外仓储的费用包括头程费用、仓储及处理费用、本地配送费用。

头程费用是指货物从中国运到海外仓库产生的运费。

仓储及处理费用是指客户货物储存在海外仓和处理当地配送时产生的费用。

本地配送费用是指在英国、美国等国外当地对商品进行配送产生的本地快递费用。

海外仓储模式是指买家下单后,卖家指示海外仓将货物以国内快递的速度送达买家指定地点,可提升买家购物体验;同时,极大地降低了国际物流成本。大批量的货物以海运等方式运往海外仓,可以极大地减少头程运费,降低成本,这是海外仓的优势;缺点是货物提前放在海外仓会增加海外仓储的费用,若销售数量控制不好,产品滞销,则海外仓的成本急剧上升,反而增加了成本。

资料4

跨境电商中的清关

国际贸易货物的报关与清关是国际贸易交易流程的基本环节之一,也是海关监管对外贸易的一项重要内容。目前,我国已经成为第三大世界贸易大国,每年有大批量的国际贸易业务需要办理报关与清关手续。

清关(customs clearance)是一个经济学术语,又称为结关,是指进出口或转运货物出入一国关境时,依照各项法律法规和规定应当履行的手续。

清关只有在履行各项义务,办理海关申报、查验、征税、放行等手续后,货物才能放行,货主或申报人才能提货。同样,载运进出口货物的各种运输工具进出境或转运,也均需向海关申报,办理海关手续,得到海关的许可。货物在结关期间,不论是进口、出口或转运,都处在海关监管之下,不准自由流通的。简单地说就是办结该批货物的一切海关手续,结束海关的监管——即"结关"之后,货物就可以自由处置,不再处于海关的监管之中。

对于进口货物来说,国家海关认可的除临时入境之外还有两种方式:一种是一般贸易报关进口,另一种就是以快件的方式进口。就这两种进口形式来说,都具有各自的优势。

一般贸易多适用于生产原料、机械生产流水线等大宗高价值货物。其优势是可以大批量进口所需物资,并且会提供海关所征收的所有税金和相关的费用的证明。其所提供的税金证明对于企业来说可以起到抵税、退税的作用。但是一般贸易进口的局限也很大。如此对于散货和比较急的货物而言,一般贸易所需的清关时间较长(一般贸易进口要求各项单证,批文必须齐全,办理的时间会花费很长的时间),并且它要求进口货物必须单独使用拖车单独报关入口,这样会使进口货物的成本提高同时造成时间拖延。

快件进口多适用于IC、通信产品、酒类、保健品、化妆品、珍品皮具、小吨位机器等。其优势有两点。首先,它可以不需要货主提供货物的单证及相关证明。其次,由于它要求的资料仅仅是货物的商业发票和装箱单,因此快件进口所需时间和速度都比较快,从接到货物到进口清关至内地一般在一到两天之内。如果遇到货物比较多的情况下,可以分批申报进口,故大批货物的进口也可以采取快件进口方式操作。

快件与一般贸易进行对比如下。

从进口的费用来说,一般贸易进口明显高于快件进口,因为它要求征收的所有费用和税金都是针对单票货物来进行的。不过它能提供对应的发票和税金证明。快件进口的缺点是不能向顾客单独开具海关所征收的各种发票,因为它在进口的过程中是整个一批货物所产生的进口关税和进口增值税,并且这部分税金在进口时被所委托的物流公司抵扣了。但是如有对票据方面的需要也可通过其他途径办理,也是完全合法的。由于快件进口所花费的时间和费用都比一般贸易低很多,所以有很多的客户选择这类的进口方式。就以上内容来看,快件进口相对于一般贸易进口很明显的优势在于:快件进口所花费的时间少,速度快,手续简便,绝对是优于一般贸易进口的。

进口不同的货物应该选择不同的进口清关方式,客户在进口清关时一般关心的是货物进口所需时间,清关费用,货物的安全这几个问题。如能正确把握进口清关的途径,必将事半功倍。

进口货物的一般流程如下。

(1) 确认发货日期

确认订单——确认货物价格、货量。

确认合同——确认好合同的成交条款、最终发货量、货物价格、最晚出运船期。

(2) 通知联系货代

通知国内代理,联系国内货代准备清关单证。

清关单证:B/L、发票、装箱单、合同、原产地证、质检证书、包装声明等。(单证需根据具体的品名、进口国家等具体而定。)

(3) 清关

换单——去货代或船公司换签 D/O。（根据手中提单来确定是到何处换单。H B/L 货代提单；M B/L 船东提单。）

电子申报——计算机预录、审单、发送、与海关联系、放行。

报检——电子申报放行后，凭报关单四联中的一联去商检局办理报价手续，出通关单或敲三检章。

现场交接单——海关现场交接单。

查验——海关根据货物申报品名的监管条件，与当日查验概率给予查验，如有查验会开出查验通知书。

放行。

(4) 运输

运输前需注意商检局是否开具卫生检疫、动植物检疫（简称动卫检）查验联系凭条。如有动卫检查验，则需提前半个工作日预约，逃检所产生的费用在 2 万～5 万元人民币之间或暂停其单位报检资格。车队需在港区排提货计划，如港区计划、理货、放箱计划等。一般情况是提前 1 个工作日排计划。

(5) 入库、分销

收货人收到货物后安排仓储、分销出运。将税单送到税务局抵扣增值税。进口海关监管货物在其监管期限内不得转让，如需转让则需向海关再次申报。

资料 5

跨境电商中的报关

报关是指进出口货物收发货人、进出境运输工具负责人、进出境物品所有人或者他们的代理人向海关办理货物、物品或运输工具进出境手续及相关海关事务的过程，包括向海关申报、交验单据证件，并接受海关的监管和检查等。

报关时应向海关提交的单证如下。

(1) 出口货物报关单

报关单是海关对出口货物进行监管、查验、征税和统计的基本单据。目前使用的出口报关单有四种：普通报关单（白色）、"来料加工、补偿贸易专用"报关单（浅绿色）、"进料加工专用"报关单（粉红色）和"出口退税专用"报关单（黄色）。不同的报关单适用于不同的贸易方式和需要。

(2) 出口许可证

经国家正式批准有出口经营权的单位，在其经营范围内，出口不实行许可证管理的商品，可免领出口许可证。如出口超出其经营范围的商品以及国家规定必须申领出口许可证的商品，应向海关交验出口许可证或国家规定的其他批准文件。

(3) 装货单或运单

装货单（shipping order）是船公司或其代理签发给托运人的通知船方装货的凭证（非海运方式即为运单）。海关查验放行后，在装货单或运单上加盖放行章发还给报关人，报关人凭它装运货物出口。

(4) 发票

发票是海关审定完税价格的重要依据,故发票必须载明货物的真实成交价格,允许使用简式发票。

(5) 装箱单

发票内容的补充,说明货物的具体规格数量。如包装内容一致的件装货物或散装货物,可免交。

(6) 出口收汇核销单

外汇管理部门提供的单证,海关办妥结关手续后,在其盖章,出口单位凭它向外汇管理部门结汇核销。

(7) 合同及相关证明

海关认为必要时应交验的贸易合同、产地证和其他有关证明。

(8) 查验货物和结关放行

海关以出口报关单为依据,在海关监管处对出口货物进行查验,报关单位派报关员在现场负责开箱装箱,协助海关完成查验工作。查验合格后,报关单位照章办理纳税手续,海关在装货单或运单盖章,结关完成。

资料 6

海关暂扣物品的处理

根据《海关法》和《海关行政处罚实施条例》的规定,海关可依法实施扣留的货物、物品和运输工具的范围包括以下几方面。

一是有走私嫌疑的货物、物品和运输工具。在执法实践中,海关扣留此类货物、物品和运输工具并不必以当事人走私行为成立为前提,只要海关认定上述财物具有走私嫌疑,就可以按照法定程序和时限要求予以扣留。

二是违反《海关法》或者有关法律、行政法规的货物、物品和运输工具,海关扣留此类财务主要发生在进出境环节。

三是其他法律、行政法规规定可以由海关扣留的货物、物品和运输工具,海关在执法过程中发现的,也可予以扣留。

当依法应当予以扣留的货物、物品和运输工具因为出现某些特殊事由而无法或不便采取扣留措施的,海关可以责令有关当事人或者运输工具负责人提供与上述财务价值相等的财产作为担保。这里所指"无法"扣留财物的范围通常包括:加工贸易(进料加工、来料加工)进口件已经加工为成品,并且已在国内销售的;一般贸易进口货物、物品和运输工具已被倒卖、去向不明,或者虽有下落但已经多次转手,为维护合法取得者的合法权益,不宜再实施扣留的;货物、物品、运输工具下落不明或者有证据证明已经灭失的;违法标的已同其他合法货物相结合,无法分割的。"不便"扣留财物通常指危险品、易燃品、易爆品以及不便扣留也无法保管的大宗货物等。

对上述货物、物品和运输工具,海关若实施扣留,或无法执行,或难以操作,或有可能侵犯货物所有权人的合法权益。

资料7

亚马逊跨境物流解决方案

互联网商业,交易容易,交付难。交易购买和支付,在线上平台或移动端随时能够实现;而交付则需要具备订单处理、全球云仓库存调拨、拣选、物流集货、海关、商检、干线物流、城市集散、最后一公里配送等能力。所以电商行业内有句话叫作:得物流、得天下。全球各大电商平台都把物流供应链服务作为企业核心战略的重心。

在跨境电商方面,亚马逊作为跨境电商的领头羊,有全球14大国际站点带来的丰富选品、全球跨境云仓、全球物流网络优势,同时还拥有125个运营中心,物流配送范围覆盖180多个国家和地区。亚马逊的全球物流能力是其他电商平台不具备的优势之一。下面我们介绍亚马逊的跨境物流。

目前,亚马逊的跨境物流方式有两种:一种是FBM,另一种是FBA(fulfillment by amazon)。

FBM是指卖家自发货,就是指当有订单时,卖家需要从国内自己寻找国际物流,然后根据国际物流标准,重新打包贴签,再发到国外消费者手中,我们称为自配送。

简单地说,自配送就是由用户自己通过第三方物流服务进行配送,从卖家下单到买家签收以及之后的退换货都由卖家负责。

FBM缺点是卖家需要自己找物流和二次贴签,因有一个国际物流阶段,所以物流周期、交易周期长,货品到客户手中的时间长,但是资金需求小,风险也小,有一单发一单。FBM优点就是无须囤货,无资金压力。

FBA是指卖家需要提前囤货到亚马逊仓库,当有用户下单的时候,由亚马逊物流仓进行发货,物流仓会跟买家对接。

FBA优点是物流周期短。但是由于这种模式需要提前囤货到亚马逊,所以缺点就是囤货成本高,还有风险。例如,当卖家的产品在一段时间内不好卖时,囤积在亚马逊的货品需要支付仓库租金,如果出现长期滞销,只能把囤积的产品进行销毁,还要收取销毁费。另外,如果出现退货的情况,假如做的是美国FBA,退货地址只支持美国,如果再退回国内,算进口,这样国内的关税极其高昂,就算请FBA销毁,也要收取销毁费用。所以这个模式成本太大,风险也大。但是随着电商客户对物流体验要求的提高,FBA成为越来越多大中型商家的选择。

表4-8所示是FBM与FBA的对比。

表4-8 FBM与FBA的对比

项 目	自配送FBM	亚马逊物流FBA
配送时长	时间可长可短,卖家自行控制,多数情况会较长	基本可以实现2~3天送达
配送费用	根据实际情况核算	按照FBA的标准收费
物流追踪	卖家自行追踪	FBA负责追踪
客户服务	卖家自己提供	FBA卖家支持团队提供
物流服务	卖家自行寻找服务商	FBA提供配送

项目 4 综合评价

项目 4 综合评价见表 4-9。

表 4-9　项目 4 综合评价

评价项目	技　能　点	评价方式		
		达到	未到达	教师评价
知识目标	理解并掌握物流的概念			
	理解并掌握物流管理的概念			
	理解并掌握电子商务与物流的关系			
	了解电子商务物流企业			
	了解电子商务物流配送方案			
	了解跨境电子商务物流			
能力目标	能利用互联网找到所需资料			
	能根据提供资料和自学查找资料进行分析和总结			
	能与相关企业礼貌交流、沟通			
	能看懂电子商务物流配送方案			
思政目标	具有创新意识,能自主学习			
	提高个人修养,热爱祖国,爱岗敬业,诚实守信			
	遵规守纪,不迟到早退,按时完成布置任务			
	注重学思合一、知行统一,勇于实践,打造工匠精神			
	了解电子商务行业领域的国家战略,法律法规和相关政策			
创新能力	学习过程中提出具有创新性、可行性的建议			
学生姓名		综合评价		
指导教师		日期		

项目 4 组内任务完成记录表及评价

项目 4 组内任务完成记录表及评价见表 4-10。

表 4-10 项目 4 组内任务完成记录表及评价

评价项目	评价内容	评 价 标 准	评 价 方 式		
			自我评价	小组评价	教师评价
职业素养	安全意识 责任意识	A. 作风严谨,自觉遵守纪律,出色完成任务 B. 能够遵守纪律,较好完成任务 C. 遵守纪律,没完成任务,或虽完成任务但未严格遵守纪律 D. 不遵守纪律,没有完成任务			
	学习态度	A. 积极参与教学活动,全勤 B. 缺勤达本任务总学时的 10% C. 缺勤达本任务总学时的 20% D. 缺勤达本任务总学时的 30%			
	团队合作意识	A. 与同学协作融合,团队意识强 B. 与同学能沟通,协调工作能力较强 C. 与同学能沟通,协调工作能力一般 D. 与同学沟通困难,协调工作能力较差			
专业能力	任务 4.1 电子商务物流概述	A. 学习活动评价为 90~100 分 B. 学习活动评价为 75~89 分 C. 学习活动评价为 60~74 分 D. 学习活动评价为 0~59 分			
	4.2.1 调研我国电子商务物流企业	A. 学习活动评价为 90~100 分 B. 学习活动评价为 75~89 分 C. 学习活动评价为 60~74 分 D. 学习活动评价为 0~59 分			
	4.2.2 电子商务物流配送方案	A. 学习活动评价为 90~100 分 B. 学习活动评价为 75~89 分 C. 学习活动评价为 60~74 分 D. 学习活动评价为 0~59 分			
	任务 4.3 跨境电子商务物流概述	A. 学习活动评价为 90~100 分 B. 学习活动评价为 75~89 分 C. 学习活动评价为 60~74 分 D. 学习活动评价为 0~59 分			
创新能力		学习过程中提出具有创新性、可行性的建议	加分奖励(满分 10 分)		
学生姓名			综合评价		
指导教师			日期		

项目 5

电子商务的法律法规

知识目标

1. 了解电子商务法。
2. 掌握电子签名的概念。
3. 掌握电子合同、电子支付的概念。
4. 了解电子商务中消费者权益。
5. 了解电子商务中消费者隐私权、名誉权、知情权、索赔权的内容。

能力目标

1. 能够针对电子商务涉及的法律问题提出个人看法。
2. 能够做到学好用好《电子商务法》,能分析判定违规行为。
3. 能够理解电子支付中的法律问题。
4. 能够维护电子商务中消费者的各项权益。

素质目标

1. 具有较强的实践精神,能够自觉主动地寻求恰当的方法获取信息。
2. 具有自主探究式学习意识。
3. 具有合作意识,能够与团队成员共享信息,实现信息价值的最大化。
4. 将社会主义核心价值观中"文明、和谐"与电子商务法律制度相融合。
5. 将社会主义核心价值观中"自由、平等"与电子商务合同法律制度相融合。
6. 将社会主义核心价值观中"诚信、友善"与消费者权益保障的法律制度相融合。
7. 引导学生热爱祖国,爱岗敬业,将职业道德教育贯穿于整个教学内容。

项目 5　电子商务的法律法规

建议课时：4 课时

开篇导读

经济社会的运行必须有相关的法律法规作为保障。进入电子商务时代，个人、企业利用网络进行的各种活动越来越频繁，势必会引发一系列的法律问题。这些法律问题是随着互联网和电子商务的发展而来的，传统的法律法规难以直接适用，这就需要制定相应的电子商务法律、法规，调整电子商务领域中特定的法律条款，以便从法律的角度为电子商务发展提供保障，营造更好的运营环境。

本项目学习结构图如图 5-1 所示。

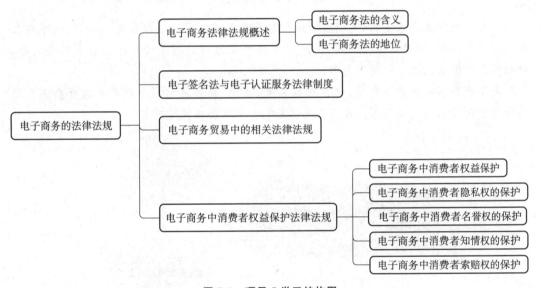

图 5-1　项目 5 学习结构图

任务 5.1　电子商务法律法规概述

请依据要求进行角色扮演。

1. 在面对面的传统交易时代

学生分为两组，一组扮演商品的销售者，另一组扮演商品的购买者。

两组同学分别排成一排，每位同学只能和自己紧邻的同学进行交易。

两组学生开始了面对面的谈判和交易。由于只能和距离最近的人交易，如果某位同学需要获得较远处同学的产品，则需要通过接力交易的方式（即拥有该产品的同学，需要将自己的产品交易给自己最近的同学，然后得到该产品的同学再次和与自己最近的同学进行交易,以此类推)。最终经过若干次交易,产品最终到达该同学手中。

2. 在电子商务时代

学生分为六组,一组扮演商品销售者,二组扮演商品购买者,三组扮演电子数据服务商,四组扮演物流公司,五组扮演提供现金流的公司,六组扮演政府监管部门。

请同学们对传统交易方式和电子商务交易方式的区别进行探讨,并列举出各自的优缺点;评价六组同学在电子商务交易中的作用。

提示:六组同学实际上所代表的就是电子商务法的实施。

教师总结:六组同学实际上所代表的就是电子商务法的实施,以此让同学们认识到电子商务法对于电子商务的重要作用。

资料1

电子商务法的含义

广义的电子商务法是指,对商业活动参与者利用一项或数项经由电子手段、光学手段或类似手段生成、储存或传递的信息,进行各类商业活动过程中所产生的各类社会关系,进行规范和调整的法律规范的总和。

电子商务活动的整个过程,包括在信息流、物流、资金流过程中所产生的社会关系都属于电子商务法的调整范围。图5-2所示是电子商务法的调整对象。

图 5-2 电子商务法的调整对象

资料2

电子商务法的地位

电子商务法的地位是指电子商务法在我国的整个法律体系中所处的位置。

资料3

案 例 分 析

网店承诺构成合同条款吗?

杨女士以网购方式,购买了一款售价为5万元的名牌女包。该网店在网店首页写有"本店所有商品一律包邮"字样。杨女士通过网上银行支付了商家5万元,但所购女包迟迟未能收到,于是向商家进行询问,商家称因为杨女士所订的包比较名贵,需要进行保价邮寄,因此杨女士还应当再支付 2 500 元的保价邮费,支付完成后才能将包寄给她。

杨女士认为网站自己宣称"包邮",邮寄费不应由自己承担;网店则称"包邮"仅指普通邮寄费用,不包括保价。

于是杨女士将网店诉至法院。诉讼前,杨女士将网站内容进行了证据保全,并于庭审时提交给了法院。

思考:网店上的承诺发生歧义时,如何处理?

简析:《中华人民共和国合同法》第四十一条规定:"对格式条款的理解发生争议的,应当按照通常理解予以解释。对格式条款有两种以上解释的,应当作出不利于提供格式条款一方的解释。格式条款和非格式条款不一致的,应当采用非格式条款。"

网店的"包邮"承诺构成了双方买卖合同的条款,而且这一条款是由网店单方制作,并适用于该网店的所有商品买卖行为,因此,可以将这一条款认定为格式条款。这一条款确实存在约定不明确的情况,但由于这一条款系网店单方制作,依据《中华人民共和国合同法》第四十一条的规定应当作出不利于网店的解释。因此,应当支持杨女士的诉讼请求。

资料 4

启 发 案 例

手机短信是否可作为证据?

原告刘刚向人民法院起诉张红,称曾借给张红 20 万元,但至今没有归还,现起诉要求张红偿还借款 20 万元,并承担本案诉讼费。被告张红辩称,刘刚所述不是事实,双方的借贷关系不存在,故不同意刘刚的诉讼请求。

为证明此款系张红所借,刘刚在庭审中向法庭提交了自己使用的号码为"136×××× 5678"的三星移动电话一部,其中的部分短信息内容记载了张红向刘刚要求借款以及拒绝还款的内容,这些短信内容均发自"136×××3456"的移动电话号码。法院在庭审时,经当庭核实,"136×××3456"的号码系张红使用,且自 2020 年八九月起使用至今。不过,张红称上述款项系刘刚向其还款,但未提供相应证据。

思考:手机短信作为证据使用的条件是什么?

简析:依据《电子签名法》中的规定,电子签名是指数据电文中以电子形式所含、所附用于识别签名人身份并表明签名人认可其中内容的数据。数据电文是指以电子、光学、磁或者类似手段生成、发送、接收或者储存的信息。

法院认为,移动电话短信息符合电子签名、数据电文的形式。同时,移动电话短信息能够有效地表现所载内容并可供随时调取查用;能够识别数据电文的发件人、收件人以及发送、接收的时间。经法院对刘刚提供的移动电话信息(生成、储存、传递数据电文方法的可靠性,保持内容完整性方法的可靠性,用以鉴别发件人方法的可靠性)进行审查,可以认定该移动电话短信息内容作为证据是真实可靠的。

从张红向刘刚发送的移动电话短信息内容可以看出,张红确实向刘刚提出借款 20 万元的请求。结合中国工商银行个人业务凭证显示的刘刚给张红汇款 20 万元的事实,以及张红屡次通过短信向刘刚承诺还款的事实,可以认定张红向刘刚借款的事实。现刘刚要求张红偿还借款,事实清楚,证据充分,法院予以支持。张红称上述款项系刘刚向其还款,但其未提供刘刚向其借款的相关证据,对此法院不予采信。据此,法院判决于判决生效后十日内,张红应向刘刚归还欠款20万元。

资料 5

《电子商务法》与其他相关部门法律之间的关系

1. 上位法优于下位法

在电子商务中,若出现《电子商务法》与其他相关部门法律均对电子商务中涉及的某一内容作出规定,而且这两个部门法律不属于同一位阶的情形,应该依据"上位法优于下位法"的原则适用上位法。

2. 特别法优于一般法、新法优于旧法

在电子商务中,若出现《电子商务法》与其他相关部门法律均对电子商务中涉及的某一内容作出规定,而且这两个部门法律不属于同一位阶的情形,应根据"特别法优于一般法""新法优于旧法"的原则,适用特别法或者新法。

3. 有规定的优于无规定的

在电子商务中,若《电子商务法》没有对某一电子商务涉及的内容作出规定,而其他相关法律有规定,那么,应该适用作出规定的具体部门法律的内容进行调整。

任务5.2 电子签名法与电子认证服务法律制度

电子邮件往来能构成劳动合同吗?

小邱大学毕业不久,就向一家咨询公司递交了"入职申请"。当月25日,该咨询公司通过电子邮件向小邱发出录用通知,内容包含劳动合同的基本内容,并对小邱的入职时间、工作岗位、工作地点、劳动报酬、福利及假期等做了约定。次日,小邱回邮件确认了该咨询公司的录用通知,并于次月1日到公司报到。

后来小邱离开了该咨询公司。离职时,小邱认为电子邮件录用通知不符合合同基本形式,不能等同于劳动合同,以双方未签订书面劳动合同为由,要求咨询公司支付双倍工资。

思考:电子邮件录用通知是否属于合同的基本形式?

简析:《合同法》第十一条规定:书面形式是指合同书、信件和数据电文(包括电报、电传、传真、电子数据交换和电子邮件)等可以有形地表现所载内容的形式。

咨询公司通过电子邮件向小邱发出录用通知,内容包含入职时间、工作岗位、工作地点、劳动报酬、福利及假期等劳动合同的基本内容,最关键的是,得到了小邱的回复确认,这即可视为双方订立了书面劳动合同。

资料 1

数据电文与电子签名概述

数据电文是指经由电子、光学或者类似方式生成、储存或传递的信息,这些方式包括但不限于电报、电传、传真、电子数据交换和电子邮件。

《电子签名法》第二条规定:电子签名是指数据电文中以电子形式所含、所附用于识别签名人身份并表明签名人认可其中内容的数据,如图 5-3 所示。

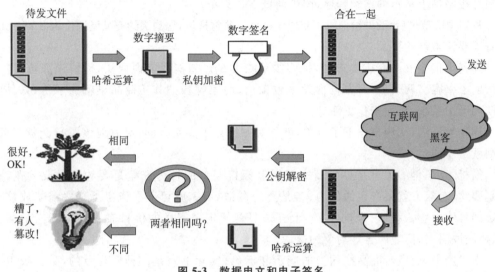

图 5-3 数据电文和电子签名

资料 2

电子签名与电子认证服务法律法规

电子认证是电子政务和电子商务的核心环节,可以确保网上传递信息的保密性、完整性和不可否认性,确保网络应用的安全。

认证机构(certificate authority,CA 认证机构或 CA 认证中心)是为用户在电子商务交易活动及相关活动中提供一个中立、公正、值得信赖的第三方认证服务的机构。

资料 3

数据电文与电子签名法律法规

电子认证是一种服务,其功能表现在"担保和预防"两个方面。

认证机构所提供的服务成果,只是一种无形的信息,包括交易当事人的身份、公共密钥、信用状况等情报。虽然,这些信息无法直接以具体的价格来衡量,但它是在开放型电子商务环境下进行交易所必需的前提性条件,并且是交易当事人很难亲自获知的。

电子商务认证是以认证机构与证书持有人之间的合同为基础而产生的服务关系。

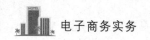

任务5.3 电子商务贸易中的相关法律法规

网上订货后价格陡涨,顾客是否应该承担价差?

周先生在某网上商城看中一台便携式计算机,标价8 250元,比市场便宜400~500元。他当即按网站上指示的购物程序,向该商城下了订单。

哪知国庆节过后,商城给他发了封电子邮件:"非常抱歉,您购买的商品已调价为8 450元,如有需要请重新购买。"

周先生很生气:"商店卖东西,标多少就卖多少。怎能顾客说要买,你再说涨价,岂不是摆明了宰客!"两天后,对方再次发来致歉信,商家解释:"其实商品早就涨了价,只是国庆期间维护系统,页面未作更新。"

周先生不满,认为自己下了订单,就与对方签订了买卖合同,对方应该履行交货义务,否则就是违约。

简析:该案例的关键是界定商家在网上标售商品的行为究竟是要约还是要约邀请。若是要约,对双方就要产生约束力;若是要约邀请,商家就可以在作出承诺之前修改该笔买卖的具体内容。我国《合同法》第十五条明确规定:"寄送的价目表、拍卖公告、招标公告、招股说明书、商业广告等为要约邀请。"

本案例中,商城对商品在网上的展示和标价,实际上就是一种广告目的,是为吸引不特定的人向自己发出要约,应认为是要约邀请。因此,卖家对待售商品的标价是可以撤回的。

资料1

电子商务交易主体及行业准入的法律问题

电子商务交易主体的定义是指以营利为目的,借助互联网、内部网等计算机网络实施交易并享有权利和义务的法人、组织和自然人,并将其分为"网络交易当事人"和"网络交易服务提供人"。

市场准入是指,政府对企业或投资者进入经营领域或某国市场从事活动加以限制或禁止的有关制度和规范的总称。具体包括企业及其分支机构的设立及营业实行审批以及特许经营的制度,也涉及有关产业政策、外商投资、行业管理和竞争政策。

资料2

电子合同

电子合同(electronic contract)又称电子商务合同。根据联合国国际贸易法委员会《电子商务示范法》以及世界各国颁布的电子交易法,同时结合我国《合同法》的有关规定,电子合同可以界定为:电子合同是双方或多方当事人之间通过电子信息网络以电子的形式达成的设立、变更、终止财产性民事权利义务关系的协议。

在合同的订立规则中,有一对概念是需要特别区分的,那就是要约与要约邀请。要约,是希望和他人订立合同的意思;要约邀请,则是希望他人向自己发出要约的意思。

资料 3

贸易活动中的电子支付问题

电子支付(electronic payment)是指以电子计算机及其网络为手段,将负载有特定信息的电子数据取代传统的支付工具用于资金流程,并具有实时支付效力的一种支付方式。

中国人民银行 2005 年 10 月 31 日发布的《电子支付指引(第一号)》第二条规定:"电子支付是指单位、个人直接或授权他人通过电子终端发出支付指令,实现货币支付与资金转移的行为。"

电子支付包括支付手段的电子化和支付方法的电子化。支付手段是指等价物,支付方法是指等价物的转移方式。电子支付是将现有的支付系统与信息通信技术相结合的电子服务系统,包括在专用网络(银行 POS、ATM)上支付和在开放网络(Internet)上支付。

资料 4

在线交易法律适用及管辖冲突问题

法律适用就是指在具体的法律事实出现后,通过将其归入相应的抽象法律事实,然后根据该法律规范关于抽象法律关系之规定,进而形成具体的法律关系和法律秩序的过程。无论是在理论界还是在司法实践领域中,法律适用都是一个极具挑战性的问题,这不是一个新问题,只要存在不同国家之间的法律差异,这一问题就不可能消失。电子商务的到来给法律适用提出了许多新问题。

电子合同是指以数据电文方式签订的具体的交易合同。迄今为止,世界上没有一个国家的法律对电子合同的法律适用问题做出专门的规定。

国际民事案件管辖权是指一国法院或具有审判权的其他司法机关受理、审判具有国际因素的民商事案件的权限。在确定管辖权方面,传统的规则一般基于三个标准来确定,即以地域、当事人国籍和当事人的意志为基础。

管辖权是解决电子商务争议案件的先决问题,规范电子商务的管辖权问题能有效判断侵权问题。

任务 5.4　电子商务中消费者权益保护法律法规

团购产品质量问题谁担责?

小张和同事在某家团购网站上团购了八盒"我的最爱"黑珍珠纳米面膜。面膜到货后,小张拿它与在香港买的同品牌面膜进行比较,发现了诸多问题,疑似假货,于是联系该团购网站客服要求退货并返还货款。该网站认为其只是提供中介服务,产品出现质量问题应当由小张直接找产品商家承担责任，网站不应当承担责任。小张认为其与该网站签订的委托协议中明确约定了该面膜的品牌、产地等事项，现在该网站违反协议约定，应当承担退货及返还货款的责任。

简析：团购后出现商品质量问题或者售后服务不完善的问题，团购网站到底承担什么责任，主要是看具体的团购模式是怎样的，以及看团购网站在团购过程中的角色和法律地位。

这里主要有以下两种情形。

第一，如果团购网站只是充当组织者的角色，为买卖双方传递信息、撮合交易，最终签订买卖合同的是消费者和销售者的话，则团购网站提供的服务是中介服务，从事的行为在法律上叫居间行为。在这种情况下，买卖中出现的商品质量问题以及售后服务问题都和团购网站没有关系。当然，如果团购网站与卖家合伙欺骗买家的话，则应该承担侵权的连带责任。

第二，如果团购网站发布广告，邀请消费者委托自己去买商品，团购网站按照与消费者之间的委托协议，约定了商品的名称、种类、数量、价格，以自己的名义买了之后再交给消费者，消费者支付报酬的话，则属于有偿委托合同。

在本案例中，小张与团购网站之间签订了团购协议并支付报酬，双方之间成立有偿的委托合同。团购网站违反合同约定，给小张造成了损失，应该承担违约责任，赔偿小张的损失。

资料 1

电子商务中消费者权益保护

消费者权益是指消费者在有偿获得商品或接受服务时，以及在以后的一定时期内依法享有的权益。

《中华人民共和国消费者权益保护法》为消费者规定了安全保障权、知悉真情权、自主选择权、公平交易权、依法求偿权、结社权、求教获知权、受尊重权、监督批评权等九项权利，并同时规定了经营者、国家和社会负有保障消费者权益的义务。

消费者权益的概念最早是由美国前总统肯尼迪提出的，包括以下四项内容。

一是有权获得安全保障。

二是有权了解商品性能。

三是有权自主选择商品。

四是有权提出意见。

资料 2

电子商务中消费者隐私权的保护

隐私权通常是指自然人的私人生活和私人秘密受到法律保护，而不得被他人非法收集、公开、利用或者滋扰的一种权利。

电子商务交易是消费者利用电子或者电子技术等手段，通过因特网进行交易的一种行为。交易程序主要包括电子商务运作前期的准备工作;贸易洽谈及合同的签订;合同履行前的准备工作和合同的正式履行及违约责任处理。消费者要完成电子商务交易,需要入网、访问、点击相关网站注册并填写个人信息,购买商品种类和数量及物流等相关信息,整个过程都涉及消费者隐私。

电子商务交易过程中消费者隐私权指消费者在电子商务交易过程中享受的个人信息(IP、姓名、地址、联系方式、职业等)不被非法获悉和公开,个人生活不受外界非法侵扰、个人私事的决定不受非法干涉的一种独立的人格权。

电子商务交易过程中消费者隐私主要包括个人数据信息(IP 地址、姓名、性别、职业、电话号码、QQ 号、微信号、E-mail 等)、个人网络私事(上网习惯、网购习惯和其他等)和个人网络领域(计算机内存储的信息、个人网络空间等)。

电子商务交易过程中根据侵犯消费者主体的不同,侵权形式也不同,主要体现为以下几种形式。

第一,非法搜集、分析、利用、纰漏、出售消费者个人数据信息。

第二,非法发送垃圾邮件和信息,盗取、监看他人的电子邮件、QQ 和个人网络空间,非法侵入消费者的计算机等。

第三,监听、窥探和跟踪电子商务交易过程中的消费者,对消费者个人网络活动进行侵害。

资料 3

电子商务中消费者名誉权的保护

公民的名誉是社会公众对特定的公民、能力、思想等方面的评价。

法人的名誉是指社会、公众对特定法人的财产状况、信用、行业声望、是否尽社会责任等方面的评价。

名誉权是指公民或法人保持并维护自己名誉的权利。它是人格权的一种。

电子商务中,侵犯名誉权的行为更具有隐蔽性、快速性和广泛性的特点,其危害性更大,侵权行为一旦产生,其损害结果比传统侵权行为造成的损害结果更为严重。因此,对这种侵权行为的惩处更有利于网络的健康发展。

侵害网络名誉权应承担民事责任,根据不同情况不同侵权行为有不同的规定。

第一,侵权行为人的民事责任。

第二,网络传播者的民事责任。

第三,ISP 的民事责任。

资料 4

电子商务中消费者知情权的保护

知情权是指消费者享有知悉其购买的商品或接受服务的真实情况的权力,是消费者的基本权利之一,在我国《消费者权益保护法》中有明确规定。

消费者知情权的内容主要有以下几个方面。

（1）关于商品或服务的基本情况，包括商品名称、商标、产地、生产者名称、生产日期等。

（2）有关技术状况，包括商品用途、性能、规格、等级、所含成分、有效期限、使用说明书、检验合格证书等。

（3）有关销售状况，包括售后服务、价格等。

资料 5

电子商务中消费者索赔权的保护

消费者索赔权又叫消费者求偿权，是指消费者在购买商品、使用商品或者接受服务时，其人身、财产受到损害时依法获得赔偿的权利。

我国《消费者权益保护法》第十一条规定："消费者因购买使用商品或者接受服务受到人身、财产损害的，享有依法获得赔偿的权利。"所以，根据此规定，消费者在购买、使用商品时，其合法权益受到损害的，可以向销售者要求赔偿，销售者赔偿后，属于生产者的责任或者属于向销售者提供商品的其他销售者的责任的，销售者有权向生产者或者其他销售者追偿。

项目 5 综合评价

项目 5 综合评价见表 5-1。

表 5-1 项目 5 综合评价

评价项目	技 能 点	评价方式		
		达到	未到达	教师评价
知识目标	了解电子商务法			
	掌握电子签名的概念			
	掌握电子合同、电子支付的概念			
	了解电子商务中消费者权益			
	了解电子商务中消费者隐私权、名誉权、知情权、索赔权的内容			
能力目标	能够针对电子商务涉及的法律问题提出个人看法			
	能够做到学好用好《电子商务法》，能分析判定违规行为			
	能够理解电子支付中的法律问题			
	能够维护电子商务中消费者的各项权益			

续表

评价项目	技 能 点	评 价 方 式		
		达到	未到达	教师评价
思政目标	具有较强的实践精神,能够自觉主动地寻求恰当的方法获取信息			
	具有自主探究式学习意识			
	具有合作意识,能够与团队成员共享信息,实现信息价值的最大化			
	能够将社会主义核心价值观中"文明、和谐"与电子商务法律制度相融合			
	能够将社会主义核心价值观中"自由、平等"与电子商务合同法律制度相融合			
	能够将社会主义核心价值观中"诚信、友善"与消费者权益保障的法律制度相融合			
	热爱祖国,爱岗敬业			
创新能力	学习过程中提出具有创新性、可行性的建议			
学生姓名		综合评价		
指导教师		日期		

项目 5 组内任务完成记录表及评价

项目 5 组内任务完成记录表及评价见表 5-2。

表 5-2 项目 5 组内任务完成记录表及评价

评价项目	评价内容	评 价 标 准	评 价 方 式		
			自我评价	小组评价	教师评价
职业素养	安全意识 责任意识	A. 作风严谨,自觉遵守纪律,出色完成任务 B. 能够遵守纪律,较好完成任务 C. 遵守纪律,没完成任务,或虽完成任务但未严格遵守纪律 D. 不遵守纪律,没有完成任务			
	学习态度	A. 积极参与教学活动,全勤 B. 缺勤达本任务总学时的 10% C. 缺勤达本任务总学时的 20% D. 缺勤达本任务总学时的 30%			

续表

评价项目	评价内容	评 价 标 准	评 价 方 式		
			自我评价	小组评价	教师评价
职业素养	团队合作意识	A. 与同学协作融合,团队意识强 B. 与同学能沟通,协调工作能力较强 C. 与同学能沟通,协调工作能力一般 D. 与同学沟通困难,协调工作能力较差			
专业能力	任务5.1 电子商务法律法规概述	A. 学习活动评价为90～100分 B. 学习活动评价为75～89分 C. 学习活动评价为60～74分 D. 学习活动评价为0～59分			
	任务5.2 电子签名法与电子认证服务法律制度	A. 学习活动评价为90～100分 B. 学习活动评价为75～89分 C. 学习活动评价为60～74分 D. 学习活动评价为0～59分			
	任务5.3 电子商务贸易中的相关法律法规	A. 学习活动评价为90～100分 B. 学习活动评价为75～89分 C. 学习活动评价为60～74分 D. 学习活动评价为0～59分			
	任务5.4 电子商务中消费者权益保护法律法规	A. 学习活动评价为90～100分 B. 学习活动评价为75～89分 C. 学习活动评价为60～74分 D. 学习活动评价为0～59分			
创新能力		学习过程中提出具有创新性、可行性的建议	加分奖励(满分10分)		
学生姓名			综合评价		
指导教师			日期		

项目 6

电子商务创新与创业

知识目标

1. 了解创新创业的概念。
2. 熟悉互联网思维的主要内容与特点。
3. 知晓调研报告的主要内容。
4. 掌握创新创业大赛企划书的内容与要求。

能力目标

1. 自学国家、北京市对大学生创新创业相关政策的能力。
2. 分析个人创新创业优劣势的能力。
3. 规划并实施创新创业调研方案的能力。
4. 参与团队活动,倾听他人意见,完成分工任务,达成团队工作目标的能力。
5. 使用搜索引擎、文字处理软件、表格处理软件和演示文稿制作软件的能力。

素质目标

1. 培养创新意识。
2. 树立知行合一的观念。

建议课时：12课时

开篇导读

随着互联网和电子商务技术的发展，我国电子商务领域的创新创业呈现井喷之势。无论是来自国家政策层面的支持还是电商低门槛重创新的特征都表明，开展电子商务创新创业是具有可行性的。当代大学生开展电子商务创新创业是他们人生难得的一次机遇和挑战。

把创新创业教育融入人才培养，切实增强学生的创业意识、创新精神和创造能力，厚植大众创业、万众创新土壤，为建设创新型国家提供源源不断的人才智力支撑。

经过前面5个项目的学习，同学们已经对什么是电子商务，电子商务的基本特征以及电子商务如何开展有了整体的认识。本课程最后一个项目，希望同学们怀揣已经学到的知识和掌握的能力，结合自己在课程学习过程中的所感所悟以及既往经验，去大胆畅想电子商务创业之路，也可以尝试撰写一份调研计划、一份调研报告、一份创业计划书，与老师、同学们分享你的观察，你的思考，你的结论，探讨未来的计划。

本项目学习结构图如图6-1所示。

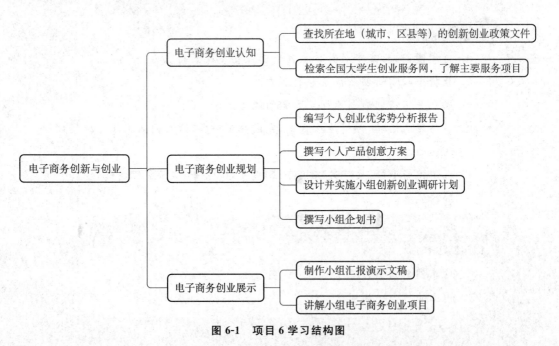

图6-1 项目6学习结构图

任务 6.1　电子商务创业认知

6.1.1　查找所在地（城市、区县等）的创新创业政策文件

将找到的资料填入表 6-1，保存为"班级＋学号＋姓名.docx"，提交到教师指定位置。

表 6-1　创新创业政策文件

所在地省/市等	资料来源网址、书刊信息	题目	主要内容摘要	字数	查找用时/分钟

注：可以续行。

资料 1

学习国家的创新创业文件

请同学们检索相关信息，进行自学，研读内容如图 6-2～图 6-4 所示。

国务院办公厅关于同意建立推进大众创业万众创新部际联席会议制度的函

发布时间：2015-11-04　来源：　作者：

国办函〔2015〕90号

发展改革委：

　　你委《关于建立推进大众创业万众创新部际联席会议制度的请示》（发改高技〔2015〕1676号）收悉。经国务院同意，现函复如下：

　　国务院同意建立由发展改革委牵头的推进大众创业万众创新部际联席会议制度。联席会议不刻制印章，不正式行文，请按照国务院有关文件精神，认真组织开展工作。

　　附件：推进大众创业万众创新部际联席会议制度

国务院办公厅
2015年8月14日
（此件公开发布）

图 6-2　国务院办公厅关于同意建立推进大众创业万众创新部际联席会议制度的函

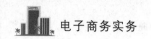

国务院办公厅关于深化高等学校创新创业教育改革的实施意见

发布时间：2015-11-04　来源：　　作者：

国办发〔2015〕36号

各省、自治区、直辖市人民政府，国务院各部委、各直属机构：

深化高等学校创新创业教育改革，是国家实施创新驱动发展战略、促进经济提质增效升级的迫切需要，是推进高等教育综合改革、促进高校毕业生更高质量创业就业的重要举措。党的十八大对创新创业人才培养作出重要部署，国务院对加强创新创业教育提出明确要求。近年来，高校创新创业教育不断加强，取得了积极进展，对提高高等教育质量、促进学生全面发展、推动毕业生创业就业、服务国家现代化建设发挥了重要作用。但也存在一些不容忽视的突出问题，主要是一些地方和高校重视不够，创新创业教育理念滞后，与专业教育结合不紧，与实践脱节；教师开展创新创业教育的意识和能力欠缺，教学方式方法单一，针对性实效性不强；实践平台短缺，指导帮扶不到位，创新创业教育体系亟待健全。为了进一步推动大众创业、万众创新，经国务院同意，现就深化高校创新创业教育改革提出如下实施意见。

图 6-3　国务院办公厅关于深化高等学校创新创业教育改革的实施意见

北京市教育委员会关于印发深化高等学校创新创业教育改革实施方案的通知

发布时间：2015-11-04　来源：　　作者：

京教高〔2015〕15号

各高等学校：

为深化高等学校创新创业教育改革，服务创新驱动发展战略，根据国务院办公厅《关于深化高等学校创新创业教育改革的实施意见》（国办发〔2015〕36号）精神，我委结合实施北京市"高水平人才交叉培养计划"以及"高质量就业创业计划"的实际，制定了《北京市深化高等学校创新创业教育改革实施方案》（以下简称《实施方案》），现将《实施方案》印发给你们，请认真贯彻落实。

各高校要充分认识深化创新创业教育改革在服务国家创新驱动发展战略、服务北京科技创新中心建设中的重要作用，将深化创新创业教育改革作为推动学校综合改革的突破口，加强顶层设计、强化部门协调、加大投入力度，并结合本校办学定位及人才培养实际，制定学校关于深化创新创业教育改革的实施方案。各市属院校应于2015年10月31日前将本校实施方案报市教委备案。

图 6-4　北京市教育委员会关于印发深化高等学校创新创业教育改革实施方案的通知

资料 2

了解北京市属学校创业情况

据《2019年北京地区高校毕业生就业质量年度报告》可知，北京市教委和各高校立足培养学生的创新精神、创业意识和创新创业能力，将创业实践与专业教育相结合，帮助学生在创新创业中巩固专业知识，在专业教育中提高创新创业能力。以"一街三园多点"（"中关村大学生创业一条街"；良乡高教园、中关村软件园和北京高校大学生就业创业大厦的3个市级大学生创业园；中国人民大学大学生创业园、北京工业大学大学生创业园、北京航空航天大学创业园、北京工商大学学生创业园、北京中医药大学杏林众创空间、北京外国语大学"歆创"孵化器、北京信息科技大学大学生创新创业基地和北京财贸职业学院创业孵化中心等多个高校双创基地)建设为抓手,持续推进大学生创业园建设。三个市级大学生创业园在园团队303支,其中218支完成工商注册,60支完成社会融资3.5亿元,在园团队年营业收入3.3亿元,孵化大学生创业者2 300余人,创业团队数量及质量实现双增长。25家高校分园在园团队691支。市教委为在园团队提供政策咨询、工商注册、投/融资对接等12项管家式服务,支持优秀创业团队参加"互联网+"、创客中国等创新创业大赛。创业团队共获得奖项200余项,其中清华大学"交叉双旋翼复合推力尾桨无人直升机"项目,夺得2019年第五届中国"互联网+"大学生创新创业大赛总冠军。2019年北京高校大学生优秀创业团队评选中,70所高校1 195支团队报名参评,复赛网络直播在线观看突破10万人次,团队质量及社会关注度得到进一步提升。

资料3

透过北京某职业学院报告了解创新创业信息

图6-5~图6-8所示是2019年北京某职业学院毕业生就业质量报告。

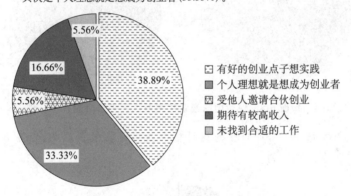

图6-5 毕业生自主创业的原因饼图

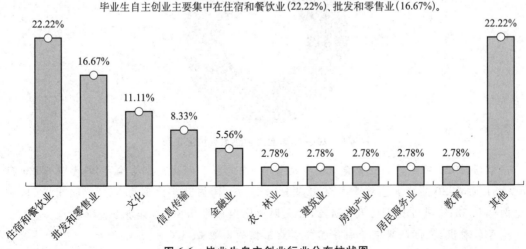

图6-6 毕业生自主创业行业分布柱状图

具体来看,自筹资金(97.22%)是毕业生最主要的筹资途径,其次为银行贷款(11.11%)。

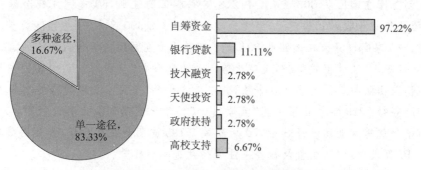

图 6-7　毕业生自主创业筹资途径饼图

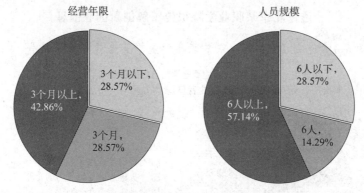

图 6-8　创业团队经营年限及人员规模饼图

根据图 6-9、图 6-10 所示,可知在创业过程中虽然面临很多难题,但有 85.71% 的毕业生表示所在团队目前已有盈利。

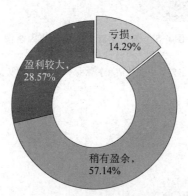

图 6-9　2019 年毕业生创业盈利情况饼图

根据《2021 年高等职业教育质量年度报告》中的就业率及就业结构可知,截至 2020 年 8 月 31 日,2020 届毕业生就业率为 92.96%。其中,国内升学比例为 34.30%,出国、出境比例为 0.62%,就业比例为 58.04%,自主创业比例仅为 0.76%,如表 6-2 所示。

可以看出,实际从事电子商务相关创业工作的人数并不多见。

毕业生在创业过程中遇到的各种问题中,资金问题(36.11%)是毕业生认为最难以解决的问题,其次是市场推广问题(16.67%)。

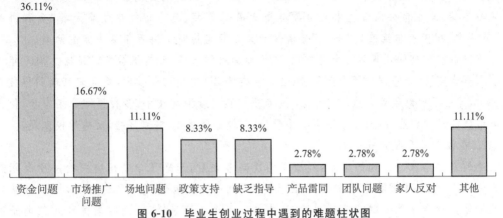

图 6-10　毕业生创业过程中遇到的难题柱状图

表 6-2　2020 届毕业生毕业去向

毕业去向	人数	占比/%
就业	841	58.04
签就业协议形式就业	89	6.14
签劳动合同形式就业	151	10.42
应征义务兵	1	0.07
自主创业	11	0.76
其他录用形式就业	564	38.92
自由职业	25	1.73
升学	506	34.92
国内升学	497	34.30
出国、出境	9	0.62
未就业	102	7.04
待就业	102	7.04
合　计	1 449	100.00
就业率	92.96	

资料 4

分析典型的校友创业案例

1. 北京高校毕业生就业创业先进典型

2022 年 4 月,"永远跟党走,到祖国需要的地方建功立业"北京高校毕业生就业创业先进典型百场系列宣讲活动启动仪式在中国农业大学隆重举行。据悉,此次宣讲活动经各高校推荐,首次推选出 80 余名就业创业先进典型毕业生,为毕业生树标杆,用鲜活的事迹讲述毕业生的就业创业故事,引导毕业生把个人理想追求融入国家发展和民族振兴的伟大事业中,主动投身基层一线、国家重大工程、重大项目、重要领域就业创业。

北京财贸职业学院 2017 届导游专业毕业生张成瑞、2021 届工程造价专业毕业生李隆群成功入选就业创业先进典型。

张成瑞在颐和园任讲解员,他工作中发挥专长,讲解融合颐和园的园林文化与红色文化要素,形成独特讲解风格,并在专业领域不断拓展。张成瑞曾获北京市"劳动最光荣"演讲比赛铜奖、北京市公园管理中心专题导游大赛二等奖、北京市红色故事大赛"金牌讲解员"等荣誉,积极参与海淀区"七一"会演和北京市百名讲解员讲百年党史宣讲活动。

李隆群在校期间认真学习专业知识,积极参加双创活动,不断积累实践经验。2019年以双创大赛为契机,李隆群发挥专业优势,创新独有的3D建模打印技术,成立北京瑞朋科技有限公司,开启了他的创业之旅。几年来,他带领团队持续深耕技术,多种渠道开拓市场,使得公司运转良好。毕业后,同时李隆群心系母校,回校招聘员工、分享经验,反哺母校发展。

2. 在校创业帮扶周边

小谢是一名来自河南的学生,经历了两次高考之后,选择了与梦想有关的一所高职院校。进入大学后,小谢在学习的同时忙于创业,但他并没有忘记自己的初心,大一时就凭自己的能力竞得学院外联部部长职务;还成立了一个工商系英语社;在老师和两位电子商务专业同学的帮助下创办了丝绸友递物流公司,该公司现在一直由学弟学妹继续运营着。在校期间,该创业项目荣获第十届"发明杯"全国高职高专创新创业大赛二等奖;2015年11月,获"挑战杯-彩虹人生"首都职业学校创新创业创效大赛金奖;2015年12月,获北京地区高校优秀创业团队;2016年4月获第一届"京津冀"职业学校创新创业大赛特等奖;2016年8月获"挑战杯-彩虹人生"全国职业学校创新创效创业大赛特等奖。

小谢诚信、敢为、执着、感恩地走出校门,丝绸友递物流公司却还在校内服务着全校师生,更是为相关专业的在校生提供了与企业业务对接的实践空间。

6.1.2 检索全国大学生创业服务网,了解主要服务项目

除相关政策文件学习外,还需要了解创业工作的业务流程。可以参考国家大学生就业服务网站(https://www.ncss.cn/);全国大学生创业服务网站(https://cy.ncss.cn/),全国高等学校学生信息咨询与就业指导中心网站(https://www.ncss.cn/ncss/zt/dxszzcyxcsc.shtml)等,对大学生自主创办企业流程和创业优惠政策网站进行学习,网站首页如图6-11~图6-13所示。

图6-11 国家大学生就业服务网站首页

项目6　电子商务创新与创业

图 6-12　全国大学生创业服务网站首页

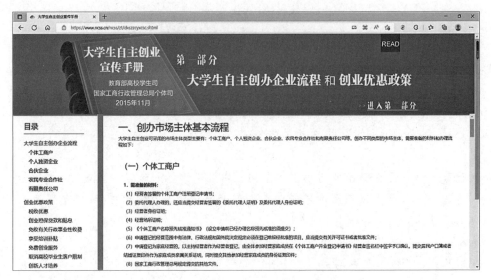

图 6-13　大学生自主创业宣传手册页面

任务 6.2　电子商务创业规划

6.2.1　编写个人创业优劣势分析报告

（1）审视自己。列表方式记录自己的优势和劣势。

（2）分析自己。小组学习中可能承担的工作和无法完成的任务。

（3）形成总结。将上述分析结果记录下来，然后把记录表交给小组长。

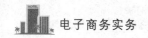

资料 1

STOW 分析

SWOT 分析法在 20 世纪 80 年代初由美国旧金山大学的管理学教授韦里克提出,经常用于制订企业战略、分析竞争对手等。S(strengths)是优势,W(weaknesses)是劣势,O(opportunities)是机会,T(threats)是威胁。

有人将 SWOT 分为两部分:一部分为 S 和 W,主要用来分析内部条件,指先从公司内部情况对项目作评估,列出公司现有的资源和人手对于完成项目指标存在的优势和劣势;另一部分为 O 和 T,主要用来分析外部条件,指针对项目形势分析外因的机会和危机等。

SWOT 分析不仅对组织有用,对个人也有用。通过个人 SWOT 分析,可以使人在工作和生活中受益。

资料 2

STOW 分析案例

https://wiki.mbalib.com/wiki/SWOT 网站提供了一些相关信息,可以帮助初学者了解它的主要用途、优点和劣势。

在这个网址 https://www.marketingteacher.com/starbucks-swot/有关于星巴克(starbucks)SWOT 分析的案例;在这个网址 https://www.marketingteacher.com/nike-swot/有关于耐克(Nike)SWOT 分析的案例。

星巴克:
- 优势——星巴克集团的盈利能力很强,2004 年的收入超过 6 亿美元。
- 劣势——星巴克以产品的不断改良与创新而闻名。(译者注:可以理解为产品线的不稳定。)
- 机会——新产品与服务的推出,例如在展会销售咖啡。
- 威胁——咖啡和奶制品成本的上升。

耐克:
- 优势——耐克是一家极具竞争力的公司,公司创立者与 CEO 菲尔·奈特(Phil Knight)最常提及的一句话便是"商场如战场"(business is war without bullets)。
- 劣势——尽管耐克拥有全系列的运动产品,它最主要的业务还是在于跑鞋(产品线丰富但重点产品单一)。
- 机会——产品的不断研发。
- 威胁——受困于国际贸易。

6.2.2 撰写个人产品创意方案

根据个人生活或者学习中的痛点,撰写一份产品创意方案,能对受众人群、人群需求、需求解决点等要素给出说明,命名为"任务 6.2.2＋姓名.docx"。

资料 1

了解互联网思维特点

(1) 用户思维。

(2) 简约思维。

(3) 极致思维。

(4) 迭代思维。

(5) 流量思维。

(6) 社会化思维。

(7) 大数据思维。

(8) 跨界思维。

(9) 竖屏思维。

资料 2

分析企业创新案例

1. 传统企业的创新挑战

科技创新是基因还是手段?它会如何影响企业的发展?传统企业如何发掘科创基因,思变求变?这背后,隐藏着资本如何看待企业技术创新对估值影响的激烈讨论。

在天工国际首席投资官朱泽峰看来,企业经营的最终目标一定是用更快的速度生产出性价比更高的产品。"天工国际所处的特钢行业是一个充分竞争的行业,如果没有创新的基因,不是每天都在思考怎么创新,必然有一天会被竞争对手淘汰。"朱泽峰强调,传统企业的创新不应该仅仅是产品上的研发创新,还应该包括设备更新、技术改造、工艺路线优化,甚至包括管理水平提升。"这些不只是科创企业,也是传统企业应该做的,且必须长期做下去的一件事。"

2018 年,天工国际投资 5 亿元用于创新的高端粉末引进项目。对此,朱泽峰表示,科创的驱动力来源于市场对高端产品需求的变化。"此次巨额投入,也是因为意识到 3D 打印增材制造应用领域在不断扩大,未来市场对高端粉末的需求将越来越旺盛。"朱泽峰称,企业在创新的同时还需要和客户保持及时沟通,让客户及时了解创新项目和产品研发进展,如此当产品正式进入市场后,也可以快速进行销售。

毕马威中国资本市场咨询组合伙人潘子建则表示,每家企业都有内生或外延的创新基因。"有一些传统企业内部其实有很好的技术,只是公司太大,无法让整个决策层看到每一项技术。"他认为,公司可以通过创新文化引领,让小的创新技术能够更早、更快地得以显现和发展。此外,一家在市场上已有"江湖地位"的企业还可以考虑在产业链的上下游发掘含有创新技术的企业,整合外延的创新基因。

然而,寻找创新投入与商业平衡始终是个难题。对于传统企业来说,创新成功有哪些先决条件?平安创投 CEO、科创板首届咨询委员张江进一步解释称,上市公司背负着利润压力,必须在创新的同时保持企业持续增长。换言之,创新虽然要做,但还需多几层思考。

首先需要明确的是,创新是因为发现了真实的市场需求,还是因为"不进则退"而做的中间产业升级?其次,既然确定要创新,那么就要落实具体的操作方法。"经常有一些龙头企业董事长和创始人说要转型,最后却发现只有他自己在喊,兵没跟上、将也没跟上。因为企业文化、流程、考核制度不适用了,创新就是整体都要改变。"张江认为,企业创新既要有业务上寻找改变的决心,也要有敢于对自己原有的制度、文化做出改变的决心。

2. 董明珠直播带货的格力电器案例

据蓝鲸 TMT 频道 2020 年 8 月 2 日讯,格力全国巡回直播活动第二站于 8 月 1 日晚在河南洛阳开幕。直播当天,河南线上线下"格力董明珠店"同步营业,最终销售额达 101.2 亿元。

直播当天,格力全品类家电、河南戏曲、河洛大鼓、孟津剪纸等均亮相直播间,格力董事长董明珠和主持人伊一在体验中向网友推介精品家电。线下实体店的开业打通了格力线上与线下的闭环销售,实现"线上下单+线下体验"的格力新零售模式。

除此之外,格力电器还在直播前向网友征集了家电使用痛点,董明珠在直播中根据痛点配备了"套餐产品",解决了用户装修儿童房、书房用空调、客厅高颜值家电选择的相关烦恼并抽取一位洛阳幸运观众送家电大礼包。

"目前,格力是家电行业唯一不贴牌生产的企业,我们的技术都是自主研发的,包括空调和小家电等全系列家电产品。除此之外,我们还紧跟消费者需求,融入时尚流行元素,希望能够让消费者过上舒适健康、智能节能的美好生活。"董明珠如是说。

(资料来源:和讯网站,http://stock.hexun.com/2020-07-24/201756030.html)

资料3

分析产品创意案例

在如今的消费市场,Z 世代的年轻人所占的话语权越来越重,谁能掌握年轻人的心理和实际需求并加以满足,那么产品必定大受欢迎。作为创新短交通领域的全球领先企业,九号公司在打造极致产品体验,不断创新技术之余,也在营销上不断破圈,积极拉近和年轻人之间的关系,赢得不少年轻人青睐。其和诸多知名品牌合作打造的联名款,也受到用户和合作品牌方的高度认同。在近日国际创意工作室 LINE FRIENDS 召开的 2022 中国授权商大会上,九号公司更是于现场获颁"最佳营销创意奖",这是业内外认可的最佳证明。

图 6-14 所示是 LINE FRIENDS 品牌标志玩偶造型。

LINE FRIENDS 品牌很多人都耳熟能详。该品牌和合作授权商很多,此次大会上 Ninebot 九号能从一众授权商中脱颖而出获得"最佳营销创意奖"也是实至名归。LINE FRIENDS 高度认可九号公司为 LINE FRIENDS 特别定制的联名款智能电动车(见图 6-15),声称其将年轻化的营销创意贯彻到从产品到服务的每个环节,上市后就在社交网络上走红,深受年轻一代欢迎,成为大街小巷随处可见的萌趣风景。

和 LINE FRIENDS 合作的两年时间里,九号公司推出了多款设计酷炫,搭载"真智

项目6　电子商务创新与创业

图 6-14　LINE FRIENDS 品牌标志玩偶造型

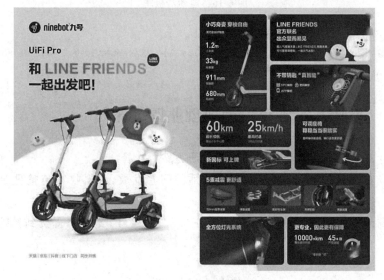

图 6-15　联名智能电动车

能"创新科技的联名产品,都大受好评,比如"双 11"期间,新近发布的九号电动滑板车 UiFi Pro LINE FRIENDS 联名款(见图 6-16)。该车既拥有 LINE FRIENDS 联名款外观,还拥有 Pro 级配置,并且还创新地设计了高度可调的座椅,解决了用户长时间站骑带来的疲劳问题。此外,该车支持多种无钥匙解锁方式,出门忘带钥匙不用愁。此外它还支持上牌,是一款新国标车型。

　　Ninebot 九号与 LINE FRIENDS 双方对当下市场有着共同的理解,在 Z 世代消费群体逐渐成为主流的当下,双方将继续展开深入合作,将持续共建内容资产、互补优势品类,从内容、社交、零售、产品四大板块入手加强合作力度,共创本土化的精品内容、多元化的社交场景体验、联动线上线下的零售模式,推出紧贴消费取向的联名产品。让"潮酷智能"和"萌趣可爱"碰撞出更美妙的火花。对于九号公司而言,和 LINE FRIENDS 品牌深度合作可以很好地快速破圈,拉近与年轻人之间的关系,更能为智能短交通出行行业赋能添

图 6-16　电动滑板车

彩,这是九号公司一直以来都希望达成的事情。

(资料来源:https://www.sohu.com/a/611296564_114822? scm=1019.20001.946003.0.0&spm=smpc.csrpage.news-list.5.1670772942155kZgYfhg)

6.2.3　设计并实施小组创新创业调研计划

(1) 设计并实施一个创新创业工作的调研方案。

(2) 完成对校园内 300 名学生、30 位教师的问卷发放、资料收集与整理工作,撰写一份调研报告。

(3) 将调研方案和调研报告命名为"任务 6.2.3+组号.docx",提交到教师指定位置。

资料 1

建立一个小团队

根据工作需要,成立团队,确定信息。

(1) 团队成员数量。

(2) 团队领导。

(3) 团队组织结构。

(4) 团队成员分工。

(5) 团队章程。

(6) 其他需要明确的项目。

资料 2

设计问卷的一般原则

设计调查问卷的原则主要有以下几方面。

1. 主题明确

根据调查目的,确定主题,问题目的明确突出重点。

2. 结构合理

问题的排序应有一定的逻辑顺序,符合被调查者的思维习惯,可将问题设置为前易后难、前浅后深、前少后多等。

3. 通俗易懂

调查问卷的问题要让被调查者一目了然,避免歧义,愿意如实回答。调查问卷的语言要平实,语气要诚恳,避免使用深度的专业术语。对于敏感问题应采取一定技巧,使问卷具有较强的可答性和合理性。

4. 长度适宜

问卷中所提出的问题不宜过多、过细、过繁,要言简意赅。回答问卷的时间也不应设置太长,一份问卷回答的时间一般不多于30分钟。有些电子问卷不超过10分钟,这样可以保证被调查者有足够的耐心,从而保证问卷回答的质量。

5. 适于统计

设计时要考虑问卷回收后的数据汇总处理问题,要回避问卷答案选项不足的情况,也要回避反馈结果无法统计的情况。

资料 3

分析典型调研问卷

1. 问卷构成

一般而言,一个正式的调查问卷包括以下三个部分。

(1) 前言。阐述调查主题、调查目的、调查的意义,以及向被调查者致意等。

(2) 正文。它是问卷的主体部分。依照调查主题,设计若干问题要求被调查者回答。

(3) 附录。可把有关调查者的个人档案列入,也可以对某些问题附带着说明,还可以向被调查者致谢。正文应占整个问卷的绝大部分,前言和附录只占很少部分。

2. 外观设计

问卷的外观也是调查问卷设计中不可忽视的一个重要因素。外观影响到被调查者是否愿意、顺畅、容易地答题。诸如问卷所用的纸张品种、颜色,问卷的编排,纸张大小,字体样式等,都会影响到被调查者回答问卷的质量水平。外观方面要注意以下几点。

(1) 小张纸比大张纸好。大张会使应答者感到压力。

(2) 外观庄重。正式的问卷可使应答者感觉到这是一份有价值的问卷。

(3) 问卷应当只印在纸张的一面,而且必须为答案留出足够的空白,关键词应当画线或用醒目字体。

(4) 问卷的每一页应当印有供识别用的顺序号,以免在整理时各页分散。

3. 某学校曾经的调研资料

(1) 调查问题与调研目的

为了解北京市电子商务企业发展的现状和存在的问题,并为学校提供专业建设的行业与岗位依据,学校于2016年10—11月对北京电子商务企业进行了调研。

(2) 调查时间和调查地点

调查时间:2016年10—11月

调查地点:北京市

(3) 调查的步骤和进度安排

调查的步骤:相关企业调研

进度安排:

10月26日前,完成调查问卷和调查提纲初稿;

10月30日前,修改定稿及确定调查的对象;

11月1日,在人流聚集区和各大网站发放调查问卷;

11月13日,回收调查问卷;

11月14—20日,数据统计与分析;

11月25日前,完成报告初稿;

11月29日前,修改定稿。

(4) 调查对象

北京市20家电子商务企业名录、联系人、电话、邮箱、地址等。

(5) 调查方法

问卷调查法,问卷包括纸质问卷和电子问卷。在线调查可以尝试使用问卷星。

资料4

尝试数据的加工与整理工作

加工整理收集到的数据,并制作统计图表。

(1) 收集。本着应收尽收的原则,尽可能多地获取原始数据。

(2) 分类。把资料分开或合并在有意义的类目中。分类是数据资料整理的基础,也是保证资料科学性的重要条件。可以事先分类,也可以事后分类。

(3) 筛选。数据的筛选工作包括检查、修正、鉴别与剔除。按照易读性、一致性、准确性和完整性这四个标准来进行工作,特别是对完整性的要求尤其重要,即劳动课程调查问卷的所有问题,都应有答案。如果发现没有答案的问题,可能是被调查者不能回答或不愿回答,也可能是调查人员遗忘所致。筛选工作者应决定是否再向原来的被调查者询问,以填补空白问题,或者询问调查人员有无遗漏,能否追忆被调查者所做的答复,不然就应剔除这些遗漏了的数据,以免影响资料的完整性和准确性。

(4) 加工整理。通过手工方式或者计算机工作方式进行数据的再加工和处理。手工方法的优点是操作简单,不需要设备,工作人员只需要接受手工整理的训练,而且发现问题可随时调整,成本较低;缺点是需要有经验的人才能完成,遇到大量复杂的数据,占用时间长。计算机工作方法的优点是,计算速度快、准确性高,对量大、复杂的数据处理特别有效(调查的数据,在计算机中进行处理就要将答案变换成代码,代码通常用数字来表示,也可用字母表示);不足是需要计算机控制者熟悉数据加工处理意图,能够很好地给计算机安排加工处理任务,以保证处理结果是符合数据分析需要的,而非完全不相关的。

(5) 制作数据分析表。建议调查后使用成熟的办公处理软件，如 Excel 工具，对获得的数据进行采集、筛选后制作数据表格。这里需要注意的是尽可能多地发挥收集到的数据的作用，使得调查工作有一个全面的反馈结果。

(6) 制作数据分析图。在获得了电子数据分析表以后，可以利用数据表进行分析图的制作。图表结合可以更直观地反映调查结果。比如，饼图可以反馈各种意见所占比例，折线图可以反映某个现象的变化趋势等。图表结合令阅读者一目了然，可以直接看到调查得出的结果。

(7) 审核。当数据已经经过了收集、加工整理的过程，并形成了数据图表后，可以请兴趣团有经验的老师对结果进行审核，以确保数据分析的准确性、合理性和全面性。如果有误差也要限制在允许的范围内，这样的调查数据图表才是可信的。

6.2.4 撰写小组计划书

经过前面的调研后，和小组成员分头进行创意方案撰写，与团队成员一起探讨电子商务类创业工作。比如在学校有哪些事情需要电子商务方面的服务，这些需要的人能承受的成本怎样，在提供电子商务方面的服务时有哪些可以创新的点子等。最后和全小组的成员一同完成一份计划书初稿的撰写工作，格式如图 6-17 所示。

将一份调查问卷（空）、一份创业计划书整理好存在 Word 中，命名为"任务 6.2.4＋组号.docx"，提交到教师指定位置。

资料 1

阅读别人的计划书

请阅读如下资料，查看图 6-17 所示企业项目计划书封面和摘要，图 6-18 所示企业项目计划书目录和主要内容，增加对创业项目书框架内容的了解。

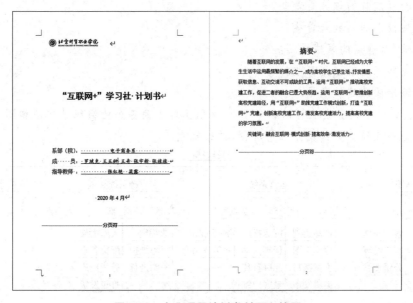

图 6-17　企业项目计划书封面和摘要

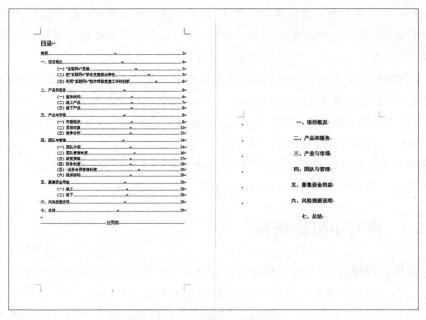

图 6-18　企业项目计划书目录和主要内容

资料 2

组织一个讨论会

（1）熟悉电子商务企业运营业务流程，根据电子商务企业的组织构架进行讨论，发挥小组成员已有优势。

有经验的领域是哪些？

有关系的领域是哪些？

有特长可发挥的领域是哪些？

有兴趣投入的领域是哪些？

有需求、有痛点的领域是哪些？

有专业知识的领域是哪些？

最后得出团队建设意见。

（2）创办电子商务企业可以参考图 6-19 所示电子商务企业组织结构图和图 6-20 所示电子商务企业主要业务部及分工情况图，进行规划。

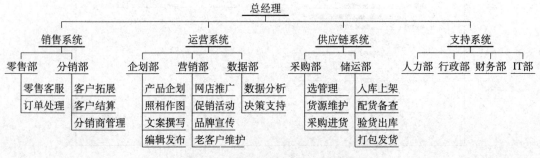

图 6-19　电子商务企业组织结构图

项目6 电子商务创新与创业

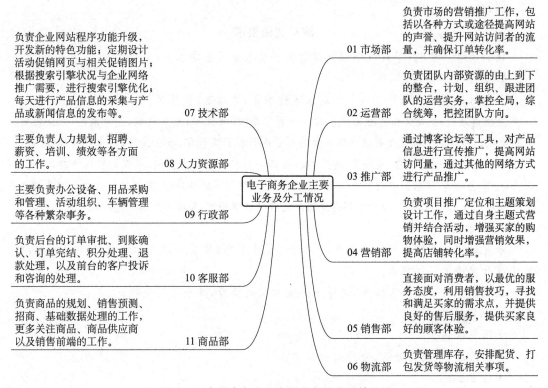

图6-20 电子商务企业主要业务及分工情况图

资料3

评估计划书

小组的几位同学,经过共同研讨,决定在校学习期间进行创业,他们初步打算在电子商务相关领域试水。同学们觉得这样一方面可以提高自己的沟通能力、团队合作能力、深入了解社会;另一方面,可以为有需要的同学和老师提供帮助,并增加自己的经济收入。于是他们开展了市场调研,完成了小组讨论,确定了小组同学的创业目标。

任务6.3 电子商务创业展示

这是对项目6进行学习评价与考核的部分,具体包括计划书和汇报用演示文稿两项。

6.3.1 制作小组汇报演示文稿

根据完成的项目计划书,制作一份小组汇报演示文稿,将项目书主要内容用简洁的方式介绍给全班同学和老师。整理好存在PowerPoint中,命名为"任务6.3.1+组号.pptx"。

资料

演示文稿要求

请阅读如下资料,了解一个创业演示文稿应包含哪些内容。

1. 演示文稿定位

一份好的演示文稿可以从三个定位进行准备:讲清楚、讲信服、讲感动。

所谓讲清楚,就是文稿内容要让看的人一目了然,言辞简单,意见明确,逻辑清晰,系统性好,不能缺项。所谓讲信服就是要求文稿包含的创业内容要真实可信,事实清晰,具有可操作性,进行的说明有理有据,说明完整,有深度、有广度。所谓讲感动就是要求文稿,不仅能够说清楚,还要打动人,令听者动容,这就需要展示人对自己的项目有深度的了解和挖掘,能够找到打动人的关键点,能够解决创业工作的痛点,让听众跟随演讲者的展开共同畅想,能够圆梦、能够报国。

2. 演示文稿版式

研究确定一个模板可以提高演示文稿的制作效率,帮助完成演示文稿的美化效果,客观上提升演讲者演讲效果。

请根据小组创业项目情况,选择一个演示文稿模板,并小组讨论确认。

3. 演示文稿内容

- 项目概述。
- 团队成员、成员分工、公司组织结构。
- 项目目标。
- SWOT 分析。
- 盈利点分析。
- 存在风险分析。
- 未来三年发展规划。

上述内容的具体信息需要全小组的成员分工协作完成。

4. 演示文稿效果

为了提高受众的参与度、增加受众的兴趣点,需要适当使用动画与切换效果,也可以引用多媒体信息。音视频的播放需要预先演练,以保证听众、观众的收听、收看质量。

5. 演示文稿保存

有经验的演讲者一般会考虑演讲环境,通常会在文件存储时同时保存 2 个以上的文件。一方面避免因文件或存储介质损坏带来的麻烦,另一方面避免因为软件版本不同带来的困扰。常用的保存格式包括 PPT、PPTX,版本包括 2016、2010、2003—2007 版等。

从目前正在举办的创新创业大赛要求来看,考核点主要包括表 6-3 的内容。

表 6-3 创新创业大赛考核

评审要点	评审内容	分值
创新性	鼓励原始创意、创造 鼓励面向培养大国工匠与能工巧匠的创意与创新 项目体现产教融合模式创新、校企合作模式创新、工学一体模式创新 鼓励面向职业和岗位的创意及创新,侧重于加工工艺创新、实用技术创新、产品(技术)改良、应用性优化、民主类创意等	40

续表

评审要点	评审内容	分值
团队情况	团队成员的教育和工作背景、创新思想、价值观念、分工协作和能力互补情况 项目拟成立公司的组织架构、股权结构与人员配置安排合理 创业顾问、潜在投资人以及战略合作伙伴等外部资源的使用计划和有关情况	30
商业性	商业模式设计完整、可行,项目盈利能力推导过程合理 在商业机会识别与利用、竞争与合作、技术基础、产品或服务设计、资金及人员需求、现行法律法规限制等方面具有可行性 行业调查研究深入翔实,项目市场、技术等调查工作形成一手资料,强调田野调查和实际操作检验	20
社会效益	项目发展战略和规模扩张策略的合理性和可行性,预判项目可能带动社会就业的能力	10

在完成了全部工作以后,请小组成员检查如下信息是否完整:一份创业计划书文件(Word,不少于××××字)、一份演讲文件(PowerPoint,××分钟)以及小组认为必要的补充文件。

6.3.2 讲解小组电子商务创业项目

(1) 以小组为单位全员参与。
(2) 小组成员事先做好发言分工。
(3) 有成员能够记录、回答其他小组的提问。
(4) 有成员能够指出其他小组发言中的优点和可以改进的方面。
(5) 小组讲解时长需事先与教师进行沟通。

项目 6 综合评价

项目 6 综合评价见表 6-4。

表 6-4 项目 6 综合评价

评价项目	技能点	评价方式		
		达到	未到达	教师评价
知识目标	了解创新创业的概念			
	熟悉互联网思维的主要内容与特点			
	知晓调研报告的主要内容			
	掌握创新创业大赛企划书的内容与要求			

续表

评价项目	技 能 点	评 价 方 式		
		达到	未到达	教师评价
能力目标	自学国家、北京市对大学生创新创业相关政策的能力			
	分析个人创新创业优劣势的能力			
	规划并实施创新创业调研方案的能力			
	参与团队活动,倾听他人意见,完成分工任务,达成团队工作目标的能力			
	使用搜索引擎、文字处理软件、表格处理软件和演示文稿制作软件的能力			
思政目标	培养创新的意识			
	树立知行合一的观念			
创新能力	学习过程中提出具有创新性、可行性的建议			
学生姓名		综合评价		
指导教师		日期		

项目6 组内任务完成记录表及评价

项目6组内任务完成记录表及评价见表6-5。

表6-5 项目6组内任务完成记录表及评价

评价项目	评价内容	评价标准	评价方式		
			自我评价	小组评价	教师评价
职业素养	安全意识 责任意识	A. 作风严谨,自觉遵守纪律,出色完成任务 B. 能够遵守纪律,较好完成任务 C. 遵守纪律,没完成任务,或虽完成任务但未严格遵守纪律 D. 不遵守纪律,没有完成任务			
	学习态度	A. 积极参与教学活动,全勤 B. 缺勤达本任务总学时的10% C. 缺勤达本任务总学时的20% D. 缺勤达本任务总学时的30%			
	团队合作意识	A. 与同学协作融合,团队意识强 B. 与同学能沟通,协调工作能力较强 C. 与同学能沟通,协调工作能力一般 D. 与同学沟通困难,协调工作能力较差			

续表

评价项目	评价内容	评 价 标 准	评 价 方 式		
			自我评价	小组评价	教师评价
专业能力	6.1.1 查找所在地（城市、区县等）的创新创业政策文件	A. 学习活动评价为90～100分 B. 学习活动评价为75～89分 C. 学习活动评价为60～74分 D. 学习活动评价为0～59分			
	6.1.2 检索全国大学生创业服务网，了解主要服务项目	A. 学习活动评价为90～100分 B. 学习活动评价为75～89分 C. 学习活动评价为60～74分 D. 学习活动评价为0～59分			
	6.2.1 编写个人创业优劣势分析报告	A. 学习活动评价为90～100分 B. 学习活动评价为75～89分 C. 学习活动评价为60～74分 D. 学习活动评价为0～59分			
	6.2.2 撰写个人产品创意方案	A. 学习活动评价为90～100分 B. 学习活动评价为75～89分 C. 学习活动评价为60～74分 D. 学习活动评价为0～59分			
	6.2.3 设计并实施小组创新创业调研计划	A. 学习活动评价为90～100分 B. 学习活动评价为75～89分 C. 学习活动评价为60～74分 D. 学习活动评价为0～59分			
	6.2.4 撰写小组计划书	A. 学习活动评价为90～100分 B. 学习活动评价为75～89分 C. 学习活动评价为60～74分 D. 学习活动评价为0～59分			
	6.3.1 制作小组汇报演示文稿	A. 学习活动评价为90～100分 B. 学习活动评价为75～89分 C. 学习活动评价为60～74分 D. 学习活动评价为0～59分			
	6.3.2 讲解小组电子商务创业项目	A. 学习活动评价为90～100分 B. 学习活动评价为75～89分 C. 学习活动评价为60～74分 D. 学习活动评价为0～59分			
创新能力		学习过程中提出具有创新性、可行性的建议	加分奖励		
学生姓名			综合评价		
指导教师			日期		

附录　课程打分表

班级：＿＿＿＿＿＿　学号：＿＿＿＿＿＿　姓名：＿＿＿＿＿＿

请对演讲的各个小组进行评价，写出对课程的评价，不能有空项，并汇总各小组得分。

组号	项目概述 (10分)	创新性 (20分)	团队		项目目标		SWOT分析 (10分)	盈利点分析 (10分)	发展规划 (10分)	得分
			成员分工 (10分)	公司组织结构 (10分)	经济效益 (10分)	社会效益 (10分)				
1组										
2组										
3组										
4组										
5组										
6组										
7组										
8组										

请写出你认为课程成功的地方：

请写出你认为课程需要改进的地方：

参 考 文 献

[1] 闵敏,吴凌娇,王莉.电子商务使用基础[M].北京:机械工业出版社,2010.
[2] 徐寿芳.电子商务案例分析[M].北京:电子工业出版社,2018.
[3] 张煌强,苏波.电子商务客户关系管理[M].北京:人民邮电出版社,2022.
[4] 刘东明.直播电商全攻略[M].北京:人民邮电出版社,2020.
[5] 成都职业技术学院电子商务教研室.企业级电子商务运营[M].北京:人民邮电出版社,2016.
[6] 人力资源社会保障部教材办公室.电子商务师[M].北京:中国人力资源和社会保障出版社,2022.